尊重生命的多样成长

——一所普通高中的办学思考与实践

谈雅琴 等 著

撰稿人
谈雅琴 吴新建 孙海前 邵 勇 陈利清
秦 东 张钟玉 刘 飚 童先锋 付 琼
丁 华 王德忠 陆梁豪 戚明亮

上海教育出版社
SHANGHAI EDUCATIONAL
PUBLISHING HOUSE

图书在版编目(CIP)数据

尊重生命的多样成长：一所普通高中的办学思考与实践 / 谈雅琴等著. —上海：上海教育出版社，2017.11
ISBN 978-7-5444-8017-8

Ⅰ. ①尊…　Ⅱ. ①谈…　Ⅲ. ①高中—办学经验—张家港
Ⅳ. ①G639.285.33

中国版本图书馆CIP数据核字(2017)第283900号

责任编辑 方　晨　高立群

尊重生命的多样成长
——一所普通高中的办学思考与实践
谈雅琴　等著

出版发行 上海教育出版社有限公司
官　网 www.seph.com.cn
地　址 上海市永福路 123 号
邮　编 200031
印　刷 常熟华顺印刷有限公司
开　本 700×1000　1/16　印张 14　插页 1
字　数 200 千字
版　次 2017 年 11 月第 1 版
印　次 2017 年 11 月第 1 次印刷
书　号 ISBN 978-7-5444-8017-8/G·6629
定　价 50.00 元

如发现质量问题，请向本社调换　电话 021-64377165

坚守对教育教学的自我思考(代序)

朱治国

弗洛姆在《健全的社会》中这样说过:我们并不需要如何使生活健全的新知识,而是急切需要认真地对待我们所相信的、所倡导的东西。我们心灵的革命并不需要新智慧,而是需要新的严肃的态度与献身精神。生活和工作总是在平淡与简单中周而复始地延展,再伟大的教育也是沉浸在平凡的岁月里,缓慢发生。往往是信仰、责任、对待事物的精神和坚定的实践在推动着我们在这样的轨迹上创造与改变,而可能不是所谓的创意、灵感或者是智慧。

课程改革促使了更多的力量去关注、研究基础教育,各种教育理念、教学模式层出不穷,21 世纪以来,围绕学校课堂教学改革的新名词、新概念大批量产生出来,有研究者统计,近十年以来,诸如爱的教育、生本课堂、合作学习、生态课堂等教育新词多达 1000 种。一方面,这表明基础教育的研究热点频出,关注度持续走高,课堂教学的"创意"不断;另一方面,也必须承认,这些新鲜理念和新的名词也在冲击着广大教师,"乱花渐欲迷人眼",他们游走在各种新词之间,也迷失在教改的课堂中。没有接受新事物的勇气、固步自封、不能进行"心灵革命"的教师固然可悲,理应为教改大潮所淘汰;但是,如果没有自己对课堂教学、对教育的正确理解,没有对教育的严肃的态度与献身精神,一味地迎合潮流人云亦云,那么受到伤害的只能是我们的教育。

"尊重生命的多样成长",是暨阳高中人对教育的理解和表达。当然,其本身就代表了一种学校状态。当下,对优质学校的讨论很多,优美的校园环境、优质的课程资源、优秀的师资队伍等等,都可能被当作优质学校的标签;但是,优质学校终究不是一种物质状态的存在,而是一种精神状态的存在,是师生和谐在一起的教育状态,是生命的自然舒展、多样成长。这才是这本书呈现给我们的真正价值。不可否认,提倡多元课程建设、多样性课堂教学模式探索、特色化校本教研建设课程改革的主要特征，也是学校的普遍追求。但是，在我们抛弃了单一的课堂教学模式而面对多样性的选择的时候，我们很多教师和学校却一下子失去了自我，或是在新旧交锋之间摇摆徘徊，或是在新思想、新词语所营造起来的“花园”里无所适从。如果认真分析一下，教师之所以陷入迷茫，最根本的原因在于我们失去了对教育和教学的自我思考。那就是教育到底是为了什么，也就是教育的终极目的是什么。

英国著名教育哲学家、教育目的论专家约翰·怀特指出：“教育应该增进受教育者的幸福，这种观念可能比那种认为教育应该以追求知识本身为目的的观点更有市场。”让学生得到幸福、快乐和平衡发展，并能按照自己的人生规划和自我的方式自由发展，让他们热爱学校生活并在他们所取得的成绩中获得愉悦、得到满足，这才是教育的终极目的。所以，教育是通向人的成长与发展的一个过程。

那么，作为教育者，我们心中的坚守是什么呢？我们是否应该对教育有清楚的认识，并以严肃的态度与献身的精神去行动呢？从这一点上说，采取什么样的教学方式和策略，可能仅仅是智慧的方法，或者实现目的的手段，而内心的精神则在指引我们的行动。

“尊重生命的多样成长”，这是一所学校对现代教育价值追求的郑重回答。

（作者系张家港市教育局教学研究室主任）

目　　录

第一章　眺望灵魂的塔尖

第一节　在没有蓝图的旅程中永葆教育初心

一所学校的发展规划，其核心和灵魂是什么？我们认为，一所学校的发展规划的核心与灵魂，首先是确立学校的教育哲学，或者说是学校的教育价值观。为此我们要思考关注三个问题：第一，什么是教育？教育的目的是什么？第二，高中教育的目的是什么？高中教育改革和发展的趋势是怎样的？第三，我们学校的办学理念如何在继承中创新发展？

第一个问题，什么是教育？教育的目的是什么？

这是值得我们用一生的教育实践解答的终极命题。各人的见解一定千差万别，就像有一千个读者就有一千个哈姆雷特。什么是教育？一个为大家所普遍接受的定义是：教育是传承文化、创造知识、培养人的社会活动。传承文化是教育的社会功能，创造知识是教育的经济功能，而培养人是教育的本体功能。教育的目的是什么？目前较为大家所接受的观点大致有两种：一是希望受教育者成为工具，成为人才，推动国家与社会发展；二是希望受教育者最终成为人，收获幸福有意义的人生。

一位纳粹集中营的幸存者当上了美国一所中学的校长，每当一位新教师来到学校，他就会交给那位教师一封信，信中写道："亲爱的老师，我亲眼看到人类不应该见到的情景：毒气室由学有专长的工程师建造；儿童被学识渊博的医生毒死；幼儿被训练有素的护士杀害。看到这一切，我怀疑：教育究竟是为了什么？我的请求是：请你帮助学生成长为有人性的人。只有使我们的孩子在成长为有人性的人的情况下，读写算的能力才有价值。"教育是人的灵魂的教育，而非知识的堆砌。泰戈尔也曾说过，教育的目的应当是向人传递生命的信息。当我们在追问教育的终极关怀也就是人的发展时，我们显然是希望受教育者成为人，而不仅仅是工具与人才。我国教育的根本任务就是立德树人，基础教育的根本目的就是“育人”，即促进人的成长与发展。

第二个问题，高中教育的目的是什么 高中教育改革和发展的趋势是怎样的？

我们思考一个被称作高中的地方，主要看它和小学、初中的区别。一是从教育对象来看，高中阶段是孩子身心发育较快的时期，高中的学习任务、学习要求快速提高，学生们的差异越来越明显，包括潜能的发挥、个性的突显，高中是个体差异越发突显的时期。二是从教育的性质来看，义务教育阶段讲究公平均衡发展，我们要同等对待智商不一样的孩子。而高中阶段是实施非义务教育的时期。如果我的智商是80，教育教学能把80的智商全部发挥出来，还有相当一部分禀赋比较好的学生，与他的潜能所适应的条件没有提供给他，对他来说则是不公平的。最好的教育要因材施教，这个孔子早就提过。高中阶段应该是效率优先，兼顾公平，效率优先恰恰就是公平，真正的教育公平不排斥卓越拔尖。所以高中选课走班，分层教学，因材施教，发挥每一个学生的优势潜能，是有道理的。三是从教育的任务来看，高中生是准成人阶段，要实施公民人格教育，要培养选拔人才，要帮助学生成长为人。南京师范大学原副校长吴康宁说，高中应该是最有可能使每一个学生最初成为自己的地方，是最有可能人道地对待学生的地方，是最有可能提供学生适合的教育的地方。

经李克强总理签批，国务院印发了《国家教育事业发展“十三五”规划》。鼓励高中实行“选课制”“走班制”，开设多样优质的选修课程。国家总的趋势，就是回到高中教育的原点，把学生的差异突显出来。

江苏于2018年秋季正式开始实施新高考模式。框架是3＋3，6选3。即语数英不分文理，3门选修学科以适当分数计入高考总成绩；录取实行两依据（学测成绩＋高考成绩）一参考（参考综合素质评价），学业水平测试相应也会有变化。

它的要害到底在哪里呢？结合学业水平测试和高考改革方向来看，就是五个字：增加选择性。倒逼着普通高中直面课程体系建设、教学计划安排、教学组织管理、学生选课走班、生涯规划指导等方面的挑战。这意味着我们的高中学校要逐步重建，包括理念、组织、课程、教学评价。教育理念的重塑，就是努力办真正适合于每一个学生的教育，效率优先的教育。教育组织的重构，就是我们要从齐步走的统一行政班级教学制，变成选课制、走班制，或者部分走班制。课程结构重构，要增加选择,主要就是课程门类要增加。还有教育队伍的重构,教育评价的重思,学习状态的重塑,要引导学生更加的自主、自律、自理。

第三个问题,确立学校办学理念,要梳理前面形成的东西,在传承的基础上发展创新。

我们张家港市暨阳高级中学楼下有块石头,上书"容达"两字,是多年前提出的理念。"容达"含有包容、宽容、容纳的意思,包容和吸纳人才,接纳各种思想,倡导胸怀开阔向外开拓的教育修养与进取精神。面对普通高中特色多样化发展的要求,面对高中教育改革的趋势与核心——增加选择性,在原有"容达"理念的基础上,在反复的思辨中,我们坚定地提出了"尊重生命的多样成长"的办学理念。容达与尊重、多样一脉相承。尊重,是教育的本意;多样成长,是生命的自然样态。高中是学生的准成人阶段,是个体差异越发凸显的时期。"尊重生命的多样成长",既是对人的生命发展的呼应,也和当代高中教育改革的趋势与核心——增加选择性是高度一致的,表达了我们对现代学校高中教育的理解。

爱因斯坦说,每个人都是天才,但如果你拿爬树能力来评断一条鱼,那它将一辈子认为自己是一个笨蛋。双胞胎都有差异,世界上更没有两片同样的叶子,为什么衡量孩子们价值的标准却要千篇一律?数学固然重要,但是体育和美育同样重要,每一种天赋和才能都值得呵护,孩子将来的人生也许不是补短,而是扬长。

所以,承认差异,包容个性,为学生的生命成长创造条件,努力为每一个孩子提供更多更优的课程选择,提供更合适的教育,就是我们的办学理想与追求!

于是就在这样的融合、讨论、提炼中,结合暨阳高级中学学生群体的特征,我们又确定了"培养立志高远、身心健康、学力深厚、包容合作、开放创新的杰出公民"这一育人目标。这个思考过程关注了现在高中生最缺乏的东西。现在高中生最缺乏的是什么呢?一是没有自己的志向,既没有自己的兴趣爱好,也不去思考自身将来的规划;二是缺乏尊重他人、与人沟通合作的能力;三是缺乏自主学习、自我控制、自我管理的能力。

2016 年 9 月 13 日,中国学生发展核心素养总体框架正式发布。以培养"全面发展的人"为核心,综合表现为:人文底蕴、科学精神、学会学习、健康生活、责任担当、实践创新六大素养。经过比对发现,暨阳高级中学育人目标与中国学生发展六大素养非常契合匹配,所以我们没有另起炉灶,就把"立志高远、身心健康、学力深厚、包容合作、开放创新"作为暨阳高级中学学生发展五大核心素养,作为中国学生核心素养的校本化表达,对培养什么样的人的问题,做出了我们自己的回答,也对

"人与物质、人与社会、人与自我"的关系做出了回答，而这恰恰就是中国传统哲学主要研究解决的三个关系。

中国学生六大核心素养的第一个就是人文底蕴。什么是人文素养？人文素养大体包括人在处理上述三大关系时所体现出来的理解、包容、合作等情感品质。一个人要有所成就，应该有基本的人文素养。爱因斯坦曾坦言，他所受的最大影响来自文学家陀思妥耶夫斯基。周有光先生也说过，没有人文情怀，就无法进行应用研究。一个人能力再优秀，如果缺乏基本的人文素养，他仍然有可能对社会、对他人、对自我，带来伤害、威胁甚至是灾难。我们暨阳高中原来的办学定位是"建设科学与人文并重的研究型高级中学"，后来考虑到研究型不太适合高中，另外，现在的教育相对缺乏人文，所以我们把办学定位调整为"建设人文与科学并重的卓越高中"。卓越不是指在分数上与其他学校相比的排名，是我们对办高品质学校的理想追求。

在这样的顶层设计下，我们大幅度修改学校发展"十三五"规划草稿，发布了规划征求意见稿，征求全校老师的意见和建议。为了对前沿和动态把握更准确，我们聘请专家进行论证，提出了修改意见。比如，专家指出，暨阳高中要发展什么样的教育，这是必须解决的关键问题。虽然有了"尊重生命的多样成长"这一理念，也非常符合高中教育的发展趋势，但还缺少魂灵性的表达。魂灵性的表达要形成一个核心概念，很简洁的一个词，对我们的思想、实践进行命名。暨阳高中能不能树起一面旗帜？于是围绕这个命题，我们对学校办学理念又一次聚焦，提炼核心概念，最终选择了"成长"教育，并从词源学、教育学等角度进行了阐述。

从词源学角度看，"成长"一词的现代汉语释义为"向成熟的阶段发展"。"成熟的阶段"是成长指向的明确目标，"成熟"指出了目标的有价值性；"发展"则表明"成长"是一种过程，发展进步是永恒的。从教育学角度看，成长是我们对教育本质的又一次确认。杜威曾经提出，"生活就是生长，教育就是不问年龄大小，提供保证生长或充分生活的条件。"怀特海认为，"学生是有血有肉的人，教育的目的是激发和引导他们的自我发展之路。"我们认为，人的发展至少有三个层面：一是自然生命的生长；二是包括情感、智慧、人格、道德为一体的精神生命的成长；三是社会生命的完善。三种层次协调发展，才能称之为人的发展。而教育的重要使命，就是尊重、呵护自然生命的成长规律，滋养精神生命和社会生命的和谐成长。李政道博士的一位高足卢刚，因论文评奖落选，嫉恨失望困扰着的他，竟然开枪打死 4 位太空物理学家，继而仇杀了自己的获奖同学。一位日本教育家说过，我们要培养学生"面对一丛野菊花而怦然心动的情怀”，非常耐人寻味。从学校文化的角度看，“成长”包含了学校名称的隐喻。暨阳高中取名张家港古地名“暨阳”，上溯晋朝，“暨湖之北，置县暨阳”，学校取名为“暨阳高中”，既是古地今传，更是对优秀传统文化的确认与传承，薪火相传，是为成长。“暨”，日颇见也，本义为太阳初升略现。太阳既出，日上日妍，以此象征学校、师生，日新月异，蓬勃发展，是为成长。

“成长教育”这个核心，既是对学校“尊重生命的多样成长”的教育理念的聚焦，也更有利于建构学校文化、课程等体系。暨阳高中建校 39 年，正处于“成长”之中；同时，我们认为，学校就是成长的地方，成长应该是学校固有的姿态，因此，无论从个体的暨阳高中而言，还是从普适意义上的学校而言，“成长”都代表了杰出学校的特质。南京师范大学原副校长、教科院院长吴康宁先生这样评价我校成长教育：阐释很到位，在迄今我所见学校的教育主张阐释中，属“佼佼者”。思想上有魂灵，逻辑上说得通，如果实践中有证明，全校教师认同，这便是合理性、合法性及合情性之所在，可趁热打铁把学校课程体系构建出来。在以后的几个月，以“成长教育”为核心，我们整体构建了指向核心素养的暨阳成长课程体系框架，把国家课程、地方课程和校本课程融合，着力打通课程与培养学生核心素养之间的通道，绘制学校成长课程图谱，完善课程建设有关方案。

做规划的过程，是一个思考选择决策的过程，最后的文本也许不是最重要的，思考的过程往往比结果更重要，它从真正意义上帮助我们理清思路，引领我们在当前不尽如人意的高中教育环境中，从“分数”的教育向“人”的教育努力迈进了一步。

加拿大教育家富兰讲过，教育是没有蓝图的旅程。我想，我们要在没有蓝图的旅程中，永葆教育初心。何为初心？即本心，真心，童心。在教育事业里，永不倦怠，永葆青春，与学生一起成长，成长为一个更饱满、更有生命力的师者，我们对教育的理解、忠诚与情怀，对学校办学理念的坚守与践行，并携手坚定地奔向教育理想。这就可以称之为我们的教育初心！

谈雅琴

第二节 暨阳高级中学理念文化

学校文化作为一种管理理论和管理方法，近年来受到了越来越多学校的重视。广义的学校文化是包含着物质文化（实体文化）、行为文化（制度文化）、精神文化（理念文化）三个层面的复合体。其中理念文化是核心，是学校及学校文化发展的方向性保证和决定性因素。

学校理念文化是学校在长期的教育教学过程中形成的共有和共享的信念，它可以将学校组织的内部力量统一于共同的指导思想，汇聚到一个共同的方向，提升为学校特有的文化，从而对学校的教学行为产生潜移默化的影响。

近年来，随着教育改革的不断深入，各级各类学校的发展面临着新的机遇和挑战。张家港市暨阳高级中学以规范的学校管理、严谨的教风学风和扎实的办学业绩，在张家港乃至苏州地区享有声誉。暨阳高中作为江苏省四星级普通高中，在社会主义建设的新时期，面对良好的发展形势，决定以推进学校文化建设、增强学校核心竞争力为突破口，按照内涵发展与外延拓展的新思路，抓住历史发展的新机遇，走文化管理的新路子，确立了“成长教育”的核心理念，挖掘、整合、提升学校理念文化，并充实新的内容，重塑暨阳高中形象，再展强校风采。

一、校标解读

内涵解读：

校标的基本形态由太阳和飞向太阳的群鸟、荡漾的水波纹三部分组成。太阳象征目标、光明、真理与前途。以朝阳映照湖面为背景，飞向太阳的群鸟寓含了暨阳高中人瞄准理想境界的不懈追求。鸟的渐变形态组合构成一个群体的印象，这种“鸟的渐变形态”又能让人联想到荡漾的水波纹，给人一种激情涌动、奋发向上的感觉。

校标图形

二、校名题字解读

（一）校名题字之

暨阳高级中学

“暨阳高级中学”六个大字系全国人大常委会原副委员长、民盟中央原主席费孝通先生所题。费孝通先生是著名的人类社会学家、社会活动家，苏州吴江人。他在家乡考察期间，曾多次来张家港进行社会调研，并与我市民主党派人士有广泛的接触和交流，对张家港人民饱含深情。在暨阳高中易地新建搬迁之际，学校民盟支部写信给费老，请求他为学校题写校名。喜出望外的是，学校很快就收到了费老从北京寄来的题字。那时费老年事已高，笔力依然苍劲。在为校名题字 10 年后，费老因病谢世。每当我们看到校名题字，无不深深地怀念这位德高望重的著名学者。

（二）校名题字之

江苏省张家港市暨阳高级中学

学校校名全称的题字，是请刘振新先生题写的。刘振新系张家港市乘航人，自小酷爱美术书法艺术，毕业于南京艺术学院，是中国美术家协会会员。他的美术书法功底深厚，有多件作品在省内和全国展览，获得奖励和好评。原为张家港市美术家协会副主席，张家港市书画院画家，现已退休。

三、暨阳起源

暨阳是一个古老而又含意深远的名称。几千年前，在现在的江阴市北涸和张家港市塘市区域，有一宽阔的湖面，名曰“暨湖”，后又称“暨阳湖”。随着时间的推移，在暨阳湖北侧，形成大片绿洲。公元前 202 年（汉高祖五年），设立暨阳乡。当初的暨阳乡境包括了今江阴市的大部分和张家港市的西部。公元 281 年（西晋太康二年），成立暨阳县。暨阳县府设在现今的张家港市杨舍镇，也是杨舍镇作为县城的第一县。暨阳县境为东起今常熟福山，西至今江阴利港、申港，北靠长江，南到今江阴市的顾山、河塘。依据暨阳县古地名，现今有些道路、社区、菜场、学校、商店均以“暨阳”冠名。

（一）暨阳碑文：《暨阳起源说》

上古之时，有湖曰暨，烟波万顷，茫无涯际。朝日跃其湖而上，初则云蒸霞蔚，水天浑然，朱紫烂漫；继而金光大放，灿若矫龙翔于九天。目睹之者莫不叹造化之奇伟也，遂改其湖之名曰暨阳，自汉袭用至今。

乡党先贤或有兴书院学塾者，多以“暨阳”名之，取其义如日之光也。

（二）“暨阳”逸文

1. 题目：《登杨舍城北望海楼》

2. 作者介绍：赵翼（1727—1814），字云崧，一字云松，号瓯北，江苏阳湖（今武进市）人，曾住杨舍镇，有别墅。清代文学家、史学家。

3. 正文

暨阳城北皆洪流　尚是江尾已海头
何人好事欲穷览　傍涯筑起凌霄楼
我来拾级快登望　六十里沙为外障
障外即是苍波涵　果然一豁心目旷
曾披载籍征典故　阴火阳冰莫名状

横为摩羯竖难陀　鼓鬣扬髻动千丈
幻影楼台蜃市观　宝光珠贝龙宫藏
方壶园峤仙往来　奇肱飞车不粘浪
书生薄相那遇之　健笔韩苏枉摩荡
是时卓午悬曦轮　潮气上逼白日昏
不知是天是水还是云　混茫一色无区分
偶然万斛舟如墨　一点滓入寥廓微
留痕欲驾鼍梁渺　何际江湖比作蹄
涔细中原水皆地所包　至此始信水包地
不识此水又用何物包　六合以外真难议
颇闻近日萑苻萌　勾连结对纷纵横
劫财贾舶略无忌　渐恐登岸残村氓
安得三千水犀弩　鲸鲵戮尽常澄清

（三）“暨阳”新解

暨为和暨为及暨结师生同心缘
阳则刚阳则昌阳启众人理想光

内涵解读：

“暨”字有“和”“及”“兼容”等义。师生结缘于这所充满现代气息的学府，教师精心育人，学生静心求知，同心同愿，教学相长，共同营造和谐温馨的成长氛围。

“阳”字有“刚健”“昌明”“辉煌”等义。全校师生以张扬刚健的个性、力挺奋发向上的气质来考量人格和人品，不懈地追求事业和前程的辉煌。

四、暨阳沿革

1978 年 8 月，经沙洲县革命委员会批准，设立沙洲县第二中学，为公办全日制普通完中，属杨舍镇镇管学校，校址为张家港市杨舍镇暨阳中路 361 号。是年，学校招收 2 个初中班，4 个高中班。

1980 年 8 月，学校设立职高部，招收 1 个职业高中（纺织）班。

1983 年 8 月，经沙洲县人民政府批准，学校更名为沙洲县暨阳中学。

1984 年 3 月，经苏州市教育局、劳动局批准，以学校职业高中班为基础，增设沙洲县职业中学，沙洲县暨阳中学与沙洲县职业中学实行一套班子、两块牌子。

1985年8月,沙洲县职业中学与沙洲县暨阳中学分离,独立办学。

1986年12月,随沙洲县撤县建市成立张家港市,学校更名为张家港市暨阳中学。

1987年1月,张家港市职业中学搬迁新址,其校舍并入暨阳中学。至此,学校占地面积扩大为42亩。

1997年3月,张家港市暨阳中学高中部易地新建成立张家港市暨阳高级中学,校址为杨舍镇暨阳西路2号,占地面积为90亩,为市教育委员会直属学校。初中部在原址独立办学,成立张家港市第二中学。

1997年9月,学校建办张家港市外国语学校,首次招收2个初中班新生,属国有民营性质,张家港市暨阳高级中学与张家港市外国语学校实行一套班子、两块牌子。

1999年9月,张家港市外国语学校与张家港市暨阳高级中学分离,独立办学。

2001年5月,学校被江苏省教育委员会命名为江苏省重点中学。

2002年8月,张家港市外国语学校搬迁至新址办学,其校舍并入暨阳高级中学,使学校占地面积扩大至128亩。学校又同时隶属张家港市杨舍镇领导,为市管学校。

2004年5月,学校被命名为江苏省三星级普通高中。同年7月,在校学生达到3172名,为暨阳高级中学办学历史上在校学生最多的一年。

2004年11月,经张家港市委组织部批准,学校党组织升格为中共杨舍镇暨阳高级中学总支部委员会,下设理科、文科和退休教师三个党支部。

2006年12月,张家港市暨阳高级中学被江苏省教育厅命名为江苏省四星级普通高中。

2013年2月,学校顺利通过江苏省四星级普通高中复审。

2013年10月,学校以A级成绩通过苏州市人民政府教育督导。

2017年4月,学校“高中生心理发展指导”课程基地创建为江苏省课程基地。

五、办学理念

教育核心:成长教育

教育理念:尊重生命的多样成长

学校校训:远志　力行　博学　悦纳

学校精神:知行合一　追求卓越

学校定位：人文与科学并重的卓越高中

暨阳学子核心素养：立志高远、身心健康、学力深厚、包容合作、开放创新

六、校歌

（一）第一校歌

暨阳之歌

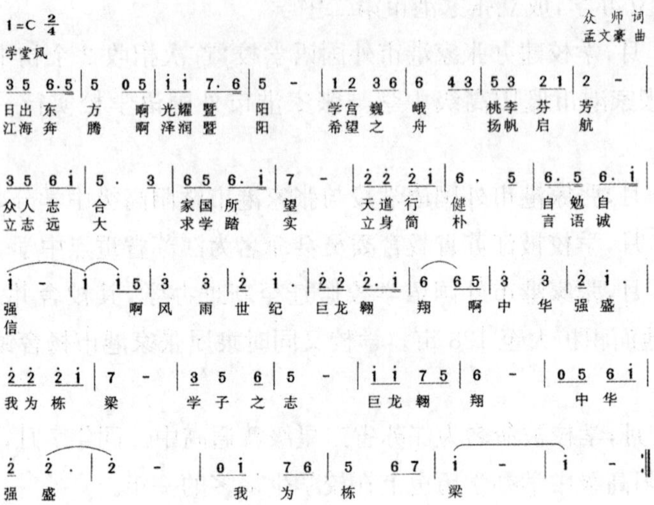

（二）第二校歌

南山南（张家港市暨阳高级中学版）

作词：张钟玉　沈周霄

你在钟楼的晨曦里谈古论今
我在砚池的春风里浅唱低吟
如果岁月终究要别离
是否记得青春跫音
生命聚散留下梦想饯行

她爱去紫藤飘香的暨阳亭
携书带卷品读石桌斜倚

他也流连香樟浓郁的树阴
并笑称那是此生难忘的风景

他说小道上娇艳欲滴的早樱
不及寒风独立的银杏
秋光里树影斑驳落万金
您在三尺讲台字字珠玑
淡去芳华只为拥抱真情
暨阳情师生梦笃行

默默间沧桑叶片历史落尽
像在她眼睛里分娩的冰凌
1978,走过几代曾经

你在钟楼的斜晖里细数光阴
我在砚池的晚风里嗅花扑萤
如果日暮之前来得及
我要穷尽你的美丽
穷尽美丽留下梦想饯行
生命聚散心怀暨阳前行

长江南暨湖北
湖畔有暨阳
氤正气育英才
清风校园传

长江南暨湖北
湖畔有暨阳
氤正气育英才
清风校园传

情谊存古今

七、《暨阳赋》

暨 阳 赋

文/沈周霄

秉吴楚之灵秀，承扬子之浩荡，立沙洲之福地，处暨湖之北方，古称暨阳，今谓杨舍，千年重镇，始孕名庠。

戊午之秋，学校始创，栉风沐雨，三十有八，先名二中，后改暨阳。昔名士费孝通，赠赐墨宝；今贤达刘振新，题书校名。抟力拓荒，铸暨高之品牌；筚路蓝缕，就杏坛之昆冈。

校徽隐志，红日初升，寄群鸟逐日兮，接江湖之浩荡；校训严明，培真育才，期远志力行兮，望博学而悦纳。园址百亩，雄楼宇之高阙；晓窗千户，踞龙虎之真章。砚园静阔，继先贤之永志；风华亭谧，恰同学之少年；紫藤架下，可谈天、读书、怡情；玉兰道旁，可健身、跑操、训诫。秀哉暨阳，春则杜鹃焕彩，海棠飘香；夏则香樟递风，万紫争芳；秋则木樨沁馥，枫叶流丹；冬则松柏傲立，雪梅斗妍。

盛哉暨阳，俊采风流，雄港城之魁望；春风化雨，立华夏之风尚。庄严校园，可育桃李千万；衮衮人师，当出英杰八方。为工者勤，为学者博，为官者厚，为商者德，卓荦乎神州大地，美溢乎四海八荒。

美哉暨阳，务本求实，创暨高之特色，目标教学策略；卓越追求，树名校之理念，生命多样成长。秋水社兮，得江南翰墨氤氲，文采飞扬；心晴社兮，集先贤智慧熏染，人格健康。幸哉暨阳！素质教育，传大纛于我序；中华伟梦，托红日于吾生。香山拥翠，延绵青松万顷；大江苍茫，福泽暨湖一方。

壮也哉，暨阳，今之鹏举龙骧；期乎哉，暨阳，后之学运永昌！

第三节　暨阳高级中学校训释义

校训是一所学校的灵魂，校训体现了一所学校的办学传统，是学校人文精神的高度凝练。2006 年，暨阳高中启动文化战略工程时，明确了“志以远、学以朴、身以简、言以信”的校训。2015 年，学校对以“容”为核心的暨阳文化进行梳理，在继承传统的基础上，紧跟时代步伐，把握时代脉搏，对原校训进行精简提升，明确“远志　力行　博学　悦纳”为新时期暨阳高中校训。“远志　力行　博学　悦纳”继承了老校训内容之精华，同时将过去文言形式的十二字校训改为八字校训，言简意赅,朗朗上口。

一、远志

远志,就是志向高远。壮志凌云者,壮志成就之。志向,是人们在某一方面决心有所作为的努力方向,是对人生价值的自我定位,是驱动我们披荆斩棘,一路向前的内在力量。而远志,则是要求学生树立高远的志向,实现自身价值,用作为个人对社会、国家乃至全人类的影响力,改善这个世界。心怀大志,是成功的起点,为远大理想而不懈努力则是人生的重要组成部分,也唯有心怀高远的志向,方能实现生命的伟岸。

纵观历史,成大事者必怀大志。李贺在《致酒行》中写道:少年心事当拏云。孔夫子有言:三军可夺帅也,匹夫不可夺志也。陈胜豪言:燕雀安知鸿鹄之志哉?苏轼写道:古之立大事者,不惟有超世之才,亦必有坚韧不拔之志。曹操咏叹:老骥伏枥,志在千里。烈士暮年,壮心不已。郭沫若《屈原》第一幕中即写道:我的志向就是一心一意地要学先生,先生的学问文章我要学,先生的为人处世我也要学。读先人言,不难发现,凡是能成大事并名传百世的人,必定有少年即立大志的豪气和将志向内化成力量,即使老去也不减半分的坚毅。

综观当代,新时代的青年人更当立大志,成大业。一百多年前,梁启超先生在《少年中国说》中写道:"故今日之责任,不在他人,而全在我少年。少年智则国智,少年富则国富,少年强则国强……"这段让人热血沸腾的文字,是那个时代青年人的价值设定,激荡了一代中国青年的人生洪流,他们自觉地将中国的重量放在肩上,担当起了一个时代救国救民的重任。而习近平总书记更是寄语当代青年:"青年最富有朝气,最富有梦想,是未来的领导者和建设者。""世界的未来属于年轻一代。全球青年有理想、有担当,人类就有希望,推进人类和平与发展的崇高事业就有源源不断的强大力量。"我们不期望人人能像周恩来总理少时便立志"为中华之崛起而读书",但是我们每个人都需要有毛主席那样"孩儿立志出乡关,学不成名誓不还"的勇气。

"直挂云帆济沧海"的雄壮当属志在四方的人,"一览众山小"的豪迈当属志在高处的人。如同在荆棘丛生的野外跋涉的人生,每走一步都是那样的艰难。胸无大志者会退缩,而心存大志者明知前方荆棘遍地,明知前方野兽出没,他仍充满希望,勇敢地阔步前行。把远志作为校训的第一个词,是希望每一个暨阳人谨记作为一名新时代的青年人的使命,树立成就自我和献身社会的远大志向,拥有一种立足大格局的人生态度,用"担当的责任"和实际行动托起中国梦。正像鲁迅先生在《热风·随感录四十一》中所期望的那样:"愿中国青年都摆脱冷气,只是向上走,不必听自暴自弃者流的话。能做事的做事,能发声的发声。"我们相信,年轻的一代有足够的觉悟,有足够的能力用目前尚且稚嫩的肩膀担起中华民族、炎黄子孙的伟大使命。中国,这个有着五千年悠悠历史的文明古国,在我们的手中会稳稳地屹立于世界民族之林,绝不复百年前的压迫与屈辱,绝不负各位革命先烈的鲜血与傲骨。所有的暨阳人将铭记自己的使命,带着伟大志向走向四面八方。

二、力行

"力行",就是努力实践,竭力而行。出自《尚书·泰誓中》:"今商王受力行无度,播弃犁老,昵比罪人。"孔传:"行无法度,竭日不足,故曰力行。"古语中不乏对"力行"的阐释,《礼记·中庸》中的"好学近乎知,力行近乎仁,知耻近乎勇",《史记·儒林列传》中的"为治者不在多言,顾力行何如耳",都是古人对"力行"的深刻理解与推崇。

"力行"意味着勇敢、坚毅、持之以恒。确立了远大的志向后,能否实现,就要看是否有脚踏实地的努力。仰望星空,需要上九天揽月、下五洋捉鳖的豪气,需要"天生我材必有用"的信心,需要"我少年中国与天不老,我中国少年与国无疆"的决心和魄力。而脚踏实地,则讲求"不积跬步,无以至千里;不积小流,无以成江海"的持恒。面对注定不会平坦的人生之路,我们需要勇敢、坚韧、不轻言弃等精神品质,助我们在追梦路上跨越障碍,逆境前行。"艰难困苦,玉汝于成",力行,即要求每一个暨阳人迎难而进、百折不挠,不畏艰险、不惧挫折,在千磨万难中历练、砥砺品格、收获成功。在勤于实践中锻炼成才,这是人才成长的客观规律,要求做到以下几个方面。

一是要知行合一。行是知之始,知是行之成。知行合一是检验学识、实现理想的必经之途。在知与行、理论与实践的关系中,更要重视行、重视实践,不善行、不善实践,即使满腹经纶、学富五车,也可能于事无补、难有作为。实践是一个日积月累、渐入佳境的漫长过程,科学的巅峰、事业的高山都是由"实践的黄土、岩石"垒起来的。居里夫人在研究镭的过程中,花了 3 年零 9 个月时间才从成吨的矿渣中提炼出 0.1 克的镭。爱迪生为了寻找制作灯丝的材料,历经百余次的实验失败,才终于发现了钨丝,制成了电灯。在追求理想的道路上,始终做到知行合一,必须脚踏实地、努力实践,不要吝惜时间和精力。

二是要善行半步。"骐骥一跃,不能十步;驽马十驾,功在不舍"。什么事都要循序渐进,经历从量变到质变的过程。善行半步就是不能只想做大事,还要善于做小事，既要站得高看得远，还要善于动手，从低起步，从低到高，从小步渐进到大步，积小胜为大胜。世上绝没有一步登天的事。温家宝同志曾送给大学生六个字“此时、此地、此身”。此时，就是从现在该做的事做起，不要拖到以后；此地，就是从你所在之地做起，不要等到别处；此身，就是从你应该而且能够做的事做起，不要推给别人。从现在做起、从脚下做起、从自己做起，务实求实，不断取得成功。

三是要以专力行。人的精力是有限的，不可能样样精通、包打天下，要有一专之长，在自己擅长的领域努力实践，竭力而行做最好的自己，以此立足、立业、立世。

我们不难想象，如果只是空喊口号、心比天高，而不去付出相应的努力，那么志向终究只能是志向。再远大的志向也不过是纸上谈兵，口说无凭。“行胜于言”，如果“远志”少了“力行”为伍，那么我们终将一世活在自己的幻想之中，心心念念着“我本可以”。“世上无难事，只怕有心人”，任何成就的背后都是与之相应的努力。泰戈尔说过：“只有经历过地狱般的磨炼，才能炼出创造天堂的力量；只有流过血的手指，才能弹奏出世间的绝唱。”我们深知，只有在风雨中无畏地砥砺前行，才能最终到达理想的彼岸。

三、博学

校训的第三组词是博学，《说文解字》中这么解释：“博，大通也。”即宽广、广博之谓。《礼记·中庸》有言：“博学之，审问之，慎思之，明辨之，笃行之。”《劝学》也有言：“君子博学而日参省乎己，则知明而行无过矣。”明代王鏊在《震泽长语·文章》中说：“世谓诗有别才，是固然矣。然亦须博学，亦须精思。”都是讲广博地学习的重要性。而博学之士，往往是受人尊重的。《东周列国志》第七十八回中写道：“自是孔子博学之名，传播天下，人皆呼为‘圣人’矣。”由此可见博学的重要性。

《论语·阳货》中曾说：“好仁不好学，其蔽也愚；好知不好学，其蔽也荡；好信不好学，其蔽也贼；好直不好学，其蔽也绞；好勇不好学，其蔽也乱；好刚不好学，其蔽也狂。”这句话的意思是说，做一个完善的人，要将仁、知、信、直、勇、刚六德同不懈的学习结合起来，“学而不厌”是做人的一种内在要求，作为现代人理应是文化修养与人格魅力有机结合的统一体。

博学是一种为人处世的态度，是一种生活状态，一种处世哲学。首先，博学是一个开放的态度，热爱这个世界以及知识，开朗，不自闭，能更多地、更敏锐地把握事物积极的一面。其次，博学是一种执着的态度，热情地，坚持不懈地，陶醉其中地探索自己心中的困惑，甚至全人类的困惑。这样的人处事积极，坚毅。博学也是一种谦虚的态度，知道自己的不足才能好学，进步。博学其实也是一种美德，其好处在于使人明事理。于自己，博学使人头脑清醒，不断进步；于他人，博学能解人之惑；于社会，博学是推动人类社会进步的创造力的基础。

现代教育体制要求人们在专业、学科等方面都应具有“博”的特点，在学术思想、学术风格、学术观点上应兼容并包、百花争艳。作为教师，应学识渊博、造诣精深；作为学生，应打下厚实的功底，全面提升综合素质。这也是将“博学”写入校训的缘由。

在这里，需要特别强调阅读的重要性。英国哲学家培根在《论读书》中指出：“读史使人明智，读诗使人灵秀，数学使人周密，科学使人深刻，伦理学使人庄重，逻辑修辞之学使人善辩。知识能改变人的性格。”读书能够丰富我们的知识，启迪我们的智慧。阅读还可以提升精神颜值，“腹有诗书气自华”，三毛说：“书读得多了，容颜自会改变。”还有人说，阅读就是与一个个高贵生命的相遇。在书中，与高尚的灵魂对话，反观自我，磨砺自我。从这个意义上讲，读一本好书就是为自己注射一支精神疫苗，在现世的喧嚣中安顿好自己的灵魂，找到生命的方向标。真正的“书卷气”应当与博学、谦逊、高雅、悲悯情怀等人类美德紧密联系在一起，只有那样的书卷之气才是我们追求的。

打开书，便打开了一扇面对世界的窗口。你读天，无际的长天予你灵性；你读地，宽厚的大地赠你理性。“惟书有色，艳于西子；惟书有华，秀于百卉。”书卷气不可自封，有麝自然香，何必当风立？从来读书长精神，应以书籍伴终生。每一个暨阳人，都应当有以书为友、终身学习的认识和行动。

四、悦纳

“悦纳”，就是愉快地接纳。

首先我们要悦纳自己。西方有句谚语，世上每个人都是被上帝咬过一口的苹果，都是有缺陷的人，有人的缺陷比较大，是因为上帝特别喜爱他的芬芳。我们不仅要接纳自己人格中的优点、长处，更要接受自己的缺点与不足。在接受的基础上，努力改变自己、完善自己。

认识自我是种境界，是我们适应现代社会发展所应具有的素质。总的来说，悦纳自我包括三个方面。第一，接受自己的全部，无论优点还是缺点，无论成功还是失败。第二，无条件地接受自己，接受自己的程度不以自己是否做错事而有所改变。第三，喜欢自己，肯定自己的价值，有愉快感和满足感。只有能够真正地做到如此，我们才能真正地悦纳、认识自我。

心理健康的人首先要有自知之明。对自己能做出恰当评价的人，既能了解自我，又能接受自我，体验自我存在的价值。一个悦纳自己的人，并不意味着他的一切都是完美的，而是说他在接受自己优点的同时，也了解自己的缺点，很坦然地承认自己的不足之处。而后，不断克服缺点，注意自我形象塑造，把握自己做人准则，不断完善自己，更有信心地面对生活，走向成功。这是一种修养，也是一种难能可贵的品质。

其次，我们要悦纳他人。尺有所短，寸有所长。与他人相处，要懂得尊重，能够包容，善于换位思考，强调合作共赢。正如世界上找不到两片相同的叶子一样，每个人都有自己的独特之处，我们不能要求身边的每一个人一言一行都按照自己的标准，但我们能够做到悦纳他人的不同之处。

在古典传统里，和谐的反面是千篇一律，"君子和而不同，小人同而不和"，所以和谐的一个条件是对多样性的认同。中国人甚至在孔子之前就有了对于和谐的经典认识与体现。中国古代音乐艺术很发达，特别是一些中国乐器，像钟、磬、瑟等各种完全不同的乐器按照一定的韵律奏出动听的音乐，但如果只有一种乐器，就会非常单调。

黑人计程车司机载了一对白人母子，小孩问："为什么司机伯伯的肤色和我们不同？"母亲答："上帝怕世上只有一种颜色太单调，所以创造了不同肤色的人，让世界缤纷，让大家能够相爱。"把悦纳作为校训的第四个词，是为了提醒每一个暨阳人——不同，不是冲突的理由；不同，是为了相爱。

其三，我们还要悦纳身处的社会。我们国家正处于快速发展的时期，出现这样那样的问题在所难免。我们要看到党中央在惩治腐败、改善民生、治理环境等方面的决心和力度，相信在党的坚强领导下，祖国会越来越好！在一个中学生论坛上，一位小姑娘问演讲者，怎么看待移动互联网给人类带来的改变？回答说，这很好啊，这是大势所趋，既是趋势，就不可阻挡，与其消极对抗，还不如保持悦纳开放的心态，去拥抱它。年轻人要拥有开放合作包容的品质，因为未来社会我们会更强调合作共赢。正如国学大师钱穆先生勉励青年学子的："认识你的时代，带领你的时代！"崔卫平也曾说："你所站立的地方，正是你的中国。你怎么样，中国便怎么样。"新一代的青年人应该多学习一些专业知识，加深自身对国家和社会的深层次理解，融入社会，影响社会！

第四节　暨阳学子核心素养

2016 年上半年，暨阳高中文化建设领导小组着手思考学校育人目标问题。大家一致认为，思考培养什么样的人，首先要探讨现在高中生最缺乏的东西是什么。一是没有自己的志向，既没有自己的兴趣爱好，也不去思考自身将来的规划；二是缺乏尊重他人、与人沟通合作的能力；三是缺乏自主学习、自我控制、自我管理的能力。于是在反复的融合、讨论、提炼中，结合暨阳高中学生群体的特质，确定了"培养立志高远、身心健康、学力深厚、包容合作、开放创新的杰出公民"这一育人目标。

2016 年 9 月 13 日，中国学生发展核心素养总体框架正式发布。以培养"全面发展的人"为核心，综合表现为人文底蕴、科学精神、学会学习、健康生活、责任担当、实践创新六大素养。经过比对发现，暨阳高中育人目标与中国学生发展六大素养非常契合，于是学校就把"立志高远、身心健康、学力深厚、包容合作、开放创新"作为暨阳高中学生发展五大核心素养，作为中国学生核心素养的校本化表达，对培养什么样的人的问题，做出暨阳人自己的回答。这 20 个字融时代性、科学性、民族性于一体，凝聚了暨阳高中对学生教育的前瞻思考及美好愿景。

一、立志高远

王守仁在《教条示龙场诸生》一文中曾经说过："志不立，天下无可成之事。""志"一字由"士"和"心"组成，象征着一个人的决心与目标。人如果没有坚定的决心和目标，就会缺乏前进的动力和方向，如同远航之船失去罗盘，最终只能半途而废，一无所获；或者一路捡芝麻，丢西瓜，忙乱如同无头苍蝇，事倍而功半。相反，立下了目标，就相当于在迷雾之中打开了一盏灯。尽管前路漫漫，充满艰难险阻，但有一束灯光的指引，未来便不足畏惧，人生就充满希望，成功就不再遥不可及。孔夫子云："吾十有五志于学，三十而立。"说的就是"三十而立"的基础是十五岁志于学。千里之行始于足下，一切都需要从零开始。立志，就要做到零的突破。突破零不易，假如无远大的志向，零是不可能突破的，因为没有志向的奋斗是不会有前进的动力的。人们奋斗过程中巨大动力的形成就源于他所确定的目标，有了目标，就有了热情，有了积极性，有了使命感和成就感。也就是说立志是奋斗的必要前提。有志者事竟成，破釜沉舟，百二秦关终属楚。

立志，当如鸿鹄之高。大文豪高尔基曾讲过："一个人追求的目标越高，他的才力就发展得越快，对社会就越有益处，我确信这也是一个真理。"志气的大小决定着成就的大小。大志大成，小志小成。人之所以伟大，是因为树立了伟大的目标。伟大的目标可以产生伟大的动力，伟大的动力导致伟大的行动，伟大的行动必然会成就伟大的事业。因此，只有拥有一个远大的目标，才能够高瞻远瞩，取得大的成功。如果人人只满足于低下的追求，社会将无法进步，停滞不前。身处井底的青蛙，抬头只有一方窄小的天空，便心满意足，别无他求，于是一辈子都只能藏身井底。嘲笑鲲鹏的赤鷃，只能于蓬蒿之间上下翻飞，而鲲鹏展翅，翱翔于天地之间，九万里而向南，拥有的是广阔无垠的蓝天。立下宏图大志，有助于人们走出平庸与凡俗，发掘潜能，实现人生价值。古今成大事者，多是胸怀大志之人。秦始皇出巡时，其威仪曾令围观的两名有志青年发出感叹，一个不服气地说“彼可取而代也”，另一个不无羡慕地说“大丈夫当如是乎”。他们一个是日后的“西楚霸王”项羽，一个是终成霸业的汉高祖刘邦。诸葛亮曾告诫子孙“志存高远”，他自己就是个胸怀大志之人。想当初他躬耕于陇亩，时刻关注天下形势，常自比管仲、乐毅，显示出想干一番事业的雄心。他只是在等待机会，刘备三顾茅庐，终于使他有了实现自己毕生宏愿的机会。拥有高远的目标，有助于培养自信，增加自尊，更有利于目标的实现。既然选择了远方，就选择了风雨兼程。远方之远，激励了前往远方的意愿，立志之高，鼓舞了胜利的决心。

立志，当如万里之远。当今社会，需要远志之士。一个拥有远大志向的人，也就是一个拥有责任与担当的人。《论语》有言：“士不可以不弘毅，任重而道远。仁以为己任，不亦重乎？死而后已，不亦远乎？”现代社会是一个机遇与挑战并存的社会，年轻一代肩负了前所未有的重大使命，个人的梦想与国家的伟大复兴紧密相连。要把个人志向与社会发展、国家人民的需要联结在一起，这样的志向才称得上高远。“成才”是“成社会之才”，即于社会有用，于历史进步有益之“才”，这就是说，成才的社会性是它的基本属性。青少年正处在个人成才的高峰期，远志，意味着不仅仅为当下而战，更为未来而搏。凡事预则立，不预则废。短视者只能迎接失败，即使他们曾经拥有过辉煌，他们往往被眼前的利益所迷惑，在透支享受今天的同时，忘记或忽略了播种明天，最后只能被明天抛弃。而眼光长远的人往往不容易被眼前的得失所迷惑，他们往往能够执着于自己的目标，从而摆脱眼前小利益的诱惑，冲破困境的束缚。因为他们能够很清楚地看到未来的远景，所以他们意志坚定，矢志不移。在我们这个竞争日趋激烈、创业变得无比艰难的时代里，眼光长远是成功不可或缺的元素。只有站在战略全局的高度，坚持用长远的眼光审视未来的发展趋势，才能根据形势制定出有利于全局、有利于长远利益的战略部署。眼光长远的人往往能看到别人所不能看见的东西，能够掌握事物发展的未来趋势，因而能先行一步。

二、身心健康

俗话说：“身体是革命的本钱。”健康是人类生存极为重要的内容，它对于人类的发展、社会的变革、文化的更新、生活方式的改变，有着决定性的作用。增强学生的体魄是践行科学教育观的必然要求，是强调以人为本，推进教育创新，培养学生优良的意志品质，促进学生全面、协调、可持续发展的重要手段；强健体魄、磨炼意志活动有助于学生体验生活，经受磨砺，是促进学生身心健康协调发展的有益探索，是推进基础教育改革的重要途径；强健体魄、磨炼意志活动着眼于中小学生的终身发展，引导中小学生从小培养执着追求、顽强拼搏、知难而进、勇担责任的优良品质，使学生从困难中学会坚强，从挫折中学会奋起，有利于促进学生全面发展。

随着我国经济的发展，人们物质生活水平迅速提高，高中生视野开阔、思维活跃，追求个性化的生活方式，充满色彩浪漫的情感，但同时也面临着新的心理问题和冲突，预防精神疾患和心身疾病的发生已至关重要。当代高中生的心理素质不仅影响到自身的发展，而且也关系到全民族素质的提高，未来人才的培养。

心理健康是一种个人的主观体验，它不仅包括积极的情感、情绪，也包括个人生活的方方面面。现代医学对心理健康提出的标志，其一，是没有心理疾病；其二，是一种积极向上发展的心理状态。

高中生心理素质方面存在种种问题，由于心理发展不成熟，情绪不稳定，面临一系列生理、心理、社会适应的问题时，心理冲突矛盾时有发生，高中生对变化的环境适应不良而出现的各种困惑、迷惘、不安、紧张在明显增加，社会的变革给正在成长着的高中生带来的心理冲击比以往任何一个时代更强烈、更复杂。各种生理因素、心理因素、社会因素交织在一起，极易造成高中生心理发展中的失衡状态。心理素质差的人自然不能适应高速度、高科技、高竞争的环境，心理负荷沉重，便容易导致各种心理疾病。一个竞争激烈的社会，巨大的生存压力和对成功的渴求及对发展的希望，让高中生往往付出很多的精力专注在自己的谋生技能和盈利能力上，往往忽略了健康的心态给学习成功带来的巨大作用。积极的心态是一种精神优势，是无形的力量，会激发高中生的主动性、积极性和创造性。当情绪不正常时，意识范围就会缩小，会丧失理智，减弱能力。情绪具有感染性，积极的情绪促进积极的行为，积极的情绪有利于做出正确的判断，对于这样的一个话题，似乎没有争议，学习重要，健康重要，心态更重要。在这样一个充满激烈竞争，各种各样的信息包围着你的社会里，高中生追求发展，渴望成功，但是没有强健的体魄和健康的心态，其追求和渴望也就失去了基础和保障。

心理健康是高中生取得事业成功的坚实心理基础，现代社会竞争激烈，面对此种形势高中生要注意保持心理健康，培养自强、自立、自律的心理素质，敢于面对困难、挫折、挑战，追求更加美好的人格。良好的心态可以使高中生克服依赖心理而增强独立性。高中生必须积极主动参加各项活动，依靠自己来处理、解决问题，度过美好而有意义的高中生活。高中生培养健康的个性心理，有利于保持思想活跃、参与意识强、善于独立思考的精神状态，有利于高中生的健康成长。

要提高学生的心理健康水平，必须从学生时代就开始普及教育，因为这对于学生将来的成材至关重要。保持心理健康，关键是要做到以下几点：

培养良好的人格品质。首先，应该正确地认识自我，培养悦纳自我的态度，扬长避短，不断完善自我；其次，应该提高对挫折的承受能力，对挫折有正确的认识，采取理智的应付方法，化消极因素为积极因素。挫折承受能力的高低与个人思想境界、对挫折的主观判断、挫折体验有关。提高挫折承受能力应树立科学人生观，努力提高自身思想境界，积极参加各类实践活动，丰富人生经验。

养成科学生活方式。生活方式对心理健康的影响，已为科学研究所证明。健康的生活方式指生活有规律，劳逸结合，科学用脑，坚持体育锻炼，少饮酒，不吸烟，讲究卫生等。现在学生的学习负担较重，心理压力较大，为了长期保持学习的效率，必须科学地安排好每天的学习、锻炼、休息，使生活有规律。学会科学用脑，就要勤用脑，合理用脑，适时用脑，避免用脑过度引起神经衰弱，使记忆力减退。

加强自我心理调节。自我调节心理健康的核心内容包括调整认识结构，情绪状态，锻炼意志品质，改善适应能力等。社会情况在发生复杂而深刻的变化，会对青少年造成很大的影响。例如，父母下岗，家庭生活发生变故，学习成绩不佳，交友失败，等等。这些心理问题日积月累，就可能成为心理障碍而影响学习和生活。让学生正视现实，保持同现实的良好接触，学会自我调节，充分发挥主观能动性，去适应环境，改造环境，努力实现自己的理想目标。

积极参加业余活动。发展社会交往，不仅丰富了学生们的生活，而且为学生们的健康提供了课堂以外的活动机会。学生们应培养各种兴趣，发展业余爱好。通过参加各种业余活动，发挥潜能，振奋精神，缓解紧张，维护身心健康；通过社会交往，可以实现思想交流和信息资料共享。这样才可以不断地丰富和激活学生的内心世界，有利于学生的心理健康。

三、学力深厚

学力，即学习的能力。知识的积累与掌握在一定程度上就体现了学生的学习能力。对于知识的作用和价值，古人已有认识。“人有知学，则有力矣”，这是汉朝哲人王充的论断。近代英国学者培根也强调了同样的观点：“知识就是力量。”今天，日新月异的科技进步、不断深化的社会变革，尤其是加入 WTO 之后面临的新机遇和新挑战，使我们对知识与力量的关系有了新的理解，学习的重要性日显突出。一个国家的发展，要靠人们用学来的知识去改变它；一个正确理论的产生，也要靠人们用学来的知识去总结。

随着世界的迅速发展，知识经济占据了当今世界经济的主要地位，科技的创新，生产力的发展，都离不开知识的不断创新积累。近十年的世界发展，可以抵过过去千年的世界发展进程，归根到底是知识不断地创新发展，经过长时间的沉积的爆发，对社会及人类文明的提升起到了强有力的推动作用。所谓知识是指人们在改造世界实践中，所获得的认识和经验的总和。而知识积累，则是对知识进行学习储备以及对知识结构进行不断完善的过程，它既包括个人知识由少到多的纵向积累，也包括知识在多个人之间传播的横向积累。它既是量的增加也是质的提高，知识积累不是简单的堆砌而是扬弃，这就是一种学习的内化能力。从知识积累的特性来看，知识积累具有乘数效应和可内化性。所谓知识积累的乘数效应，是以积累的知识为基础，学习吸收更多的知识，知识积累的雪球会越滚越大，知识量和知识价值都会呈倍数增加，从而为生产力的发展提供雄厚的知识资本，而知识的可内化性又能将客观存在的外向性知识内化为真正能推动生产力发展的内因性知识，因此知识积累能从根本上推动社会的发展。从人类社会的发展来看，人之所以区别于动物，其最主要的特征是能够进行知识积累。从前人那里学习经验吸取教训，使得文明得以传承。人类文明发展史告诉我们，社会发展的本质就是知识积累的过程，“不积跬步，无以至千里；不积小流，无以成江海”，没有丰厚的知识积累，就谈不上为社会的发展提供最基础最持久的动力。

对知识，不仅要积累，更要进行归纳和总结，形成一套知识体系，便于更加深入地理解知识，提高学习能力。学习总结还是认识世界的重要手段，是由感性认识上升到理性认识的必经之路。通过学习总结使零星的、肤浅的、表面的感性认识上升到全面的、系统的、本质的理性认识上来，寻找出学习和事物发展的规律，从而掌握并运用这些规律。总结不仅能帮助学生理解知识结构，突出重点，突破难点，还有助于在总结的过程中稳固知识点和技术难点，为后续内容做好准备工作。也正是在这种不断地遇见问题、发现问题、解决问题并总结归纳的过程中，学生才不断地成长与提升。

学习的能力还体现在创新能力上。“创新是一个民族进步的灵魂，是国家兴旺发达的不竭动力。”[①]同样的，在人的能力系统中，人的创造能力是个人能力的最高

① 习近平.学习习总书记五四讲话：创新是民族进步的灵魂[EB/OL]. http://news.qq.com/a/20130513/001094.htm

体现。人的创造能力主要包括创造性意识、创造性思维、创造性技能和创造性情感与人格四个方面。作为当代高中生，要学会运用辩证方法把握个人成才过程中存在的既互相对立又互相依存的两个方面，既保持个人的首创精神和创造力量，又不使其脱离实际生活和需要，注重实践能力的培养。

我们所说的学习，是广义的学习——既学习知识，又学习技能；既学习历史，又学习现实；既学习自然科学，又学习人文科学；既向书本学习，又向实践学习。知识系统包括专业知识和一般知识。我们注重学生的全面发展，高中生要注重一般知识的培养，更要主动拓宽知识面，在知识结构方面坚持科学知识和人文知识的结合。在全面发展的同时，还要看到当今社会专业化分工愈来愈细的现实情况，因而高中生必须加强专业知识的学习，坚持专业知识和一般知识的结合。总之，当代高中生应该在掌握好专业基础知识的基础上，广泛地涉猎其他学科，以丰富知识、提高能力，做一个全面协调发展的人。

四、包容合作

“包容”指的是暨阳学子宽容豁达的胸怀，“合作”则代表了暨阳学子互助共进的成长氛围。包容即接纳宽容。宽容具有丰富的内涵，宽容是一种非凡的气度，代表了心灵的充盈和思想的成熟。宽容是一份接纳，海纳百川，兼收并蓄，以博大的胸怀包容一切。只有能接纳世界的人才能得到世界，那些成功人士之所以成就大业，原因就在于他们懂得宽容。诸葛亮七擒孟获，又使其自治族人，这是诸葛亮对族人头领的宽容。祈黄羊举贤不避仇人，这是君子对能人的宽容。反之，曹孟德受不了杨修识破隐秘的尴尬，不能宽容别人的小聪明，吟遍“月明星稀，乌鹊南飞”，人才无枝可栖也属正常。古人云：“宽则得众，宽厚得福。”宽容包含了理解、体贴、善待他人的精神。人们在生活中不可避免地会产生矛盾或冲突，处理得不好，就会使人感到不愉快，甚至会发生极端的现象。要想使自己生活得快乐，宽容就是正确的方法。

宽容是中华民族的传统美德，当代中学生应当传承这一优良品质。在学习生活中，宽容的态度有助于减少同学之间的冲突和摩擦，形成良好的同学关系，营造和谐的学习氛围。宽容的心态有利于培养学生的健全人格，形成正确的世界观、人生观、价值观，遇事时能大事化小、小事化了，避免进一步的矛盾升级，减少校园暴力现象的产生。

宽容不仅仅指宽容别人，也要宽容自己。以理性的态度对待自己的得失，以包容的心态认真审视自己错误形成的原因，谅解自己，乐观积极地继续前行，就能收获阳光的未来。

包容的态度是合作的基础,合作又能反向促进包容的形成。今天的时代是市场经济时代,市场经济是广泛的交往经济,离不开与各种类型的人合作;今天的时代是竞争的时代,只有选择合作,才能成为最具竞争力的一族;今天的时代是全球一体化的时代,要成为国际人,更需要高超的合作能力。没有合作能力,就不可能适应我们这个时代。

学会合作是现代教育的重要价值取向。合作学习是培养学生合作精神的重要途径。在合作学习中,小组成员为了完成共同的任务,要求有明确的责任分工,每个学生同其他伙伴配合,积极主动完成自己负责的部分,又要融入小组的整体工作,支持他人,协同完成任务。这样相互支持,相互信任,相互配合,相互理解,面对同一个目标,大家齐心协力,以积极的态度共同参与,达到共同提高。合作学习有助于提高学生的交往能力。人际交往是人一生赖以生存的能力,这是学生的宝贵财富。因此,学校教育必须注重学生交往能力的培养,在合作中学习,在学习中合作,通过与他人交流思想,加强与他人的联系与合作,从而提高人际交往能力。合作学习面向全体学生,有利于促进每个学生的发展。传统教学模式是教师讲学生听,满堂灌,学生听着乏味。合作学习能够充分调动学生学习的积极性。合作学习的方式,使每个学生都有参与的机会,每个学生都有发言的机会,每个学生都有表现的机会,师生之间、学生之间进行更多的交流与评价,使每个学生都有不同程度的进步。学生是学习的主体,学生在多方面进行参与,不再是知识的被动接受者,而是新知识新思想的构建者和创造者,是与他人合作交流的贡献者和分享者,能充分体验学习的愉悦,从而对学习产生浓厚的兴趣,也就产生了学习的动力,把以往那种"要我学"的课堂模式,变成现在"我要学"或"我想学"的模式。

团队合作是一种为达到既定目标所显现出来的自愿合作和协同努力的精神。它可以调动团队成员的所有资源和才智,并且会自动地驱除所有不和谐、不公正的现象,同时会给予那些诚心、大公无私的奉献者适当的回报。真正的团队合作必须以别人"心甘情愿与你合作"为基础,每个人都应该表现出自己的合作动机,并对合作关系的任何变化抱着警觉的态度。团队合作是一种永无止境的过程,虽然合作的成败取决于各成员的态度,但是维系成员之间的合作关系却是我们责无旁贷的工作。在追求个人成功的过程中,我们离不开团队合作,因为没有一个人是万能的,即使神通广大的孙悟空,也无法独自完成取经大任。然而我们却能通过建立人际互赖关系,通过别人的帮助来弥补自身的不足。对于团队而言,伙伴之间的友好相处和相互协作至关重要。无论力量型的人、完美型的人、活泼型的人还是和平型的人,都可以凭借自己的人格魅力,来赢得团队伙伴的支持。这样一来,我们就能够实现个人与团队的共同成功。正是团队精神让我们学会了包容、谅解;学会了在危险的时刻首先顾及他人;学会了团结,学会了忍让。

五、开放创新

"开放"就是要求学生具备一定的国际视野。随着世界各地之间的交流联系越来越频繁,当代社会对国际视野的要求也越来越高。在当今全球一体化的大背景下,社会要求青年人必须具备除了文凭、技术等硬实力以外的软实力,这些软实力就包含国际化视野,以及能够参与国际竞争的能力。培养全球化视野的人才,可以使我国在全球化竞争中与其他国家的对话能够具有一个比较共同的语境,从而能够更好地与其他国家、地区或经济社会系统进行交流,获得相互的理解和合作。培养全球化视野的人才能够更加广泛地发现和利用各种资源和信息,寻求各种发展的机会与可能,从而使我国的社会经济和教育发展能够更好地为世界服务,同时也能够使中国的经济社会和教育发展获得更加广泛的支持和基础。因此高中生务必需要培养国际化视野,以适应现代社会的激烈竞争,以便能够在未来进入社会后占据比较主动的地位,从而成为合格的社会主义建设者和接班人。

拥有国际视野的人才,就是指具有国际化意识和胸怀以及国际一流的知识结构,视野和能力达到国际化水准,在全球化竞争中善于把握机遇和争取主动的高层次人才。全球化视野的国际化人才应具备以下 7 种素质:宽广的全球化、国际化视野和强烈的创新意识;熟悉掌握本专业的国际化知识;熟悉国际惯例;较强的跨文化沟通能力;独立的国际活动能力;较强的运用和处理信息的能力;较高的政治思想素质和健康的心理素质,能经受多元文化的冲击。青年人具有全球视野之后,能够比较准确地对各种问题和现象做出判断,对于在中国经济走向全球化的过程中所面临的问题有一个清楚的认识,对自己的未来职业规划也更加清晰。

中国正在以越来越开放的姿态融入世界潮流,在经济全球化进程日益加快的今天,高中生作为国家发展和民族振兴的未来中坚力量,拥有国际视野,这是中国适应全球化发展的关键,也是中国高中教学顺应时代要求,为社会发展和人类进步培养高素质人才的时代使命。

国际化的视野也就意味着创新融入的精神。21 世纪是知识经济时代,国际竞争将主要体现为创新人才的竞争。当今社会科技进步日新月异,综合国力竞争日趋激烈。在党和国家大力强调自主创新的今天,科技创新能力成为高素质人才的核心和灵魂,这对当代高中生综合素质的要求也越来越高。科技创新教育是学校推进素质教育的重要举措，是培养学生的创新精神和实践能力的重要载体，是学生自身发展的需要，也是学校教育发展的需要。因此，培养当代高中生的科技创新意识、创新精神以及创新能力，是目前学生工作的一个重要课题。

相关研究表明，高中生缺乏创新意识和创新能力主要体现在以下方面：一是缺乏创新的观念和创新欲望；二是缺乏创新性思维能力；三是缺乏创新的兴趣；四是缺乏创新所必需的毅力。另外，随着网络技术的发展、西方思想意识的传入和现在中国社会所面临的种种压力等问题的日益呈现，当代高中生的思想和行为活动也出现了很大的分离，譬如各种心理问题和道德修养缺陷等，这些无疑都给当代高中生创新能力的提高设置了障碍。从中国高中生的创新现状分析，不断培养高中生的创新素质，提高他们的核心竞争力，已成为迫在眉睫的重大任务。

培养造就创新型科技人才"首先要从教育这个源头抓起"。为了提高当代高中生的创新意识和创新能力，必须做到以下几点：要主动营造活跃的创新氛围；持续夯实知识基础；营造良好的教风、学风及浓厚的学术氛围和创新教育环境；开展各种形式的科技活动，强化高中生科技创新意识；鼓励学生积极参加省级、国家级科技创新比赛和各项学术活动，广泛涉猎不同领域的知识，进行不同学科之间的交流，从而不断拓宽视野，强化创新意识。

高中生创新能力的提高任重而道远，但它对于提高我国自主创新能力，振兴民族科技和发展民族经济起着重大作用，也是提高高中生自身综合素质，担负建设中国特色社会主义伟大事业的必然要求。作为高中生，更应该刻苦学习，深入钻研，积极主动地成为创新活动的重要角色，为成功推进自主创新战略的实施做出自己的应有贡献。

第五节　暨阳高级中学发展历程中的几个关键人物

1978 年注定是值得铭记的一年。改革开放，高考制度恢复，历史的车轮在这一年轰然转向。同年 8 月，暨阳高中在改革的热潮中建校，当时的名称是"暨阳中学"。四十年，从艰难起步到走向辉煌，离不开建校至今几位关键人物对暨阳所做出的贡献。

陆伟璞：第一任校长，1978 年—1981 年在任

陆伟璞，1939 年生，中共党员，本科学历，中学高级教师。学校初创时期，任副校长、党支部副书记，主持学校工作三年。本校任职时间：1978 年至 1981 年。

陆伟璞校长是暨阳中学的首任校长。取“暨湖以北”之意，陆校长命名学校为暨阳中学。建校伊始，暨阳中学分为初中和高中两个部分，却只有16个教师，200多个学生。为了提高教学质量，扩大教师队伍，给学生提供更好的教育，陆伟璞校长不得不借资以凑足经费。陆校长回忆道：“要抓教学，还没有校办厂，没有经费，后来就开始办校办厂。有一位总务主任，他以前在县财政局里工作。他问财政局借了一万五千元，我后来到教育局借了一万元，一共两万五千块钱起家。”两万五千元，在现在也许不是一个大数目，而在当时却意味着一个学校能否成功办学，为祖国建设培养栋梁之材。东拼西凑，艰难起家，创校之路漫长而坎坷。除了教学质量外，教学环境也是一个重大问题。谈及当时的艰苦条件，陆校长说：“我晚上住在学校里，就是住在工棚里，也要看工地，木工干活要干到夜里十一点钟，我也要看到十一点钟，他们走了以后我再去把门锁上。我晚上是住办公室里，将三张办公桌拼到一起，就睡觉了，早上起来以后再把办公桌移开。”尽管后来学校条件改善了，这份吃苦耐劳的精神却一直流传了下来，成为暨阳精神的一部分。这位老校长对暨阳人传达了自己的真挚希望：“你们要再接再厉再创辉煌！”

陈曹相：第二任校长，1981年—1992年在任

陈曹相，1941年生，中共党员，中学高级教师。曾在海坝中学担任领导职务。1981年起，调入本校任校长、党支部书记。本校任职时间：1981年至1992年。

作为暨阳高中的第二任校长，陈曹相校长接到的第一个通知就是“三天不到要处分”。刚来到暨阳高中，一切工作对于陈校长来说都非常棘手。陈校长调侃自己是“来者不善，善者不来”，上任以后，他首先调整教师队伍，做出了一个大胆的举动——启用有能力的年轻新教师担任高三的教学任务，给予年轻教师重视和关心，给年轻教师提供成长的机会和空间。除了对教师个人能力的重视，陈曹相校长还关注着教师队伍内部互促共进。陈校长本着“对上多争取，对下多鼓励”的思想，对教师采取一系列激励措施，促进教师的组内互帮互助。随后他着手改善办学条件，扩大运动场地，建设学生宿舍，为学生打造良好的学习环境。陈校长亲自点将，优化教师队伍，实现了人力配备与梁丰高中齐平，直接带来了学校教学成绩的提高。除此之外，陈曹相校长在任期间还督促完成了实验楼的建设，帮助学生将理论知识与实际操作相结合，使得课本上的知识从枯燥抽象变得生动形象，提高了学生的学习兴趣和动手操作能力。1982年至1983年，通过积极争取，陈校长取得了划区招生的巨大胜利，提高了生源质量。1984年3月，经苏州市教育局、劳动局批准，学校增设沙洲县职业中学，沙洲县暨阳中学与沙洲县职业中学实行一套班子、两块牌

子。1986 年，初中部的中考成绩超过了梁丰初中，从此初中部红旗不倒，实现了陈校长上任当初“三年翻身”的梦想。除文化成绩外，当时的暨阳中学打造篮球特色，教师队伍和学生队伍都取得了杨舍镇篮球比赛第一名的成绩，从中似乎可以窥得“尊重生命的多样成长”的理念萌芽不断发展壮大，时至今日，多样成长在暨阳高中已得到普遍的价值认同。

陆建石：第三任校长，1992 年—1999 年在任

陆建石，1941 年生，中共党员，专科学历，中学高级教师。曾在南丰中学、职教中心担任领导职务。1992 年调入本校任校长、党支部书记。本校任职时间：1992 年至 1999 年。

陆建石校长上任时，暨阳中学还处在一个困难的境地。教学设备不够完善，师资力量不够丰富，教学成绩有待提高。1992 年，正值改革开放进一步深化的大好时期，城市日益发展，教学环境也亟须改善，教育改革的春潮滚滚而来。在当时的时代大背景之下，陆建石校长作为教育改革洪流中的弄潮儿，本着与时俱进的精神，对暨阳高中做出了一系列影响深远的改革举动。于是，结合教育局的要求和陆建石校长自己的设想，在南京大学和南京外国语学校的帮助下，1997 年，学校增设“张家港市外国语学校”，张家港市外国语学校与暨阳中学实行一套班子、两块牌子。暨阳中学得以异地新建，并更名为“张家港市暨阳高级中学”。秉持着暨阳中学的优秀传统，暨阳高中的历史迅速翻开了崭新的一页。在陆建石校长的领导下，1992 年至 1999 年，暨阳高中迎来了迅速发展。为了打造能适应社会需求的学校，陆校长增加了学校的经费，铸造了一支团结拼搏的师资队伍，并营造了良好的校风、扎实的教风、积极的学风。陆建石校长在任的 7 年时间，创新成为推动学校发展的动力源泉，也成为暨阳精神的一部分。

赵洪文：第四任校长，1999 年—2005 年在任

赵洪文，1960 年生，中共党员，本科学历，中学高级教师。曾在泗港中学、塘桥高级中学担任领导职务。1999 年调入本校任校长、党支部书记。本校任职时间：1999 年至 2005 年。

1999 年，正值暨阳高中飞速发展的时期，这是一所年轻、充满生机、大有可为的学校。2004 年，遇上普通高中扩招，暨阳高中的在校学生达到了 3172 名之众，是建校以来在校学生人数最多的一年。学生规模急剧扩大，师资力量又不足以支持，赵洪文校长面临着空前的管理、教学两方面的巨大压力。面对如此严峻的形

势，赵洪文校长首先大力加强师资队伍建设。他高度重视导师制，要求为工作时间少于三年的年轻教师都配备一名导师，并佐以考核跟踪评价机制，促进了青年教师的快速成长。面对繁重的教学任务，赵洪文校长以身作则，鼓励青年教师利用晚上的时间加班处理教学任务，一时间青年教师夜里办公蔚然成风。为了提高青年教师的专业水平，赵洪文校长要求青年教师和高三学生同步考试，每逢高三学生模考，青年教师也必须进行一次考试。此外，赵洪文校长还多次举办青年教师演讲比赛、书法比赛，来锻炼青年教师的基本功。在这一系列全面、严密的措施下，暨阳高中的青年教师得到了飞速成长与锻炼，整体的师资力量有所上升，教学质量大大提高。赵洪文校长曾说："教学质量是生命线。"将教学质量视为生命的他，与教师同进同出，以身作则，使得暨阳高中的高考成绩一直保持良好的发展态势，稳步前进，并且带领着暨阳高中创建成为江苏省重点高中。

赵洪文校长不仅关心教学质量，更心系教职工的生活。2001 年的中秋节，赵洪文校长和几位领导放弃了和家人团聚的机会，把当年一起进暨阳高中的 6 位外地教师聚在一起，共度中秋节。赵洪文校长表达了对年轻教师的关心："出门在外，相互之间要彼此关心，生活上有什么困难可以直接找学校领导，希望能在暨阳高中安心工作。"当时在场的一位年轻教师傅永儿老师后来回忆道：当夜，他感动得一晚上没睡好觉；感动得在以后的日子里，在茶余饭后时不时提起这件事情；感动得当初想要离开时，最终还是选择留下；感动得在遇到困难时还是选择坚持。无论是对外地年轻教师细致入微的关心嘱咐，还是为家庭困难的祝杏清老师购买电动车，赵洪文校长的人文情怀无时无刻不体现在这些充满人情味的故事上。

严管教学，人文关怀，看似矛盾的两种情怀永远地在暨阳高中这一片热土上保留了下来，在细枝末节中体现着暨阳高中的管理理念。

张建华：第五任校长，2005 年—2010 年在任

张建华，1961 年生，中共党员，本科学历，中学高级教师，江苏省特级教师。曾任张家港市南丰中学、张家港高级中学副校长，永联学校和乐余高级中学校长、党支部书记，市教育局基础教育科科长。2005 年 7 月起，调任本校校长、党总支书记。本校任职时间：2005 年至 2010 年。

张建华校长于 2005 年上任，适逢高中规模扩大，一个年级有 20 个班，每个班有 56 人。面对如此庞大的学生人数，如何高效管理学生成为一个大难题。张校长首先进行了一次大胆的改革，对高一年级的晚自习做了调整，每楼层指派 1 到 2 个教师监督晚自习，配合行政老师值班。这样做，既减轻了老师的工作压力，也提高

了学生的自主学习意识。尽管有人质疑这种做法是否会造成学生成绩的下滑，但是这一届的学生仍然漂亮地用分数证明了学生的自主管理才是最好的管理。这一届学生，在2010年的高考中取得了优秀的成绩。2010年暨阳高中本科的超目标人数在全市遥遥领先，并且还有一个学生获得了张家港市的高考文科状元。此后，暨阳高中的高考成绩不断再创新高，稳步前进。

2006年，暨阳高中成功创建成为江苏省四星级普通高中。2008年，为迎接30周年校庆，同时为了扩大学校的影响力，张校长邀请专家来校指导，开始规划学校未来发展的方向，初步构建了暨阳高中的文化体系。张建华校长结合学校的办学传统，提出了“容达”的办学理念和“志以远，学以朴，身以简，言以信”的校训。张校长坚持“制度第一，文化管理”的管理理念，培育学校的视觉文化、理念文化、组织文化和管理文化，创造校园尊师重教的文化氛围。

在张建华校长打下的基础上，暨阳高中不断践行并实现当初确定的发展方向，契合学校的办学传统，并在校训基础上提炼创新，努力发展校园文化，使得暨阳高中文化在继承的基础上发展，在发展的过程中继承，历久弥新。

朱建兴：第六任校长，2010年—2015年在任

朱建兴，1960年生，中共党员，本科学历，中学高级教师。曾任占文中学校长、书记，香山中学校长、书记，工贸职业高中校长、书记，港区高中校长、书记，张家港高级中学校长、书记，张家港市教育局教研室主任等职。2010年8月调任本校校长、党总支书记。本校任职时间：2010年至2015年。

5年，只是人的一生中短暂的一部分，更是学校的历史长河中微不足道的一粒细沙。但在朱建兴任校长期间，暨阳高中完成了一个飞跃。通过他的“目标教学策略”课堂教学模式，配合滚动听课的方式，暨阳高中的教学质量得以大大提高。朱校长坚信没有教不会的学生，要求教师要有责任心、耐心，讲究教学教育方法，结合五个环节的目标教育手段，通过学生预习、师生探讨、课堂检测，使得九门科目均衡发展。此外，学生的综合素养也是素质教育的重要内容，在保证教学的基础上，朱校长十分重视学生的综合素养。朱校长认为，社团活动能够提升学生的交际能力、语言表达能力，促进学生之间的相互了解、沟通，增强学生的社会责任意识，为日后走向社会奠定基础。于是朱校长发展社团活动，培养学生的兴趣爱好，使得学生的在校活动丰富多彩，在学生的学习生活中添加了一抹亮色。此举也反向促进了学生的文化课学习，提高了学生的学习兴趣。

学风教风的好差是一个学校管理效果的重要体现。在朱建兴任校长时，除了

提高学校教学水平、促进学生全面发展以外，还着手于学校的学风教风建设。他将每周一次的教工会议分为民歌欣赏、名师演讲、学校工作三部分，提高教师音乐素养，增加教师之间的了解。设立“每周一星”的评比，创造了学先进、赶先进、做先进的良好氛围。为了改善学风，朱校长从立规矩、加强班主任队伍建设、树典型、家长会、课间跑五个方面加强管理，让学生学有榜样、赶有方向。

在教学中发现，在教学中进步，在教学中成长。不仅学生要发展，师生之间的互促互进也十分重要，“教学”从来都是一个双向的词语。这一套教学理念延续至今，不断鼓舞着暨阳高中教师及学子互相学习，携手共进。

谈雅琴：第七任校长，2015 年—2017 年在任

谈雅琴，1974 年生，中共党员，本科学历，硕士学位，中学高级教师。曾任张家港市教育局基教科副负责人，梁丰高级中学副校长，塘桥高级中学党总支书记，常青藤实验中学党总支书记。2013 年调任本校党总支书记、副校长，2015 年 8 月起任校长、党总支书记。本校任职时间：2013 年至 2017 年。

2015 年，谈雅琴任暨阳高中的第七任校长，也是暨阳高中建校以来的首任女性校长。身为暨阳高中发展的掌舵人，谈校长认为文化是一所学校的灵魂，文化虽然无形、不可触摸，但是它对于增强师生的凝聚力，培养良好校风，树立学校形象具有重要意义。因此，上任伊始，谈校长便着手对暨阳高中的文化体系进行了梳理。结合社会发展现状、教育发展趋势和暨阳高中师生特点，谈雅琴校长提出了“成长教育”的口号和“尊重生命的多样成长”的教育理念；在原有校训“志以远　学以朴　身以俭　言以信”的基础上总结提炼了新的校训“远志　力行　博学　悦纳”；在原有学校精神“知行合一”的基础上总结提炼了新的学校精神“知行合一　追求卓越”；明确暨阳高中的育人目标为“培养立志高远、身心健康、学力深厚、包容合作、开放创新的杰出公民”，暨阳学子的核心素养是“立志高远　身心健康　学力深厚　包容合作　开放创新”。同时，谈雅琴校长积极广泛宣传暨阳文化，对学校外网进行改版，开通暨阳高中微信公众号，并在开学典礼、成人仪式等学校重大活动上不断宣讲学校文化，使得学校文化深入人心，取得了广泛的价值认同感，提高了学校的知名度和美誉度。

在进行精神文化建设的同时，谈校长还加强了对学校的物质文化建设。短短两年时间，暨阳高中完成综合运动场馆、学生宿舍、美丽校园改造、幸福家长驿站项目、省心理课程基地项目、北宿舍改造项目等建设项目的招投标工作，这些工程陆续进入施工阶段；添置教室电子白板、空调，更换了教师电脑、学生座椅……一系列

措施使得暨阳高中向着一所底蕴深厚、设施一流、教育现代化的学校坚实迈进。

谈校长将课程视为教学的发动机,特别重视课程建设,牵头构建了暨阳高中成长课程体系。加强了学生的心理健康教育课程、阅读课程建设,实施高中生生涯规划与发展课程。2016 年 4 月,暨阳高中“高中生心理发展与指导”课程基地成功创建为江苏省课程基地。在关注学生成长的同时,谈雅琴校长也高度重视师资队伍建设。在任期间,成立了语数外及班主任四个名师工作室,定期开展活动,促进教师业务水平不断提高。通过硬件、文化、学生、教师等全方位、多角度的建设,暨阳高中的教育教学质量不断提高,学校正逐渐成为师生精神成长、生命舒展、包容有爱的美好家园。

吴新建:第八任校长,2017 年至今

吴新建,1971 年生,中共党员,本科学历,中学高级教师。曾任张家港市暨阳高级中学德育处副主任、校长办公室主任,张家港市沙洲中学副校长。2017 年调任本校党总支书记、校长。

吴新建校长是土生土长的暨阳人,在时隔八年后,吴校长带着一份特殊的情感回归暨阳。尽管上任仅两个多月,吴校长对学校的文化传承、课程建设、课堂教学、教师发展和学生培养有了深入了解和进一步的定位。未来,吴新建校长将带领全体暨阳人,高举“成长教育”旗帜,秉承“尊重生命的多样成长”的教育理念,发扬“知行合一、追求卓越”的暨阳精神,关注学生多元而有个性的发展,努力为每一个孩子提供更多更优的课程选择、更适合的教育,培育立志高远、身心健康、学力深厚、合作包容、开放创新的未来社会的杰出公民,努力将暨阳高中建办成为人文与科学并重的高品质高中。

薪火相传,暨阳光辉

四十年,对于人来说已是“不惑”的年纪。四十年来,暨阳高中秉持着教育的初心,不断前行,不断进步,教学质量不断提高,文化建设日益加强,社会声誉逐步提升。走过四十年的岁月,教育的薪火历代相传,一代代学子在暨阳高中学习的三年时间中磨炼成长,走向成功。无论是刚建校时的简陋设备,还是如今的现代化教学器材设施,“教书育人”的理念始终如一。历届校长的贡献,都是暨阳高中不断成长过程中的重要节点。四十年,光辉不减,暨阳荣耀。

第六节　暨阳高级中学教育事业发展“十三五”规划

根据党的十八大关于“优先发展教育，建设人力资源强国”的战略部署和《国家中长期教育改革和发展规划纲要》及省、市“十三五”教育发展规划的精神，以立德树人为根本，以发展学生核心素养为首要目标，使学校教育适应全面建设小康社会、建设创新型国家的需要，本着立足当前，考虑长远，促进学校持续、稳步、健康、有效发展的原则，结合学校发展实际，特制定本规划。

第一部分　现实基础和面临形势

一、“十二五”期间主要成绩

“十二五”期间，学校秉承优良的办学传统，不断开拓创新，坚持走内涵发展、特色发展之路，办学成效显著。

（一）课程改革成果初显

探索国家课程校本化实施路径。学校规范执行国家课程标准，并围绕学校办学目标和本校实际情况，积极探索国家课程校本化实施路径。开全开足国家课程，有机整合和拓展必修课程内容；认真思考选修课程内容和实现方式，开设“三大球”“辩论”“好习惯养成”等地方课程及数十门校本课程；精心组织讲座、竞赛及实践类课程，学校初步形成了能基本满足本校学生选择的、有一定暨阳特色的必修、选修、活动课程三位一体的课程体系。

推进特色课程及课程基地建设。学校重视特色课程建设，努力建设指向学生发展、具有学科优势、彰显学校品质的特色课程。“十二五”期间，形成了三大类特色课程，即以“八个一”为丰富课程资源的心理学科课程，以关注学生发展的“主体性、主动性和体验性”为核心的主体德育课程，以必修课、选修课、阳光大课间、体育社团四位一体为核心的体育课程。2014 年 11 月，学校“高中生心理发展指导课程基地”创建为苏州市课程基地，2015 年 10 月在苏州市教育局组织的课程基地现场视导工作中被评为优秀项目。2015 年 4 月，《中国德育》杂志对我校主体德育实践做专题报道。

持续深入开展课堂教学改革。“十二五”期间，学校以新课程理念为指导，以建构、实践“目标教学策略”课堂教学模式为主要载体，持续深入推进课堂教学改革。经过几年的实践探索，“目标引领、先学后教、少教多学、能学不教、当堂达成”的“目标教学策略"教学模式,已经成为暨阳高中全体教师的价值认同。"目标教学策略"建构起来的高效课堂为暨阳高中近年教学质量连创新高起到了关键的保障作用;学校多次以"目标教学策略"为主题开展面向全市的课堂教学展示活动,产生了广泛的影响,2014 年 3 月 13 日的《中国教育报》以《践行"目标教学策略",课堂活力迸发》为题,对我校"目标教学策略"课堂教学模式做了专题报道。

(二) 师资队伍不断优化

"十二五"期间,学校有教职员工 214 人,其中专任教师 207 人,专任教师本科以上学历比例达 100%;获得中高级职称的教师 187 人,占全校专任教师的 90%;具有研究生学历或硕士学位的教师 58 人,占全校专任教师的 28%;市级以上骨干教师 56 人,占全校专任教师的 27%。

学校创设机制,深入推进教师专业发展。学校成立语文、数学、英语、班主任名师工作室,聘请各级名师担任顾问,引领本校骨干教师专业发展,努力造就一批师德高尚、理论功底扎实、学科知识宽厚、教学业务精湛,具有较强创新意识和实践能力的骨干教师。学校以课题研究为平台,引领教师研究教育教学。"十二五"期间,学校完成全国教育科学"十一五"规划 2009 年度教育部规划课题"新课程背景下生态课堂案例研究"子课题《新课程背景下普通高中目标教学策略的实践研究》等苏州市级及以上课题研究 6 项,引导教师聚焦课堂教学的具体问题,极大地提升了教师对教育教学的理解水平。学校以培养"美丽教师"为主流导向,关爱教师健康成长。"十二五"期间,评选五届暨阳高中"十佳美丽教师",培养苏州市名教师 1 名,苏州市学科带头人 2 名,张家港市学科带头人 9 名,张家港市教学能手 10 名。

(三) 教育质量显著提升

"十二五"期间,学校高考本科达线率持续高位增长,2011 年为 53.68%,2012 年为 57.35%,2013 年为 64.8%,2014 年为 72.05%,2015 年为 79.14%。学生综合素质稳步提升,在科技、征文、辩论、体艺、学科等竞赛中频频获奖,累计获奖达 700 多人次,并且涌现了荣获国家扶贫慈善公益领域最高政府奖"中国消除贫困奖"的郭秦、张家港市高考文科状元徐荪娜等杰出学生。

(四) 学校品牌逐渐形成

"十二五"期间,学校先后获得"江苏省园林式单位""江苏省价格诚信单位""江苏省教育学会系统先进单位""江苏省中学共青团公民意识教育创新示范点""苏州市文明单位""苏州市德育先进学校""苏州市安全文明学校""苏州市教育信息化先进单位""苏州市语言文字规范学校""苏州市中小学心理健康教育特色学校""苏州市教育科研先进学校""张家港市文化建设合格学校""张家港市教育科研先进学校”等数十项市级以上荣誉称号。学校优良的校风，严谨的教风，扎实的学风赢得社会各界和学生家长的广泛赞誉，暨阳高中已经成为港城优秀初中毕业生向往的学校。

二、学校发展面临的形势

《国家中长期教育改革和发展规划纲要(2010—2020)》提出了高中教育要“提升学生的综合素质”和高中学校要“多样化发展”的要求，国务院《关于深化考试招生制度改革的实施意见》“倒逼”高中教育的主要内容和基本形式要进行根本性的变革。在新的教育改革时期，暨阳高中要实现卓越学校的发展，必须科学研判、开拓进取，系统规划学校发展。

(一) 高中教育改革的整体趋势

2014 年 4 月，教育部发布《关于全面深化课程改革，落实立德树人根本任务的意见》，提出落实“立德树人”是深化课程改革的根本任务；2016 年 9 月，《中国学生发展核心素养》总体框架正式发布，进一步明确了基础教育培养什么人的问题，把核心素养的培养提到了学校教育的核心地位。而随着新的招生制度的改革，选择性和多样性的评价制度势必为普通高中课程改革开辟新的路径。

基于上述背景，我们认识到，未来高中教育将更加注重人的全面发展、个性发展，学生的课程选择性和综合素质培养被大大强化，这对学校教育提出了全新挑战，当然也是促使高中学校办出特色的一次机遇。重新规划建构课程体系、变革教学组织管理、选课走班、生涯规划、综合素质评价将被逐一提上议事日程。

(二) 区域教育发展中的学校定位

“十三五”期间，学校将在科学发展观引领下，依法治校，文化立校，坚持走内涵发展、特色发展之路，办一所在区域内拥有高知名度和美誉度、人文和科学并重的卓越高中。学校将特别关注学生多元而有个性的发展，努力为每一个孩子提供更适合的教育，努力让暨阳高中成为师生精神成长、生命舒展、包容有爱的美好家园。

(三) 学校发展的优势与不足

1. 学校文化的积淀与发展

学校文化是学校管理中最具向心力和凝聚力的部分，是学校的核心价值观。在长期的办学实践中，暨阳高中以“容”为文化建设起点，提出“志合行健”的教育核心理念，明确“志以远　学以朴　身以简　言以信”的校训和“知行合一”的学校精神，构建学校文化系统，形成相对完善的暨阳高中视觉文化、环境文化和行为文化识别系统。“十三五”期间，暨阳高中面临着新的发展诉求，以学校文化导引学校发展，以文化整合学校办学目标、课程体系、管理体系，是学校必须面对的重要课题。

2. 办学条件的优势与掣肘

学校是张家港市规模型普通高中，江苏省四星级高级中学，位于市区城西中心地带，地理位置优越，交通便捷；校园环境优美，是江苏省园林式单位；师资力量较为雄厚，课堂教学改革积累了一定的经验。但是，学校教育教学设施设备陈旧，办学条件特别是硬件设施亟须改善；教师年龄结构老化，中老年教师普遍存在职业倦怠感，骨干教师学科发展不平衡，缺少享誉省市内外的名师；学生培养途径相对单一，学校办学特色不够鲜明。

3. 课程改革的成果与局限

学校初步形成了能基本满足本校学生选择的、有一定暨阳特色的必修、选修、活动课程三位一体的课程结构，在课堂教学改革方面形成了相对独立的教学模式。但是，课程结构流于松散，与暨阳高中育人目标，尤其是未来高中教育所倡导的学生核心素养的培养，尚有一定的差距。基于核心素养的暨阳高中学校课程体系建设，将是学校未来发展的重大课题。

第二部分　总体目标和主要任务

一、总体目标

以创新、协调、绿色、开放、共享五大发展理念为指导，以“成长教育”为核心，秉承“尊重生命的多样成长”的办学理念，立德树人，发展核心素养，致力于培养立志高远、身心健康、学力深厚、包容合作、开放创新的杰出公民；坚持依法治校、文化立校、内涵发展、特色发展，努力建办现代城市的卓越学校。

“十三五”期间，学校发展分为两个阶段，第一阶段，2016 年至 2018 年高规格规划并初步完成美丽学校建设，开发丰富多元的课程资源，初步形成系统的学校文化和课程体系，建设好高水平的省课程基地；到 2020 年初步建成师有品位、生有特长、校有特色、区域一流、省内知名的现代化高级中学。

二、主要任务

（一）学校文化提升工程

坚持“文化立校”，将创建优美的物质文化与创建科学的制度文化、优雅的行为文化和丰富的精神文化结合，进一步彰显暨阳高中文化内涵，使学校文化既符合时代特点又富有个性特征，充分发挥学校文化“铸品牌、树形象”的功能。

1. 培育暨阳文化

继承学校传统，培育“成长教育”为核心的暨阳高中学校文化体系。学校将致力于以“成长教育”为核心的学校文化体系建设，秉承“尊重生命的多样成长”的办学理念，践行“远志　力行　博学　悦纳”的校训，培养“立志高远、身心健康、学力深厚、包容合作、开放创新”的杰出公民，建设人文与科学并重的卓越高中。

“十三五”期间，学校高度重视学校“文化力”的形成与作用。一是加强宣讲力度，抓住关键节点，面向全体师生，宣讲暨阳高中的核心文化、办学理念、学校精神、校训和育人目标，使其成为浸润在师生血液里特有的文化气质，成为学校可持续发展的文化基因。二是构建暨阳高中文化识别系统，精心设计各层面的内隐文化和外显文化，全方位构建暨阳文化的理念识别系统、行为识别系统、视觉与听觉识别系统，力求突出暨阳文化的系统化、个性化和生态化。

2. 建设现代学校制度

遵循“宽猛相济”的管理哲学，严格遵守国家教育方针和江苏省“五严”规定，依法办学，规范办学。加强章程建设，健全学校自主管理制度体系，提高学校制度建设质量。以章程为统领，制定并完善学校管理、教育教学、科研、学生、人事、资产与财务、后勤、安全、对外合作、学生组织、学生社团等各方面的管理制度，形成健全、规范、统一的制度体系。完善学校治理结构，推进学校科学决策、民主管理。推进学校决策权、执行权与监督权既相互制约又相互协调，构建起在党组织政治核心统领下，以学校章程为依据，以校长负责制为主体，校务委员会、教职工代表大会和家长委员会民主参与的学校内部治理结构。

3. 推进美丽校园建设

充分发挥环境育人功能，加快美丽校园建设步伐，营建师生相融成长的美丽暨阳高中。一是校园基本建设工程：着手重建学生宿舍、综合运动馆，新建幸福家长驿站、省级心理课程基地场馆、阅读课程基地等；二是校园改造工程：改造学校运动场所，包括300米足球场、手球运动场地和高三教学楼前的篮球场等，改造校史陈列室；三是校园环境美化工程：新建或改造容达园、容雅园、风华园、中央大道、樱花大道等校园景观，整体呈新中式风格；四是教学资源的丰富提升工程：一方面，要加大基础设施建设的投入，不断提升学校现代化办学条件，另一方面，要整体布局，系统规划，加快学校功能教室、学科教室的建设与扩充，满足高考招生制度变革对学校教学资源的要求；五是营建愉悦健康的学习生活环境：学校将不断加强校园文化空间建设，不断改善师生学习生活环境。

（二）教师素养提升工程

学校将教师队伍建设当作学校发展的一项战略性工作，以优化教师队伍建设为核心来推动学校的可持续发展。“十三五”期间，要形成一支师德高尚、业务精湛、结构合理、充满活力的高素质、专业化教师队伍，培养1名江苏省特级教师，1—2名苏州市名教师，2—3名苏州市学科带头人，市级以上骨干教师比例达32%。

1. 加强师德师风建设，提高教师师德修养

引导教师强化责任意识、忧患意识、协作意识和民主意识，树立正确的价值观、教育观、教学观和质量观，强化立德树人意识；提升教师师德修养水平；提升教师职业幸福感；健全师德监督机制，完善考核评价机制；定期评选“美丽教师”等，宣传优秀教师先进事迹，引导教师见贤思齐。

2. 以人为本，提升教师的职业幸福感

一是注重管理过程的人性化，营造温馨氛围，体验幸福滋味。继续做好“我的暨阳故事”讲述活动，两周一星演讲活动等传统项目，创新开展退休仪式、颁发从教30年荣誉证书、宣传优秀教师等活动。二是以工会为依托，组织教师开展送祝福、送健康等活动，举行小型多样体育竞赛等活动，使教师感受到学校的亲情与关怀。三是开展“幸福提升工程”，对教师进行幸福教育，使教师明确教育以人的生活为目的，人的生活以幸福为目的，教育最终以人的幸福为目的。教育从根本上来说就是以人为本，关注人的幸福，培养人的幸福能力，使人在工作中能够感受幸福、创造幸福、享受幸福。

3. 深入开展校本研训，提升教师终身学习力

定期组织教师论坛，开展专题研讨；定期组织专家讲座，提升理论水平；依托名师工作室，指导学科建设和教师个人成长；坚持骨干教师公开课和备课组循环课，增加研讨时间，加大研讨深度，提升课堂教学水平；实施“阅读工程”，举办读书活动、课题沙龙活动、论文报告会等，养成良好的学习习惯，探索科学的学习方法，树立终身学习的理念，提升教师的文化品位。

4. 培育科研团队，提升教师教科研水准

形成浓厚科研氛围，积极开展课题研究。“十三五”期间，扎实开展江苏省“十三五”重点科研课题《生态理论下的高中数学概念课案例研究》、江苏省教育学会“十三五”课题《基于提升语文核心素养的高中主题阅读研究》和张家港市“十三五”重大课题《高中生阅读习惯培养的实践研究》研究工作，以教育科研引领教学实践，推动学校其他方面工作，促进学校实现内涵发展。

5. 发挥工作室引领作用，提升教育教学工作艺术水平

“十三五”期间，在原有语文、数学、英语等4个名师工作室的基础上，积极筹建班主任名师工作室和心理名师工作室。引领教师专业成长，努力将名师工作室办成全校优秀教师的孵化器、备课组抱团成长的助推器、学校教育改革与发展的加

速器。

6. 多措施并举,全面提高特殊教师群体业务水平

关心青年教师成长。建立青年教师个人成长档案;实施教师成长导师制;开展青年教师教学基本功竞赛和评优课活动;加强对青年教师工作情况的考核。关注中老年教师成长需要,举办各项业务评比活动,为中老年教师的发展搭建平台。

(三) 暨阳课程体系建设工程

以落实立德树人根本任务为宗旨,以“成长”教育为核心,把国家、地方、校本课程融合,整体构建指向核心素养的暨阳高中课程体系,着力打开课程与学生核心素养的通道,培养“立志高远、身心健康、学力深厚、包容合作、开放创新”的杰出公民。

到2020年,基本形成适应新高考要求的、能基本满足学生多样选择的、有比较鲜明特色的学校课程体系,有一到两个精品课程创建成为省、苏州市课程基地。

1. 构建“成长”课程体系,将核心理念转化为现实

学校在传承历史、分析现状、瞄准未来的基础上,确定了“立志高远、身心健康、学力深厚、包容合作、开放创新”为暨阳高中学生发展五大核心素养,建设基于“尊重生命的多样成长”之教育理念的“成长”课程,培养全面发展的人,建办人文与科学并重的卓越高中。

暨阳高中3E“成长课程”由基础成长课程(Essential Growth Curriculum)、多元成长课程(Expansive Growth Curriculum)和体验成长课程(Experiential Growth Curriculum)三个课程群组成。基础成长课程主要是培养学生的文化基础素养,是贯彻实施国家课程的重要途径。多元成长课程主要是培养学生的自主发展素养,是拓展性课程。体验成长课程主要是培养学生社会参与素养,增强学生责任担当和实践创新能力。三者之间相互联系、相互渗透、有机统一。

2. 重点建设特色课程,彰显学校办学特色

(1) 进一步打造主体德育特色课程。界定在“成长”理念引领下我校主体德育的内涵,梳理形成三年一贯的主体德育课程体系,培养学生自主管理、自主教育、自主成长的能力素质;发挥幸福家长驿站的功能,推进家长课程建设。通过学校、家庭和社会三结合的方式,试点探索提高家长科学教子水平,积极发挥家庭教育在学生成长过程中的重要作用。

(2) 深入推进“高中生心理发展指导”课程建设。进一步加大软硬件投入,全力提升省级课程基地建设水平。关注基于内生力的成长,探索实施高中生生涯规划教育课程。进一步扩大“高中生心理发展指导”的品牌效应,使学校成为国内知名、省内一流的心理教育示范学校。

(3) 深入推进阅读课程建设。一是充分利用我校作为张家港市高中阅读实验基地项目的优势,依托张家港市教育科学"十三五"规划重大课题《高中生阅读习惯培养的实践研究》和江苏省教育学会"十三五"课题《基于提升语文核心素养的高中主题阅读研究》,推进语文阅读课程建设,建设有品位、有特色的"书香校园";二是积极推进英语原版阅读课程建设。

(4) 积极推进体育和美育特色课程建设。持续推进"三大球"运动、优先发展手球运动,争取建设成为手球推广学校和手球特色学校。探索实施体育、艺术分类走课课程模式,积极创建美育特色课程基地,改革体育艺术自主招生办法,加快培育体育、艺术特长学生。

3. 完善学生综合素质评价体系建设

课程评价引导着课程建设的方向与进程,暨阳高中成长课程的建设,在自觉的优化进程中。适应新课程、新高考的进程,应建立和完善学生综合素质评价体系,让暨阳高中课程建设在促进学生健康、个性发展的同时,提高高考升学率。一是完善综合素质评价内容,使其基于事实,被广泛认可和接受。包括品德发展与公民素养、修习课程与学业成绩、身心健康与艺术修养、创新精神与实践能力。二是变革评价方式,打破评价霸权,改变自上而下的单一评价视角,建立自评、互评、班级教师团队评价相结合,过程性评价和终结性评价相结合的评价体系。三是开发学校综合素质评价数字化平台,网络系统将根据评分以雷达图的形式直观展示学生的综合素质及个性特长的发展历程,使信息搜集更加全面准确快捷,分析更加科学,结果更加直观,共享更加便利。

(四) 教学改革深化工程

学校要高度重视国家实施"互联网+"战略的历史机遇,着力构建网络化、数字化、个性化、终身化的教育体系,着手建设"人人皆学、处处能学、时时可学"的学习型校园;关注"互联网+"背景下教师的教和学生的学,形成与教育现代化发展目标相适应的教学信息化体系,充分发挥信息技术对教学的革命性影响作用。

1. 优化"目标教学策略"课堂教学模式

一是高度重视学科核心素养,在"目标教学策略"课堂教学模式"揭示目标"环节,将提升学科核心素养融入课堂教学目标;二是避免教学模式僵化和程式化,根据不同学科特点,对该课堂教学模式做出调整,积极构建"目标教学策略"课堂教学模式的学科变式。

2. 推进"互联网+"学习方式的变革

积极引进"互联网+"对教育的正向推动项目,开发校园 APP、微视频、直播上课技术等，思考学生学习方式的多样化，着手打造没有围墙的校园。依托互联网平台，开发科学的教学测量工具，建设系统的数据处理平台，引进学生问题诊断模式，为建设新学程打下基础。

3. 构建“分层分类教学”的管理体系

深入研究江苏省新高考方案和国家修订的新课程标准，学习上海、浙江地区优质学校的教学经验，提前研究、调配校内资源，尽早制定学科教室的建设规划，尽快推出适应选科、选课、走班等教育教学新常态的学校操作方案和具体办法，构建“分层分类教学”的管理体系。

4. 推进以“课堂观察”为核心的教学研究变革

一是推动课堂观察活动在各个备课组的开展，积累数据，积累素材，建设暨阳高中的资源库。二是探索构建“互联网＋教育”背景下的教学资源的选择、改编和共享，构建、开发一批精品学科课程资源，服务学科课程改革，不断提升教学质量。

第三部分 保障措施

一、组织保障

成立规划实施领导小组，按照规划的部署和要求，对目标任务进行分解，明确责任分工。成立工作班子，负责规划的组织、协调与实施，各有关部门积极配合，密切协作，共同抓好贯彻落实工作。

二、舆论保障

广泛宣传党和国家关于教育工作的方针、政策，广泛宣传优先发展教育、建设人力资源强国的重要性、紧迫性，广泛宣传张家港市教育发展规划及学校发展规划的重大意义和主要内容，广泛宣传幸福教育的意义及实施策略，动员全校师生团结协作，务实奋进，积极创设良好的内部环境；争取政府支持，加强学校、社区共建，密切与媒体的关系，赢得家长配合，积极创设良好的外部环境。

三、机制保障

校长办公会议讨论制定课程开发、师资建设、科研改革等分项规划，并加强年度计划与本规划的衔接，形成功能清晰、衔接协调、统一完整的规划体系。各部门围绕本规划及分项规划确定的发展目标、主要任务和重点工作等，提出本部门实施的具体方案和措施，研究、制订切实可行、操作性强的工作计划，分阶段、分步骤组织实施。深化学校内部的管理体制改革，建立健全管理规章制度，明确职权，实现管理重心下移；强化目标管理，建立层次清晰、科学规范的管理体制和运行机制。

四、资源保障

整合家长资源和社区资源，创造有利条件为学校发展服务。加强与其他学校的交流与合作。加强与高等院校的沟通，借助外部专家资源，为学校的改革与发展提供有力支持；加强与国内外兄弟学校的合作，借鉴其他学校的发展经验；积极参与扶持省内外的薄弱学校，输出我校的优势和经验。

第二章 走进成长的殿堂

第一节 探寻学生多样成长的路径

——暨阳高级中学成长课程体系综述

一、课程建设的重要性

两千多年前，孔子提出因材施教，古往今来，无数有识之士殚精竭虑，孜孜以求，这一被教育界普遍认可的教育原则，始终是人们心中的一种期盼，只是苦于一直没有找到真正可以到达彼岸的路径。

值得欣慰的是，时至今日，"课程是教育的核心"这一理念越来越多地得到教育工作者的认同。的确，先进的办学理念和特色必须由课程来支撑，设置什么样的课程，直接决定了教育的方向和价值，决定了培养什么样的人。

英文中 curriculum（课程）一词来源于拉丁文 currere，currere 当动词讲是"奔跑"的意思，当名词讲是"跑道"的意思。因此，curriculum 指的是提供给学生奔跑并对学生发展有益的跑道。最常见的课程定义是"学习的进程"，简称学程。当前作为共识的课程意义，一般是把课程理解为：为了实现学校教育目标而规定的教育内容的总和。

课程理当为人的生命成长奠基，人的生命成长由一条条线段编织而成。起点处，是问题，是人的各种可能性；终点处，则是问题的解决，是人的可能性的实现。当我们穿越了一段一段的课程，解决了一个一个问题，积累了丰富的知识、情感和理性，我们的生命越来越丰厚，思想越来越饱满，眼睛越来越清澈，这就是课程给我们带来的成长。

郭秦，系我校 2013 届优秀高三毕业生，国家扶贫慈善最高奖——中国消除贫困奖获得者，被评为全国助人为乐楷模、全国文明青少年标兵，现为南京师范大学汉语言文学（高级文秘）专业 2013 级本科生，被山区孩子称为"天使姐姐"。她在返校和班主任季伟老师交流的过程中说："三年暨阳高中的学习生活，我从懵懵懂懂到逐渐清晰，明确了自己的世界观和人生观，找到了属于自己的成长道路，一路坚持着并快乐着。"

透析暨阳高中众多学子的发展轨迹，我们在思考：其终点在哪里？也就是说，我们希望跑道上的人最终到达何处？一条跑道的价值固然与跑道经过的风景有关，但更重要的是跑道的方向及终点是否与社会发展的趋势相一致，以及它是不是跑道上的人所真心向往的。

因此，课程建设成为学校工作的核心领域，成为学校最重要的品牌，是学校一切工作的最终物化体现，是学校师生能力与水平最有力的证物，是学校的核心竞争力。

二、暨阳高中课程建设的历史背景

（一）遵循"教育即成长"的教育哲学观

《道德经》的结束语讲道："天之道，利而不害；圣人之道，为而不争。"真正的教育应该有天一样包容万物自由生长的胸怀，每个学生都能像禾苗沐浴在阳光雨露中一样，按照生命的规律自由生长，教育尊重每个学生的存在，让学生获得个性的张扬。学生的进步不是因为外在的强迫，而是源于其内在力量的充分生长，每个学生都是独特的，各有各的精彩。因为，教育魅力和价值的伦理起点在于人存在的未确定性、不完善性，以及因此而产生的人的"成长性""可能性"和"超越性"，教育应努力向着扬弃自然生命、个体生命，实现文化生命、价值生命塑造的方向前进，而教育的伟大就在于它赋予生命无限的可能性，在心灵与心灵的对话中完成灵魂的再生，成就生命的美好和人生的幸福。

循着这样的教育哲学观，暨阳高中致力于为学生提供好的课程，通过丰富多彩的课程架起学生"从此在到彼在"(海德格尔语)、从有限到无限的桥梁。应该给学生什么样的课程，暨阳课程设计的起点和制高点在哪里，这是首先要回答的问题。因为，学校的课程选择体现了一所学校的办学理念和价值追求，选择什么样的课程是基于对该课程本体价值的认同并基于一所学校的历史文化传统和校本课程资源，学校课程的建设是师生对教育价值理想的无限追求与教育现实可能性之间完美结合的产物。

暨阳高中的课程建设正是在历史、现实和未来之间寻找教育可能的探索，力求在暨阳文化精髓的提炼、化育和升华中找到我们的起点，在对促进师生生命幸福的教育追求中找到课程建设的制高点。

在对教育的生动实践和理性思考中，我们逐渐认识到，教育最根本的目的在于培养人的价值追求，办关注师生生命幸福的教育，让学生不断摆脱自我的束缚，走向更宽广的精神高地。学校的课程文化要体现出多样、包容、和谐的特质，处处给人以成长的愉悦，可以陶冶师生的情操。

（二）建构基于核心素养的课程体系

2014 年 4 月，教育部发布《关于全面深化课程改革，落实立德树人根本任务的意见》，提出“立德树人”是深化课程改革的根本任务。

2016 年 9 月，《中国学生发展核心素养》研究成果在京发布。该成果提出，中国学生发展核心素养分为文化基础、自主发展、社会参与三个方面，综合表现为人文底蕴、科学精神、学会学习、健康生活、责任担当、实践创新六大素养，具体细化为国家认同等 18 个基本点。以学生核心素养推动教育和课程改革已成为当前热点。

建构基于核心素养的课程体系，围绕核心素养进行教学方式变革，开展指向核心素养的教育评价，是从整体上推动核心素养有效落实的重要途径。

三、暨阳高中成长课程介绍

站在普通高中教育发展的十字路口，暨阳高中课程建设通过传承历史、分析现状，确定了以立德树人、培养学生核心素养为总目标，建设基于“尊重生命的多样成长”之教育理念的“成长课程”，整体构建指向核心素养的暨阳“成长教育”课程体系，培养“立志高远、身心健康、学力深厚、包容合作、开放创新的杰出公民”，建办人文与科学并重的卓越高中。

暨阳高中成长课程的核心是适合学生的课程，培养全面发展的人。课程由基础成长课程、多元成长课程和体验成长课程三个维度构成，三者之间相互联系、相互渗透、有机统一。

基础成长课程着眼于培养学生的文化基础素养，是贯彻实施国家课程的重要途径，目的是培养学生学科素养、发展学生基础学习，为升学和就业奠定文化基础。基础成长课程有暨阳高中自己的课程坐标，在纵向上，将课程按照年级分为不同层级，形成适应不同年龄阶段的课程阶梯。强调按先后顺序，保持课程的整体连贯。在横向上，将课程分为基础性、拓展性、研究性，强调由简至繁、从已知到未知、从具体到抽象，帮助学生把握完整的世界之奥秘。

多元成长课程着眼于培养学生的自主发展素养，是拓展性课程，是对国家课程进行校本化实施，是从学科知识中找一个点，并通过这个知识点将学习扩展到社会生活的应用层面，整合涉及这个知识点的各种鲜活实例，让学生学会从生活应用的角度把握学科知识，目的是拓展学生学科素养，满足学生学业个性化需求，推动学生自主发展。

体验成长课程着眼于培养学生社会参与素养，是遵循“时代性、基础性和选择性”的原则，追求课程内容与社会进步、科技发展、学生经验的紧密联系，关注学生的生活体验，满足学生理智、情感、审美、道德生活的需要，以促进学生良好心理品质的形成、健康审美情趣生活方式的养成。其目的是提高学生社会参与度，增强学生的责任担当和实践创新能力。

暨阳高中成长课程真实地存在于特定学制之中、特定年级之中、特定班级之中，让每一位教师可以看到自己在学校课程图谱（见图谱 1、图谱 2、图谱 3）中的位置，每一个家长可以更清晰地知道自己的孩子在学校将要学习的课程，未来将会发生什么，学校将把自己的孩子引向何方。

暨阳高级中学课程图谱 1

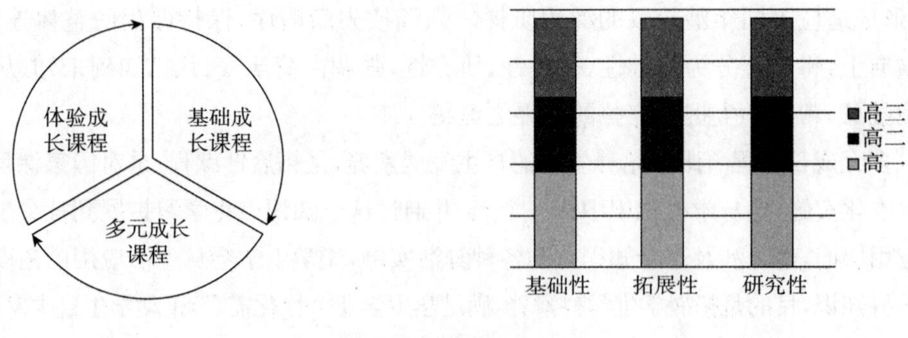

暨阳高级中学课程图谱 2

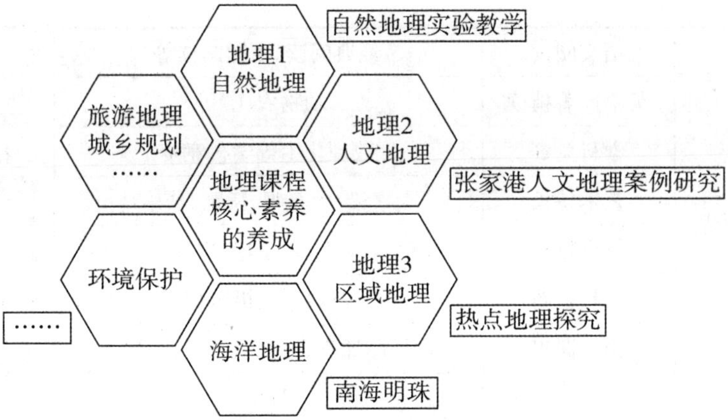

暨阳高级中学课程图谱3

暨阳高级中学成长课程建构表

<table>
<tr><td>教育哲学</td><td colspan="3">教育即成长</td></tr>
<tr><td>教育核心</td><td colspan="3">成长教育</td></tr>
<tr><td>办学理念</td><td colspan="3">尊重生命的多样成长</td></tr>
<tr><td>培养目标</td><td colspan="3">培养立志高远、学力深厚、身心健康、包容合作、开放创新的杰出公民</td></tr>
<tr><td colspan="2">课程类别</td><td>课程内容</td><td>目标</td></tr>
<tr><td rowspan="10">基础成长课程</td><td>语文</td><td>语文</td><td rowspan="10">培养学生核心素养、发展学生基础学习，为学生升学就业奠定文化基础</td></tr>
<tr><td>英语</td><td>英语</td></tr>
<tr><td>数学、科学</td><td>数理化生</td></tr>
<tr><td>人文与社会</td><td>政史地</td></tr>
<tr><td>艺术</td><td>音乐、美术</td></tr>
<tr><td>体育</td><td>体育与健康</td></tr>
<tr><td>信息技术</td><td>信息、通用技术</td></tr>
<tr><td>心理发展</td><td>心理</td></tr>
<tr><td>生涯规划</td><td>了解自己、了解大学和专业等</td></tr>
<tr><td>主体德育</td><td>一二三四五、好习惯、八礼四仪、
节日教育、安全教育、自主教育等</td></tr>
</table>

（续表）

<table>
<tr><td rowspan="8">多元成长课程</td><td>语文阅读</td><td>经典阅读、主题阅读等</td><td rowspan="8">拓展学生学科素养，满足学生学业个性化需求，推动自主发展</td></tr>
<tr><td>英语原著精读</td><td>《动物农庄》等</td></tr>
<tr><td>学科竞赛</td><td>数理化生等学科竞赛</td></tr>
<tr><td>艺术特长</td><td>素描、大合唱、舞蹈、器乐</td></tr>
<tr><td>体育特长</td><td>三大球、手球、田径</td></tr>
<tr><td>科技创新</td><td>3D 打印、摄影灯</td></tr>
<tr><td>国际课程</td><td>国际课程、模拟联合国、游学</td></tr>
<tr><td></td><td>辩论</td></tr>
<tr><td rowspan="5">体验成长课程</td><td>综合实践</td><td>军训、社会实践基地、职业体验</td><td rowspan="5">提高学生社会参与度，增强学生责任担当和实践创新能力</td></tr>
<tr><td>社区服务</td><td></td></tr>
<tr><td>研究性学习</td><td></td></tr>
<tr><td>志愿服务</td><td>校内、校外志愿服务</td></tr>
<tr><td>社团课程</td><td></td></tr>
</table>

课程改革不仅要改课程，而且要改教学。暨阳高中“目标教学策略”课堂教学模式，是对教学的创新，也是新时期将拥有特色的暨阳高中成长课程转化为学生素养的主要利器。“目标教学策略”课堂教学模式的核心理念是“目标引领、先学后教、少教多学、能学不教、当堂达成”，这一理念突出学生的自主学习，注重学习方法的引导，注重培养学生学习的兴趣和能力，关注学生在课堂的主动发展和可持续发展。模式的五个步骤——揭示目标、指导自学、自主学习、点拨启发、当堂巩固，实现了课堂教学中教师理念从“讲”变为“导”的转变；教学手段从单一的“师生互动”向多边的“师生互动、生生互动”的转变；学习方式从“被动接受”向“自主探究”的转变；学生参与从“部分参与”向“全员参与”的转变；教学效率从“课后暴露问题”向“课上暴露问题”的转变。把课堂还给学生，发挥学生的主体性，让课堂成为教学相长、师生精神愉悦的学堂，使教学成为师生共同成长的学习共同体。

课程评价引导着课程建设的方向与进程，暨阳高中成长课程的建设，在自觉的优化进程中。随着新课程、新高考的推进，建立学生综合素质评价体系，让暨阳高中课程建设在促进学生健康、个性发展的同时，提高高考升学率。该课程评价推行学分制，采用多元评价方式，把过程性评价和终结性评价有机结合，采用“学生个人输入、教师定期认定、家长辅助参与、学校学期评价”的方法，最后网络系统将根据评分以雷达图的形式直观展示学生的综合素质及个性特长的发展历程。

四、特色课程介绍

（一）“主体德育”课程

学校“主体德育”课程梳理界定了在“成长”教育理念引领下我校主体德育的内涵，形成三年一贯的主体德育课程体系。一是实施“一二三四五”校本育人工程（“一”：练就一副好口才；“二”：发展两大特长爱好——体育和艺术；“三”：即“学会做人、学会生活、学会学习”；“四”：观看四十部经典影视作品；“五”：阅读五十部文学名著）。该课程的实施推动了足球、篮球、排球、舞蹈、文学、传媒、辩论、模联、摄影等社团建设，同时注重自主学习等好习惯的培养，提升学生的综合素养。2010 届市文科高考总分第一名徐苏娜同学和江苏省道德模范郭秦同学就是其中的杰出代表。二是好习惯养成教育，将传统文化、地域文化与高中生礼仪教育结合，开展“八礼四仪”教育活动。三是发挥幸福家长驿站的功能，推进家长课程建设。

（二）心理健康教育课程

学校的“高中生心理发展指导”课程关注基于学生内生力的成长。以积极心理学的视角建构心理健康教育教学模型，引导学生建立正向的自我认知和自我评价体系，形成积极的人格品质。培养富有生命活力、拥有阳光心态的学生。一是构建“参与—体验—分享—提升认知—积极行为”的教学模式。以活动、探究和问题解决为主要原则，开展丰富的教学设计，学习方式灵活多样。并针对高一、高二、高三不同年级学生的特点，进行合理的教学内容设置。学生逐步形成关注心理健康的意识，初步了解心理保健的常识和方法，不断得到心灵提升，获得心灵成长。二是精心设计心理活动课程，如观赏心理电影、聆听励志演讲、讲述心理小故事、表演校园心理戏剧等等。实施过程中重视学生多种感官参与，有看、有听、有说、有演，尤其是心理剧表演课程，让学生把在生活、学习、交往中的心理冲突、烦恼、困惑等，分角色以戏剧、话剧的形式进行表演，从中体验人物心理的变化，进而达到宣泄、释压目的，并领悟人生道理，获得心灵启迪。

（三）高中生生涯规划与发展课程

学校高中生生涯规划与发展课程是为帮助学生进行生涯设计，确立人生目标，选择职业角色，寻求最佳发展途径而开设的专门性课程。它不仅可以帮助高中学生找到当下最适合自己的高考方式和科目、最适合的专业与高校、最适合的职业，更能帮助他们培养科学管理时间、处理人际关系、提高学习力、制订高中学业计划的能力，而且最重要的是唤醒生涯意识，掌握生涯规划方法，提升生涯规划能力。课程的实质和核心是引导高中生通过自我认识，发展身心、发现潜质、认识高校、体验职业、了解社会、学会选择、规划人生，促进自我成长，最终达到自我实现的目标。

高中生生涯规划与发展课程实施的途径主要包括：一是利用“互联网＋”提供的软件和比较成熟的测试办法，辅助学生从进入暨阳高中时就进行必要的自我了解。二是邀请市内外著名企业家、科技创业人才来校开设“生涯讲堂”，介绍奋斗历程，介绍前沿知识，起到示范引领作用；邀请在大学深造的优秀毕业生或已经毕业并创业的优秀校友来校开设“学长课程”，讲述他们的生活创业体验。三是组织学生在寒暑假走进大学，走进企业，参观、游学、打工，开展研究性学习，增加实际职业体验。通过这项活动，帮助学生了解职业、体验职业。

（四）体育课程

学校的体育课程关注学生的健康成长，培养学生爱好并积极参与各种体育运动的意识，培养学生1—2项运动的基本技能，增强身体素质。通过持续推进“三大球”运动、手球运动，全面发展与健康有关的各种体能，通过体育活动自觉改善心理状态，运用适宜的锻炼方法调节自己的情绪；养成积极乐观的生活态度，在运动中体验运动的乐趣和成功的感觉。

除此以外，学校的语文阅读课程和英语原著阅读课程对于提升学生的文学素养大有裨益。

五、成长课程展望

承载着光荣的育人使命，未来的暨阳高中，将以成长课程体系建构作为课程建设的统领，以整合、融合和综合为主要方式，构建集学校教育、家庭教育、社会教育为一体的综合课程教学体系，形成全科育人、全程育人、全员育人的良好局面，着力构建成长课堂，让核心素养渗透在学校教育的各个环节，让师生体验一种幸福的教育生活。

第二节　教育最重要的事件发生在课堂

——成长中的“目标教学策略”课堂教学模式

2013年11月19日，时值初冬，作为张家港市第十五届课堂教学改革经验交流活动展示点的江苏省张家港市暨阳高级中学却是一片“春意盎然”，学校迎来了张家港市内外17所学校的教师和专家，200多位教育同仁对学校部分骨干教师围绕“目标教学策略”课堂模式的展示课进行观摩和学习，这样的活动，近几年一直在进行着。暨阳高中的“目标教学策略”课堂模式在不断深入实施与推进的过程中，显示出巨大的价值和旺盛的生命力。

时光回溯到2010年8月，尽管新课改已经实施近十年，但是“高耗低效”的课堂比比皆是：课堂依旧以教师讲授为主，学生被动地听记。学生学习的主动性差强人意，教师教学的针对性缺损严重，教学碎片化、随意化，缺少目标引导下连贯一致的设计。基于上述现实，暨阳高中旗帜鲜明地提出“目标教学策略”课堂教学模式。

暨阳高中“目标教学策略”课堂教学模式的理论依据是美国著名教育家和心理学家布卢姆所提出的“掌握学习”理论。在布卢姆看来，教学目标是教学的出发点和归宿，课堂教学应紧紧围绕教学目标来进行。他要求“教师对教学目标进行精选和结构化”。教学过程应遵循“教师为主导，学生为主体，训练为主线”的教学原则，教学过程是师生共同参与的过程，并且应时时把学生放在主体地位，即学生是演员，教师是导演。教师应对“基础知识和能力倾向各有差异的学生”采取不同的教学方法，并在学生学习的过程中，进行适时形成性评价（反馈），为不同的学生设计“矫正学习”或“深化学习”，从而使大多数学生达到课程目标所规定的掌握标准。由此可见，基于“掌握学习”理论的目标教学，不仅是一种教学理念，也是一种有效的教学模式、教学策略和教学方法。

2010年9月，在校长室的带领下，选择高一年级语、数、化三门学科的10位老师成立课题研究小组，进行实验教学。课题组每天由同学科老师开设两节同题异构课，小组成员一起听课，并利用星期三下午两节课时间进行集体评课，研讨教学实践中遇到的各种问题和解决方法；在此基础上，再由小组成员继续上课，再讨论，形成第三个课堂教学方案。接下来，由研究小组成员面向全校开设公开课，并组织教研组层面的分析讨论。一个学期下来，这种小规模的教学实验活动，在全校教师中引起了很大的震动，大家发现，研究小组老师所带班级的学生在课堂上敢于表达、敢于展示、敢于暴露问题，而且他们的自学能力、表达能力、动手能力、思维能力都有明显的提升，期末考试的学科成绩也明显高于其他班级，于是，学校决定开始全面推进“目标教学策略”课堂教学模式。

暨阳高中的“目标教学策略”课堂教学模式分为五个步骤：揭示目标、指导自学、自主学习（当堂检测）、点拨启发、当堂巩固。揭示目标一般安排一分钟左右，上课一开始，教师通过投影向学生明确本堂课的学习目标。学习目标充分体现“知识与技能，过程与方法，情感、态度、价值观”三维目标的协调发展。指导自学一般安排两分钟左右，要求教师从三个方面对学生指导：一是要求教师向学生明确自学的内容和范围，内容的确定要具体到第几页第几行。二是要求教师告知学生该内容怎样自学，达到怎样的目标，并明确学习的方法。三是教师要向学生提出具体的有针对性的课堂学习要求。自主学习环节包括自学和检测两个步骤，学生自学时，教师要关注每一个学生的自学状况，确保每一个学生都能紧张、高效地自学，对学生在自学过程中存在的问题教师要及时采用各种方法加以引导纠正。自学过后，一定要当堂检测学生自学的效果，检测形式多样，如习题检测、提问、板演等，都要精心设计，紧紧围绕课堂学习目标进行。点拨启发环节主要针对学生在当堂检测环节暴露的问题而展开，先采用“兵教兵”的方法，即首先让会解决问题的学生来教。在学生回答问题后，要把评判的权利也交给学生，让学生在课堂中始终处于主体地位。教师教一定要精炼，教方法，教规律，达到孔子所说的“举一隅不以三隅反，则不复也”的境界。当堂巩固是使学生达到检查、巩固、运用知识、形成技能、技巧或动作习惯。在这个环节中，考虑各个层次学生的需要，有目的、有针对性地设计各种题型。难度一般分为基本题、中档应用题、挑战题三个档次。在巩固练习过程中，教师要指导学生独立完成练习，并按照审清题意—寻找思路—规范解题—仔细复查四个步骤来做题，从而促使学生学成达标。

在“目标教学策略”课堂教学模式的课堂上，每一个环节都注重学生的活动，如小组讨论、学生板演、相互纠错等，真正体现了新课程背景下“以学生为主体，教师为主导”的教学理念，实现了课堂教学的“五个”转变：教师角色上变“主讲”为“主导”；教学手段上变单一的“师生互动”为多边的“师生互动、生生互动”；学习方式上变学生“被动接受”为“自主探究”；课堂参与上变“部分参与”为“全员参与”；教学效率上变“课后暴露问题”为“课上暴露问题”。这样的转变，可以进一步激发学生的学习兴趣，增强学生主动学习的意识，锻炼学生多方面的能力，有利于营造民主、平等、和谐的课堂氛围，使课堂变得高效有序，充满生机和活力。同时，“目标教学策略”课堂教学模式的实施，使学生真正从“题海”中解放出来，参与丰富多彩的社团活动、社会实践，学生的学习生活变得充实有趣。

学校也采取了一系列扎实有效的措施，确保“目标教学策略”课堂教学模式的顺利实施与推进。一是明确教学要求。学校制订了《暨阳高级中学“目标教学策略”课堂教学模式实施办法》，通过教研组、备课组活动组织教师认真学习，使全体教师明确教学要求和实施方法。二是制订课堂教学评价细则，使课堂教学更具操作性。三是重视研讨团队力量。各教研组、备课组反复开展专题研讨活动，例如“如何确定教学目标”“如何开展自主学习”“如何进行点拨启发”等。与此同时，经常在学生中开展专题调研，随时倾听学生的需求和呼声，从而不断改进“目标教学”的课堂教学方法。四是典型引路，骨干示范。通过开设骨干教师实验课、公开课，帮助全体教师不断更新教育观念、转变教学方式。五是加强听课评课。学校每学期第一、第二周，行政人员带头上公开课，第三、第四周骨干教师上示范课，第五周开始，备课组进行循环听课，直到学期结束。每周的循环听课，由教务处进行点名，并及时在内网公布听课情况，学校行政班子成员深入课堂，引导教师开展听课评课活动。

七年来，“目标引领、先学后教、少教多学、能学不教、当堂达成”的“目标教学策略”课堂教学模式，已经成为暨阳高中全体教师的价值认同，“目标教学策略”建构起来的高效课堂为暨阳高中近年教学质量连创新高起到了关键的保障作用。学校七年来高考本科达线率持续攀升：2011 年为 53.68％；2012 年为 57.35％；2013 年为 64.8％；2014 年为 72.05％；2015 年为 79.14％；2016 年为 82.05％；2017 年为 99％。学校培养出张家港市高考文科状元徐荪娜，张家港市高考理科第五名朱重熙，张家港市高考文科第十、英语单科第一孙逸涵，荣获国家扶贫慈善公益领域最高政府奖“中国消除贫困奖”的郭秦等一批杰出学生。“目标教学策略”课堂教学模式已经成为张家港市课堂教学改革一面鲜艳的旗帜，一张夺目的名片。

“目标教学策略”课堂教学模式的实施和推进，在增强学生学习能力，提高学校教学效率和质量的同时，促进了学校教学科研发展和师资队伍建设。几年来，学校完成全国教育科学“十一五”规划 2009 年度教育部规划课题“新课程背景下生态课堂案例研究”子课题《新课程背景下普通高中目标教学策略的实践研究》等苏州市级及以上课题研究 7 项，培养苏州市名教师 1 名，苏州市学科带头人 2 名，张家港市学科带头人 9 名，张家港市教学能手 10 名。

2016 年 9 月 13 日，中国学生发展核心素养研究成果正式发布。从重视“双基”到三维目标，再到核心素养，课程观、教学观、学生观、评价观等随之升级、重构，暨阳高中的“目标教学策略”课堂教学模式也不例外。“十三五”期间，暨阳高中以“目标教学策略”课堂教学模式为核心的课堂教学改革将持续深入推进。一要高度重视学科核心素养，在揭示目标环节，将提升学科核心素养有机融入课堂教学目标；二要避免教学模式僵化、程式化，根据不同学科特点，对“目标教学策略”课堂教学模式做出调整，积极构建该课堂教学模式的学科变式。

实践证明，坚持实践“目标教学策略”课堂教学模式大有可为。站在为未来而改变的门槛上，暨阳高级中学将在继承学校优良传统的基础上，继续探索、不断创新，深入推进“目标教学策略”的课堂教学模式，让课堂真正成为师生共同成长的幸福家园。

附 1

暨阳高中“目标教学”课堂教学调研评价标准

评价项目	评价内容	评价标准	评价等第
教学目标	1. 科学性	A. 有明确的教学目标,教学目标符合课程标准,符合教学内容的主要特点与核心价值,主次清晰,在课堂学习活动中能得到有效落实; B. 有明确的教学目标,教学目标符合课程标准,符合教学内容的主要特点与核心价值,但在学习活动中的落实不够到位; C. 有明确的教学目标,教学目标符合课程标准,但教学目标较分散或者单一,难以凸显教学内容的主要特点与核心价值,不能有效统领教学活动; D. 没有明确的教学目标或教学目标不符合课程标准,对教学内容的主要特点与核心价值认识不清,教学目标与学习活动脱节。	
	2. 情境性	A. 教学目标符合学生的特点,能根据学情选择、确定主要教学目标,教学目标能体现层次性,能关注不同层次学生的目标达成; B. 教学目标符合学生的特点,能根据学情选择、确定主要教学目标,教学目标有一定的层次性,能关注大多数学生的目标达成; C. 教学目标关注到了学生的起点,但教学主要目标的定位不够准确,难以指导学生提升知识、能力,解决问题; D. 教学目标忽视学生的起点,教学内容的难度不符合学生的实际情况,教学目标难以达成,或者导致教学成为学生已有知识和能力的简单重复。	
教学过程	3. 学习情境	A. 善于营造学习情境,在课堂导入、教学活动的衔接等环节中,能设计巧妙的情境,有效激发学生的兴趣,形成学习动机,为产生教学过程的动力创造条件; B. 有营造学习环境的意识和行为,注重学习活动的过渡与铺垫,教学导入完整、有效,包含了问题情境、知识衔接和目标指引三要素,较能激发学习兴趣; C. 有营造学习环境的意识和行为,但所营造的教学情境与学习活动脱节或无实际意义; D. 不能营造教学情境,导致教学活动机械、突兀,学生不能有效进入学习状态。	

（续表）

评价项目	评价内容	评价标准	评价等第
教学过程	4. 学习活动	A. 能围绕主要教学目标，根据学生的特点、课堂教学过程特点组织连续的、不同样式的学习活动，能注重学生的自主学习活动，学习过程清晰，学习活动充分、扎实、有效； B. 能围绕主要教学目标设计较为连续、不同样式的学习活动，较注重学生的自主学习活动，学习过程比较清晰；学习活动的方式、流程安排等方面还存在不足，学习活动比较充分； C. 有教学活动设计，但主要教学活动设计不够恰当，或者教学活动为了活动而活动，教学活动不能产生较好的学习效果，不注重学生的自主学习活动； D. 没有明确的学习活动设计，采用灌输式教学，学习活动单一，缺乏学生的自主学习，学习效果差。	
	5. 学习内容	A. 能根据学情确定教学深度和密度，能有效地将学生学习问题转化成教学内容，进行适度拓展、提升，符合学生知识现状、接受能力和课程标准的要求，有一定的深度和广度； B. 基本能根据学情确定学习内容，教学容量大体适中，大多数学生能基本掌握和理解教学内容，效果较好，但教学的深度和广度不足； C. 根据教学任务确定学习内容，缺少针对性，教学容量偏大或不足，缺乏深度和广度； D. 根据教学内容确定学习内容，缺少针对性，学习内容与课程标准不相符合或出现明显的科学性错误，缺乏深度和广度。	
	6. 教与学的方法	A. 能根据教学内容和学生需要合理运用讲授、对话、小组研讨、演练等教与学方法，能合理使用信息化教学手段，优化教学资源，引导学生自主学习、主动参与，提升课堂教学效率，注重学生的合作探究和分层展示； B. 能注重教与学方法的变化，能合理使用信息化教学手段，提供一定的学习资源，引导学生参与学习，课堂效率有提升，较注重学生的合作探究和分层展示； C. 能注重教与学方法的使用，但教学方法与教学内容适切性不够，方法简单或者为了方法而方法，学生被动参与，不能发挥方法的最大价值，不注重学生的合作探究和分层展示； D. 采用单一的教学方法，以教代学，学生缺少学习的主动性和积极性，学习参与度低，没有学生的合作探究和分层展示。	

（续表）

评价项目	评价内容	评价标准	评价等第
教学过程	7. 教学调控	A. 以学生为主体，关注不同层次学生的学习，善于抓住教学中的重点问题和学生的疑难问题实现课堂的生成，有良好的情知调节能力，激发学生的学习兴趣，能通过当堂检测引导学生生成技巧、方法、规律； B. 以学生为主体，关注大多数学生的学习，能根据教学预设合理组织学习活动，有一定的课堂管理能力，学生的学习投入较高，有当堂检测，但不能引导学生生成技巧、方法、规律； C. 以学生为主体，能关注部分学生的学习，根据教学预设完成教学活动，对学生学习中出现的问题关注不够，学生的学习投入一般，有当堂检测但没有引导学生生成技巧、方法、规律； D. 以教师为主体，关注教学内容的完成，根据教学预设组织教学，学生被动接受，学习兴趣不高，无有针对性的当堂检测。	
	8. 教学素养与风格	A. 教学基本功扎实，学科发展思路清晰，能关注学生的学科素养培养和学习习惯养成，形成较为稳定的教学风格和独立的教学主张； B. 教学基本功扎实，教学内容处理较为科学、合理，能关注到学生的知识积累和能力养成，有较为清晰的教学认识或者熟练演绎学校教学模式； C. 教学基本功一般，能对教学内容进行处理并设计完整的教学环节，课堂教学比较平泛； D. 教学基本功一般，教学内容处理或者教学环节的设计上存在缺陷，课堂多知识灌输或简单操练，不能对教学行为进行合理解释。	
教学效果	9. 学习氛围	A. 课堂气氛活跃，师生相互信赖与欣赏，学生积极主动参与学习，课堂能形成焦点，师生投入度高，课堂生动； B. 课堂气氛较为活跃，学生能参与到学习活动中，但缺少学生主动探索、大胆质疑和发现问题的氛围与环境； C. 课堂气氛一般，学生多被动接受，学习效果一般； D. 课堂气氛沉闷，学生学习情绪低下，学习效果较差。	

（续表）

评价项目	评价内容	评价标准		评价等第
教学效果	10. 学习行为	A. 学生能积极参与各种方式的学习活动，课堂互动问题以及课堂练习解决的程度达到90%以上，课堂教学目标能够有效达成； B. 学生基本能够参与到学习活动中，课堂互动问题以及课堂练习解决的程度达到80%以上，课堂教学主要目标能够有效达成； C. 部分学生能够参与到学习活动中，课堂互动问题以及课堂练习解决的程度不足80%，课堂教学目标难以有效达成； D. 大部分学生不能参与到学习活动中，课堂活动问题以及课堂练习解决的程度较低，课堂教学目标不能达成。		
课堂教学改进建议				
总体评价			听课教师	

附2　“目标教学策略”课堂教学模式课堂实例

课题1　《过客》详案

张钟玉

教学目标：

1. 细读文本，理解过客形象，把握文本主旨；

2. 思考过客这一形象对于我们的意义。

教学重点：

细读文本，理解过客形象，把握文本主旨。

教学方法：

诵读法、讲授法、讨论法

教学过程：

一、导入

在昨天的预习中，对于《过客》这篇诗剧，同学们提出了许多问题。的确，鲁迅的文章本不易理解，加之本文是鲁迅用了近十年的时间构思而成的，文章大量使用象征手法，读来很有些云里雾里的感觉。今天的这堂课，让我们带着疑惑上路，开启一段思想探索的旅程。

二、揭示教学目标

1. 细读文本,理解过客形象,把握文本主旨。

2. 思考过客这一形象对于我们的意义。

三、理解过客形象

1. 什么叫过客?

——行走在路上的旅人

师:旅者是他的身份,行走是他的姿态

(板书:走)

2. 他为什么要行走?

(1) 师:挖掘其行走的原因,不妨先来看看过客从哪里来

活动设计:齐读(回到那里去——我不回转去)

明确:充满压榨与剥削、暴政和禁锢、虚假与伪善

来的地方是黑暗的社会(板书:反抗黑暗)

联系文章后面的背景:社会黑暗、朋友失散、兄弟绝交(板书:绝望、困境)

(2) 前面有声音在召唤他

活动设计:分角色朗读(那也未必——我也就记不清楚了)

明确:声音象征内心的理想、信念(板书:追求光明)

3. 在向前行走的过程中,他有没有过犹豫徘徊?

(1) 面对老翁的三次劝说,他犹豫过

第一次:

翁:据我看来,你已经这么劳顿了,还不如回转去,因为你前去也料不定可能走完。

客:料不定可能走完?……(沉思,忽然惊起,)那不行!我只得走。

第二次:

翁:那我可不知道。他也就是叫过几声,我不理他,他也就不叫了,我也就记不清楚了。

客:唉唉,不理他……(沉思,忽然吃惊,倾听着,)不行!我还是走的好。

第三次:

翁:你息不下,也就背不动。——休息一会,就没有什么了。

客:对咧,休息……(默想,但忽然惊醒,倾听。)不,我不能!我还是走好。

活动设计:请用一个问句补出沉思默想的内容,保持语意连贯通畅。再请两位

同学分角色朗读。

明确：体现过客彷徨而坚定的特点（板书：彷徨而坚定）

（2）面对女孩的布施，他犹豫过

原文：这真是极少有的好意。这能使我可以走更多的路。（就断砖坐下，要将布缠在踝上，）但是，不行！（竭力站起，）姑娘，还了你罢，还是裹不下。

明确："极少有的好意"写出他的孤独；

提问：在困顿劳累、孤立无援的情况下，接受善意的帮助是人之常情，过客为什么犹豫之后又拒绝了？拒绝了好意为什么还要诅咒给他帮助的人？（讨论）

明确：太多的感激是前行的负担和牵挂，摆脱牵挂，卸下负担，方能轻装上阵，义无反顾地去追求。

补充资料：

A. 大禹为治水三过家门而不入

B. 弘一法师为艰难的佛道历程而抛妻弃子

C. "怜悯反对强烈的热情，这种热情可以增进生命的动力。怜悯具有消沉的影响，当我们感到怜悯时，我们的能力便被剥夺了。怜悯使得灾难蔓延，在这种情况下，将导致生命与活力的丧失。"——尼采《查拉图斯特拉如是说》

D. 作者在写本篇后不久给许广平的信中说："同我有关的活着，我倒不放心，死了，我就安心，这意思也在《过客》中说过。"——《两地书·二四》

明确：过客之拒绝女孩的好意犹如大禹之三过家门而不入，弘一之抛妻弃子，斩断情丝。为了实现宏大的理想，他们走得毅然决然。（板书：孤独而决绝）

4. 行走的终点是哪里？

——坟；未知的前方

师：过客心里清楚吗？知其不可而为之。

明确：明知前方死路一条，是绝境，是深渊，或者毫无希望可言，却依然抛弃所有爱的牵挂，一条路走到底，绝非凡人所能为，这样的人注定是生活的强者。（板书：强者）

四、把握文本主旨

活动设计：填空

诗剧通过刻画一位<u>反抗黑暗</u>、<u>追求光明</u>、<u>彷徨而坚定</u>、<u>孤独而决绝</u>的<u>强者</u>形象，表达鲁迅为了<u>心中的理想</u>，<u>义无反顾</u>、<u>永不停歇地追求</u>的人生态度。

五、拓展延伸

本文中的过客，拒绝帮助，斩断情丝，知其不可而为之。也许我们成为不了过客这样的强者，那么，过客这一形象对于今天，对于我们，就没有意义了吗？如果有，它的意义是什么？

活动设计：小组讨论、回答

明确：

明知正义的事业处于劣势，正确的主张处于劣势，自己的实力还远远不够，还是怀着必死的决心，必败的估计，挺身而出，做出完全没有成功希望的努力。从精卫填海、夸父逐日到刑天舞干戚、屈原九死犹未悔，从韩愈谏迎佛骨、文天祥留取丹心照汗青，到哥白尼众叛亲离、布鲁诺丧身火海，革命斗争中，科学研究中，艺术创造中，他们使自己成为一个垫脚石，成为铺路的石子，成为划时代的突破的一个序曲，沉重而又悲壮。但是，如果没有他们的知其不可而为之，就没有历史的前进与科学的进步，就没有人类文明的积累与辉煌，就没有可歌可泣的历史、今天与未来。他们是人类精神的标杆，他们注定会被历史与后人铭记！

我们每个人都是这个世界的匆匆过客，我们也必定会经历自己个体生命体验中的困境，站在人生的十字路口，面对生命的困境，是思考过后大步向前走还是不假思索地望而却步？不妨再来读一读鲁迅的《过客》，你就会明白，人生在世，没有等出来的辉煌，只有走出来的美丽！

六、布置作业

有人说文中的过客、老翁和女孩象征了当时社会的三类人，也有人说他们象征了人生三个不同的阶段。你认为呢？请结合今天课上对过客形象的理解，思考他们分别象征哪三类人，或者分别象征人生的哪三个阶段。

附　板书

反抗黑暗（绝望、困境）
↓
孤独而决绝 ⟶ 走 ⟵ 彷徨而坚定
强者
↑
追求光明（希望、理想）

课题2　超重和失重

执教者　秦　东

学习目标

1. 了解超重和失重现象；

2. 运用牛顿第二定律研究超重和失重的原因；

3. 培养学生利用牛顿第二定律分析问题和解决问题的能力。

学习重点、难点

1. 运用牛顿第二定律研究超重和失重的原因；

2. 培养学生利用牛顿第二定律分析问题和解决问题的能力。

学习过程

引入新课

看录像片《走进科学太空生活》。

提问：刚才所看到的录像片是在什么地方发生的？它向我们展示了一种什么现象？

这里给我们展示了失重现象，是在航天飞机中发生的。航天飞机在起飞中产生了超重现象，在太空中又产生了失重现象。超重和失重是怎么产生的呢？这就是我们这节课研究的内容。

一、出示目标

1. 了解超重和失重现象；

2. 运用牛顿第二定律研究超重和失重的原因；

3. 培养学生利用牛顿第二定律分析问题和解决问题的能力。

二、活动过程

活动一 了解超重和失重现象

自主学习（阅读教材完成下列问题）

1. 超重：物体对支持物的压力（或对悬挂物的拉力）________物体所受重力的情况称为超重现象。

2. 失重：物体对支持物的压力（或对悬挂物的拉力）________物体所受重力的情况称为失重现象。

思考：处于超重和失重状态的物体其重力是否发生了变化？如果不是，那是什么发生了变化？怎样判断物体处于超重还是失重状态？学生分组探究、讨论、总结。

探究：观看视频填表

时间		视重与实重关系	加速度方向	属于超重还是失重
上升	静止			
	初期			
	中期			
	末期			

（续表）

时间		视重与实重关系	加速度方向	属于超重还是失重
下降	静止			
	初期			
	中期			
	末期			

小结：

当堂检测

1. 关于超重和失重的下列说法中，正确的是(　　)。

A. 超重就是物体所受的重力增大了，失重就是物体所受的重力减少了

B. 物体做自由落体运动时处于完全失重状态，所以做自由落体的物体不受重力作用

C. 物体具有向上的速度时处于超重状态，物体具有向下的速度时处于失重状态

D. 物体处于超重或失重状态时，物体的重力始终存在且未发生变化

2. 在一个封闭装置中，用弹簧秤称一物体的重力，根据读数与实际重力之间的关系，以下说法中正确的是(　　)。

A. 读数偏大，装置一定加速上升　B. 读数偏小，装置一定减速下降

C. 读数偏大，装置一定减速下降　D. 读数准确，装置一定匀速运动或者静止

3. 一个人站在磅秤上，在他蹲下的过程中，磅秤的示数将(　　)。

A. 先小于体重后大于体重，最后等于体重

B. 先大于体重后小于体重，最后等于体重

C. 先小于体重，后等于体重

D. 先大于体重，后等于体重

活动二　深入探讨，分析超重和失重现象的本质

自主学习：我们学会了怎样判断超重与失重，能否进一步探讨两种现象中物体对悬挂物的拉力和对支撑物的压力与重力的定量关系呢？用哪个规律来研究呢？

1. 物体加速向上(　　)。

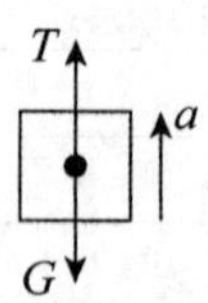

2. 物体加速向下(　　)。

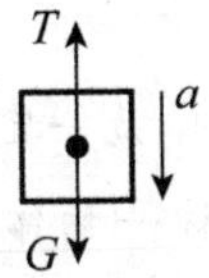

小结：

当堂检测

1. 一质量为 40 kg 的小孩站在升降机中的体重计上。(1)当升降机以 0.5 m/s^2 的加速度加速上升时，体重计的读数为(　　)N。(2)当升降机以 0.5 m/s^2 的加速度加速下降时，体重计的读数为(　　)N。

2. 一个质量是 50 kg 的人站在升降机的地板上，升降机的顶部悬挂了一个弹簧秤，弹簧秤下面挂着一个质量为 $m=5$ kg 的物体 A，当升降机向下运动时，他看到弹簧秤的示数为 40 N，g 取 10 m/s^2，求此时人对地板的压力。

3. 用手托着 30 N 的物体以 g 的加速度沿竖直方向向下做匀加速运动，求物体对手的压力。

活动三　完全失重现象

自主学习

(1) 定义：如果物体对支持物、悬挂物的作用力为零，即物体正好以大小等于________，方向________的加速度向下运动，此时物体处于完全失重状态。

(2) 举例思考：哪些时候物体处于完全失重状态，是不是物体的重力消失了？

(3) 思考讨论：让一个塑料瓶旁边刺一个孔，自由落体时观察水是否漏出？请分析原因。

当堂巩固

1. 关于超重和失重，下列说法正确的是(　　)。

A. 超重就是物体受的重力增加了

B. 失重就是物体受的重力减少了

C. 完全失重就是物体一点重力都没有了

D. 不论超重、失重或完全失重，物体所受的重力是不变的

2. 下列说法中正确的是(　　)。

A. 只要物体向上运动，速度越大，超重部分越大

B. 只要物体向下运动，物体就失重

C. 只要物体具有竖直向上的加速度，物体就处于超重状态，与物体运动方向和速度大小无关

D. 只要物体在竖直方向运动，物体就一定处于超重或失重状态

3. 在一个封闭装置中，用弹簧秤称一物体的重力，根据读数与实际重力之间的关系，以下说法中正确的是(　　)。

A. 读数偏大，表明装置加速上升

B. 读数偏小，表明装置减速下降

C. 读数为零，表明装置运动加速度等于重力加速度，但无法判断是向上还是向下运动

D. 读数准确，表明装置匀速上升或下降

4. 某人在以 $a=2\ \mathrm{m/s^2}$ 匀加速下降的电梯中最多能举起 $m_1=75\ \mathrm{kg}$ 的物体，则此人在地面上最多可举起多大质量的物体？若此人在一匀加速上升的电梯中最多能举起 $m_2=50\ \mathrm{kg}$ 的物体，则此电梯上升的加速度为多大？(g 取 $10\ \mathrm{m/s^2}$)

第三节　培养富有生命活力、拥有阳光心态的学生

——暨阳高级中学“高中生心理发展指导”课程

2016 年 4 月 18 日，江苏省教育厅办公室下发《关于公布 2016 年中小学课程建设项目及 2014 年项目视导结果的通知》(苏教办基〔2016〕7 号)文件，公布了 2016 年普通高中课程基地建设项目。通过材料申报、市局推荐、现场答辩，暨阳高中申报的“高中生心理发展指导课程基地”喜获通过，成功入选 2016 年江苏省普通高中课程基地建设项目。同年学校获评为江苏省心理健康教育特色学校。这不仅是我校获得的一份荣誉，更是对我校多年来扎实开展心理健康教育工作的一种肯定。学校自 2006 年成立心理健康教育中心以来，在心理健康教育的道路上，一直在努力探索，不断成长。2011 年成为苏州市“高中学生生涯教育”课题组成员学校，2014 年学校高中生心理发展指导课程基地创建为苏州市级课程基地，2015 年获评苏州市优秀课程基地、苏州市心理健康教育特色学校。这些成绩的取得，离不开学校领导对心理健康教育工作的高度重视，得益于我校不断尝试、积极开发并实施丰富多样的课程内容。

一、以目标统领，在活动中坚持心理教育的根本宗旨

我校在举办各种各样的心理活动、实施内容丰富的心理课程时，始终坚持立德

树人的根本宗旨，以培养全面发展、富有生命活力、拥有阳光心态的学生为目标。同时，为了更好地落实教育部颁发的《中国学生发展核心素养》中培养学生“身心健康”的要求，贯彻《中小学心理健康教育指导纲要》“提高学生心理素质，全面推进素质教育”的相关精神，对江苏省普通高中学生综合素质评价中“体育运动与身心健康”的教育内容不断进行实践探索，提炼出“坚持阳光心理教育，尊重生命多样成长”的教育理念，强调要把学生视为具有独立人格、自我负责的主体，不断提升学生的心理品质，最终帮助学生实现“能够享受幸福人生”的教育目标。

二、从环境入手，让学生在潜移默化中接受心理熏陶

一是建设专用场馆。2016 年学校和上海揽星展示设计咨询有限公司进行合作，将校图书馆三楼近 2000 m^2的场地作为心理课程的专用场馆。场馆建设有沙盘游戏室、心理咨询室、心理减压室、心理档案室、心理剧剧场等功能室，增添了沙盘、宣泄仪、音乐放松椅、智能身心反馈训练系统、团体心理辅导工具包、心理视听资料等设施。一个专业、温馨的心理健康教育环境，不仅能让学生感到温暖、舒适，而且也能更好地帮助教师进行心理辅导和心理工作的开展。

二是培育校园心育文化，营造班级心育环境。我校心理教育老师协同学生，精心设计布置心育橱窗、心育走廊、心育墙面，在校园内设计心理教育标语牌、心育黑板报和心育海报等，积极创设浓郁的校园心育氛围。在心理阅览室和学校图书馆还增设了心育图书、杂志及图片，学校的电视台会定期播放心育专题节目。除此之外，还会定期组织进行心理主题黑板报展览、开展心理节系列活动等，使学生在健康向上的校园文化中，处处受到心育方面的潜移默化的熏陶。

三、丰富课程内容，在教学中突出高中心育课程的特点

一是尝试新的课堂教学模式。在课堂上，心理教研组根据以往的教学经验，逐渐提炼出了“自主参与—体验分享—提升认知—积极行为”的心育课堂教学模式。针对高中生容易出现的一些心理问题，比如学习问题、情绪问题、交际问题、人格问题等，从形成原因、表现形式、自测方法、调适措施、情景案例、延伸阅读等方面着手，先让学生初步了解心理保健的常识和方法，同时侧重于学生发展性目标的达成，在教学活动中以体验、活动、心理剧等形式为手段，让学生在课堂上能迅速掌握一些心理调整的方法，同时也能对自我心理健康重视起来。每年的学校开放日活动，心理课都是重点展示课，受到来自各兄弟学校的老师的好评。我们也将继续努力，将课堂作为学生自我心理认识的重点时段，寻找更适合学生的教学模式，让学生能更清楚地认识自我心理困惑并及时处理解决。

二是尝试构建心理特色课程。学校自成功创建江苏省心理课程基地以来，一直在尝试构建“自我认知”“职业体验”“专业选择与准备”三位一体的生涯规划指导课程模型。生涯课程作为心理课程体系中的一部分，主要引导高中生通过自我认识，发展身心、发现潜质、认识高校、体验职业、了解社会、学会选择、规划人生，促进自我成长，最终达到自我实现的目标。为此，学校和上海梵成文化有限公司签订了生涯规划软件开发、软件维护及师资培训服务的合同，此合同能帮助我们追踪了解学生的生涯发展状态。现在，分批分时给全校学生进行生涯测试，以帮助学生认识自我，了解职业，学会为自己的未来做规划打下基础。同时，学校还开设“生涯讲堂”“学长课程”“家长课程”来辅助推广生涯教育，进一步增强学生对于大学、专业的了解，使其能够正确认识自己的优势和不足，获取真实大学专业信息，及早规划未来。除此之外，学校在寒暑假都指导学生进行生涯体验，让学生真实地体验不同的职业，等等。

三是以实践活动为载体推进课程建设。学校正在不断摸索以电影、演讲、心理剧、团体辅导等校内实践活动和职业体验、志愿活动、研究性学习等校外实践活动来推进心理课程建设，更加重视学生多种感官的参与，有看、有听、有说、有演，关注学生全身心的投入。如观看心理视频、聆听励志演讲、讲述心理小故事、进行校园心理剧表演等，丰富学生心理知识，尤其是开展心理剧比赛，让学生把在生活、学习、交往中的心理冲突、烦恼、困惑等，分角色以类似话剧的形式进行表演，从中体验人物心理的变化，进而达到宣泄、释压目的，并领悟人生道理，获得心灵的启迪。

四是尝试实施新的课程评价。由于心理课程的特殊性，它更侧重于学生内在的心理调整，无法像其他文化课程那样以成绩直观有效地呈现成果，所以，一方面为了了解学生对课程的满意程度，另一方面也为了教师更好地了解学生在课堂上的收获，特尝试实施了新的心理课程评价系统，即教师评价、学生自评、生生互评、社会评价相结合的课程评价模式。

四、紧随时代脚步，建设立体化的心育互动平台

一是加强信息化平台建设。现代社会正在步入大数据时代，学校作为其中的一个重要组成部分必须学会与时俱进，因而学校积极筹备，运用云计算、大数据等先进技术，开发 APP 软件、移动学习系统，实施在线学习、资源共享、实时课堂、协同教研等，让学生随时随地都能接受心理辅导。

二是不断加强心理健康援助平台的影响力。每年学校都会利用心理测评软件、心理健康档案系统、心理危机干预系统、生涯规划软件，对学生心理、生涯发展进行及时的智能化分析诊断，对高危学生或受到心理困惑影响的学生实施有效干预，帮助他们及时走出困境，以更好的心态进行学习生活。

三是利用社会力量，加强学校与社会平台的建设。一直以来，学校积极和张家港市未成年人心理健康指导中心、张家港市青少年社会实践基地、张家港市红十字会等社会机构合作，同时利用好北京大学、南京师范大学、苏州大学等高校优质资源，打造协同教育研究中心。这些社会力量的加入，不仅增强了我校的心理力量，也在无形中给学生带来了强大的心理支撑。

五、拓宽建设途径，不断尝试多元化心育课程

一是"心理健康教育"课程。学校根据江苏省统一下发的由俞国良、桑志芹主编的《心理健康》教材，对不同年级的学生，针对其不同的心理需求开展分类教学，让学生在课堂上就能进行心理辅导。现在，学校不仅在高一、高三开设了常规性的心理课程，还在高一开设了心理校本课程，给对心理课程有兴趣、想对心理课程更深入了解的学生提供新的学习途径。

二是"生涯讲座"博士课程、"生涯规划指导"学长课程和"我与孩子共成长"家长课程。学校不断挖掘家长、学长等多种社会资源，形成具有校本特色的心理课程。2016 年，学校先后邀请了苏州凯祥生物科技有限公司总经理、江苏省"高层次创新创业人才"、张家港市"领军型科技创业人才"温尧林博士，中央电视台财经评论员、南京大学客座教授、张家港领军人才潘浩先生等专家来校做专题讲座。也邀请了袁斯煜、孙逸涵等同学作为本学年学校生涯规划与指导课程之学长课程聘请的优秀毕业生，为学弟学妹做精彩讲座。当然，学校也邀请到了在各行各业做出杰出成绩的家长、对本职业前景发展有深入了解的家长来校做讲座等。这些系列活动，不仅让学生对社会行业有更深入的了解，同时也对自我将来规划有指导作用，因此这些系列活动受到了学生的广泛好评。

三是不断开设满足学生心理需求的实践活动课程。近年来学校不断尝试开设各种实践活动课程，来满足学生的心理需求。如开设"朋辈互助""游戏辅导""心理情景剧""志愿者服务"等课程，在这些课程中，以活动为载体，促进学生自我教育和自我实现。每学期，学校都会开展心理节活动，如在上学期的心理节活动中，学校举办了心理剧比赛，学生积极准备，精彩的演出赢得了师生的一阵阵掌声，同时也给表演和观看的师生带来了心灵上的震动。当然，我校还积极组织学生参加志愿者活动，寒暑假进行职业体验等，丰富学生的实践课程，让学生走出教室，走进社会，对自己的将来有一个更明确的方向。

六、不断提升心理教育师资力量,提高教师心理素质

一是积极推荐教师参加心理教育的专业培训。每年学校都会选派教师参加各类心理教育培训,如选派教师参加苏州市心理教师骨干培训、张家港市心理教师进阶培训、"上海·杭州·苏州三地生涯辅导研讨会"等。这些心理培训活动,除了让教师能接受专业的心理培训,学习新的心理知识,也能帮助教师提高自身的心理素养,同时也给教师在解决教学过程中遇到的问题提供了专业指导。

二是邀请名师来校进行心理讲座。如学校曾邀请了北京大学梁钦元教授,南京师范大学心理学院傅宏院长和苏州大学陶新华博士,苏州职业大学教师教育系心理学副教授、苏州市未成年人健康成长指导中心"首席苏老师"、国家二级心理咨询师张翔老师等专家,来校给全校教师进行心理教育的讲座教学,提高教师的心理素质。

三是发挥基地在区域的引领辐射作用。为了加强学校心理基地在区域内的辐射作用,学校积极承办或参加张家港市心理健康教育经验交流会、张家港市心理骨干教师评选、苏州市高中心理评优课等活动,不断提高学校心理学科的影响力。目前学校心理教育的师资力量在不断得到提升,拥有国家级心理咨询师 4 人,专职心理教师 3 人,兼职心理教师 39 人。

多年来,暨阳高中在教育行政部门的正确领导下,遵循"坚持阳光心理教育,尊重生命多样成长"的教育理念,不断理清思路,优化研究途径,继续大力筹措资金,深化课程基地项目建设,进一步推动学校向高品质、特色化方向发展。今后,我们也将以此为目标,不断深化、不断升华,放大学校"高中生心理发展指导"的品牌辐射效应,增强学校服务社会的能力,努力成为国内知名、省内一流的心理健康教育标杆学校。

附　暨阳高中"高中生心理发展指导"课程基地答辩材料

"高中生心理发展指导"课程基地建设情况汇报

张家港市暨阳高级中学

一、项目释义和建设宗旨

"高中生心理发展指导"是教育者运用心理科学的方法,对高中生心理的各层面施加积极影响,以维护其心理健康、促进其心理发展的教育实践活动。

"高中生心理发展指导"课程基地的建设基于以下宗旨:一是落实国家基础教

育顶层设计《中国学生发展核心素养》（征求意见稿）中“身心健康”即“认识自我、发展身心、规划人生”的要求；二是贯彻教育部《中小学心理健康教育指导纲要》“提高学生心理素质，全面推进素质教育”的精神；三是对江苏省新高考方案中普通高中学生综合素质评价“体育运动与身心健康”和“自我认知与生涯规划”的办学探索；四是秉承“尊重生命的多样成长”的学校教育理念，坚持立德树人，深化课程改革，培养富有生命活力、拥有阳光心态的学生。

二、项目申报条件

1. 基础设施优越。2006 年，学校建成 400 m^2 的心理健康教育中心，中心设有教师工作室、沙盘活动室、心理测量室、心理放松室、团体辅导室、心理阅览室、心理访谈室等功能室，拥有心理测试软件和近千册心理健康专业书籍。2014 年 11 月创建成苏州市课程基地后，地方财政又下拨专项资金 103 万元，投入基地建设。

2. 师资实力雄厚。学校现有国家级心理咨询师 4 人，专职心理教师 2 人，持有苏州市心理教师上岗资格证的教师 39 人，苏州市以上骨干教师 5 人，张家港市以上骨干教师 55 名。学校已经形成了以心理专职教师为主导，以教师全员参与的心理导师队伍和学生朋辈互助的“心灵卫士”队伍为双翼的全员心理辅导网络。

3. 科研传统优良。学校承担的江苏省教育学会“十五”课题《普通高中学生心理健康现状及制约因素研究》、“十一五”课题《高中生心理辅导互助模式的研究》和苏州市“十二五”重点规划课题《高三学生心理自助教育研究》均顺利结题，获得好评。近几年，教师有 70 多篇心理研究论文发表或获奖。

4. 课程资源丰富。除了加强心育软硬件建设和师资队伍建设外，学校面向全体学生开设心理健康教育课，开发校本教材《漫步心灵绿洲》，定期邀请校外专家、名师举办心理健康专题讲座，学校着力打造“5・25”心理健康节活动，心育课程资源较为丰富。

5. 建设成效明显。学校被评为江苏省心理学会心理教育实验基地、苏州市心理健康教育特色学校、苏州市课程基地和苏州市“高中学生生涯教育”课题组成员学校。学校首批通过苏州市中小学合格心理咨询室验收。《心理健康教育纪实专题片》获全国校园电视优秀节目铜奖、苏州市一等奖；“心晴”社团被评为苏州市社团之星；《彰显朋辈辅导特色，促进学生心理成长》获苏州市德育工作优秀案例、张家港市一等奖。

学校发挥了区域引领辐射作用，先后承办过苏州市、张家港市心理健康教育经验交流会、苏州市高中心理评优课等活动，是苏州市心理教师上岗资格证培训见习学校。学校心育工作经验被兄弟学校学习借鉴，先后接待过省内外教育代表团、周边县市的兄弟学校来校参观学习。

三、项目创意

1. 促进学生心理适应力提高与生涯规划指导相结合

通过基地建设，帮助学生确立正确的自我意识，培养人际沟通能力，提高抗挫抗压水平，养成优秀心理品质，形成积极情感体验。在学生充分了解自己的兴趣、能力、性格、特长的基础上，按照江苏省2018年新高考方案对学生"自我认知与生涯规划"素养的评价要求，发挥学校作为苏州市"高中学生生涯教育"课题组成员的科研优势，创造性地探索与开设生涯规划指导课程，帮助学生确立自己的职业志向，进行升学就业的选择和准备。

2. 促进"人人为师"项目建设与区域专业名师培养相结合

发挥课程基地的资源优势，加强对学校全体教师的心理专业知识培训，提高教师心理健康素养和心理健康教育水平，增强心理教育对各学科教学的渗透力，让每一位教师具备指导学生心理发展的能力；培养"心灵卫士"队伍，加强学生朋辈互助，让每一名学生在助人中自助，更好地关注自我与他人的心理健康。在基地名师和专家的引领下，面向区域内专业教师，成立教研组织，开展教研活动，培养骨干，打造名师，使课程基地成为本地区心理教师成长的指导培训中心。

3. 促进办学水平提升与社会责任担当相结合

课程基地建设有助于提高学校育人质量，有助于推动学校特色发展。在提升学校办学水平的同时，充分发挥学校"高中生心理发展指导"课程基地的独特优势，为家庭、社区、志愿者组织提供资源支持和智力支撑，扩大教育范围，提升社会服务水平，彰显学校的责任担当。

四、建设内容

1. 创设具有鲜明特色的心育环境。坚持"软硬兼顾，建改结合"的原则，重点抓好四项工作。一是规划建设专用场馆。在新建的校图书馆三楼划出近2000 m^2专用场馆，作为学生心理发展指导课程基地。建设名师工作室、沙盘游戏室、心理咨询室、心理减压室、心理档案室、自我调适室、社团活动室、心理训练室、心理剧剧场等功能室，增添沙盘、宣泄仪、音乐放松椅、智能身心反馈训练系统、团体心理辅导工具包、心理视听资料等设施。二是培育校园心育文化。重视校园文化建设对学生心理发展的渗透熏陶，精心设计布置心育橱窗、心育走廊、心育墙面，营造浓郁的校园心育氛围。三是营造班级心育环境。学校整体设计教室心育文化，各班积极创设具有本班特色的心育文化。四是优化课堂教学氛围。积极探索将心理学专业知识融入学科教学的课堂实践，形成"平等、尊重、宽松、和谐"的课堂心理氛围。

2. 突出"心理发展指导"的模型建构。一是课堂教学模型建构。构建"自主参与—体验分享—提升认知—积极行为"的心育课堂教学模型。二是特色课程模型建构。构建"自我认知""职业体验""专业选择与准备"三位一体的生涯规划指导课程模型。三是实践活动模型建构。构建影视、演讲、心理剧、团体辅导等校内实践活动和职业体验、志愿活动、研究性学习等校外实践活动模型。

3. 建设立体化的心理教育互动平台。一是加强信息化平台建设。运用云计算、大数据等先进技术,支持手机、Pad、PC多终端访问。开发APP软件、移动学习系统,实施在线学习、资源共享、实时课堂、协同教研等,充分发挥"互联网+"平台对基地建设的服务支撑、推动发展的作用。二是加强心理健康援助平台建设。建设师生心理测评软件、心理健康档案系统、心理危机干预系统,对师生心理进行智能化分析诊断。增设沙盘、音乐放松椅、呐喊宣泄仪、自我放松训练仪等设施,运用现代化科技手段,对师生心理进行有效干预。三是加强社会平台建设。打造协同教育研究中心,充分开发家长、校友、社区、企业等资源,积极寻求与张家港市未成年人心理健康指导中心、张家港市青少年社会实践基地、中国教育学会家庭教育专业委员会张家港基地、张家港市红十字会等机构的合作,利用好北京大学、南京师范大学、苏州大学等高校优质资源,争取最广泛的社会力量支持,形成教育合力。

4. 开发多元化心育课程资源。打造课程研发中心,开发优质课程资源。一是开发符合教育部《中小学心理健康教育指导纲要》的课程资源,开设"心理健康教育"课程,进行分层分类教学。精心规划,形成"八个一"的课程资源特色:

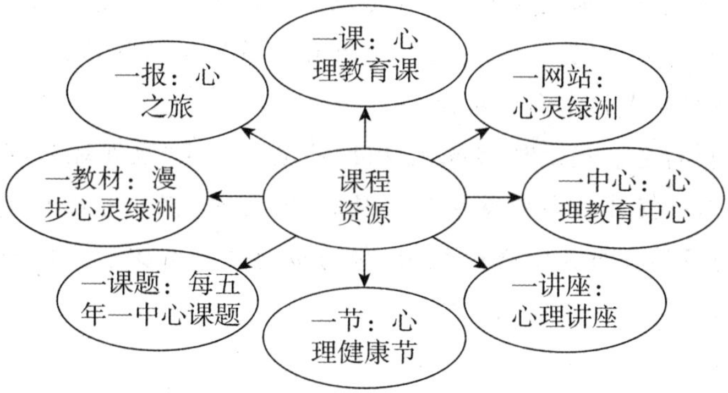

二是开发具有地方和校本特色的课程资源,开设"生涯规划指导""学会交往"等学生课程、"幸福课堂与快乐教师"等教师课程、"我与孩子共成长"等家长课程,加强校本课程的实施。以学校特色课程"生涯规划指导"为例,学校将广泛挖掘,开发家长、校友、产业技术领军人物、企事业单位、社区等多种课程资源,保障该特色

课程的有效实施。

5. 构建教师专业成长的发展中心。一是打造校本培训中心。推进“人人为师”项目建设，实施“550”培训工程，将课程实践与校本培训结合起来，利用1—2年时间再培养5名国家级心理咨询师和50名具有苏州市心理健康教育上岗资格证的教师。二是打造名师孵化中心。聘请北京大学梁钦元教授、南京师范大学心理学院傅宏院长和苏州大学陶新华博士等专家，成立名师工作室，为本校及区域内教师搭建专业发展的平台，将基地建设成名师孵化中心。

6. 探索学生实践创新的有效途径。一是校内途径的探索。开展学生心理类征文、手抄报、辩论演讲、心理剧表演、社团、朋辈互助等实践创新活动。二是校外途径的探索。组织学生走进企事业单位，开展研究性学习、职业体验、职业访谈、模拟聘用等活动；组织学生志愿者走进社区、敬老院、福利院、特殊学校等场所，为居民特别是孤老病残等弱势群体人员提供心理帮助。

五、预期效能

1. 深化课程改革。通过基地建设，丰富课程资源，改变学习方式，彰显学校促进学生心理适应力提高与生涯规划指导相结合的课程特色，为《中国学生发展核心素养》如何落地和江苏省新一轮高考综合素质评价改革，提供实践样本。

2. 促进学生成长。课程基地建设以学生生命健康发展为价值取向，彰显学校“尊重生命的多样成长”的教育理念，引导高中生认识自我、发展身心、发现潜质、学会选择，以心育强德育，促智育，促进学生全面、个性、可持续发展。

3. 推动队伍建设。通过课程实践，提升全校教师心理健康素养和教育水平，培养区域专业名师团队，实现学校促进心理教育全员培训与区域名师培养相结合的目标，增强教师职业成就感和幸福感。

4. 形成学校特色。通过课程基地建设，凸显高中生“生涯规划指导”教育特色，促进学校办学水平提升与高中特色化发展，放大学校“高中生心理发展指导”的品牌辐射效应，增强学校服务社会的能力，努力成为国内知名、省内一流的心理健康教育标杆学校。

六、项目保障

1. 组织保障。学校成立以校长为组长的课程基地建设领导小组，全面负责课程基地的设计、申报、建设、指导等工作。

2. 制度保障。将课程基地建设列入学校“十三五”发展规划，坚持优先发展，制订时序推进计划，完善系列规章制度。

3. 经费保障。预计投入资金600万元，其中地方财政拨款500万元，省财政补贴100万元。

4. 社会保障。学校聘请北京大学、南京师范大学和苏州大学的专家、学者担任课程基地顾问，协助项目共建。学校已取得张家港市红十字会、张家港市未成年人心理健康指导中心、张家港市青少年社会实践基地、中国教育学会家庭教育委员会张家港基地等社会力量的支持。

2016年3月23日

第四节　关注基于内生力的成长
——暨阳高级中学“生涯规划与发展”课程

“听了温博士的讲座，我感到热血沸腾，想立即去科技创业园一看究竟。”物化班陶妍心同学在聆听暨阳高级中学首场生涯规划讲座后激动地说道。

2015年11月22日，在学校生涯发展指导项目组的精心策划下，暨阳高中首场生涯规划讲座在求真厅顺利举行。苏州凯祥生物科技有限公司总经理，江苏省“高层次创新创业人才”，张家港市“领军型科技创业人才”温尧林博士来校为我校物化、物生班的同学带来一次非凡的人生体验之旅。

高中教育，要着眼于成长，为人的终身幸福奠基。教育应该如何奠基？暨阳高中的答案是：引导高中生认识自我、发展身心、发现潜质、学会选择、学会自我规划。

刚出炉的国家教育顶层设计《中国学生发展核心素养》（征求意见稿）指出，“身心健康”即“认识自我、发展身心、规划人生”；江苏省2018年新高考模式在学生综合素质评价中提出了“体育运动与身心健康”和“自我认知与生涯规划”的要求。新高考改革的大潮里，真正的赢家是了解自己、善于规划的学生。未来的职场里，需要的是发挥长处、优势突出的人才。

正是基于这样一种教育情怀与时代背景，暨阳高级中学秉承“尊重生命的多样成长”的教育理念，对学校的心理健康教育特色课程做了进一步的梳理与拓展，积极开发“学生生涯规划与发展”课程。积极申报成为苏州市“高中学生生涯教育”课题组的成员学校，并在2016年申报省级课程基地“高中生心理发展指导”时，将“生涯规划与发展”作为重点建设的课程内容纳入其中。

生涯规划的目的是解决学生社会化以后的发展和幸福问题，但生涯规划的着眼点是学生社会化之前的学校教育。因此，学生生涯发展指导是一项贯穿整个高中阶段的综合性工作，让学生将学习生活与社会和职业选择联系起来，认识自己，了解社会，了解职业生活，并据此做出有利于自身发展的决策，通过自己的努力，实现目标。学校成立了暨阳高中学生生涯发展指导项目组，保障生涯规划与发展课程顺利实施。

一、做好学科发展顶层设计，为课程建设奠基

学校学生生涯发展指导项目组认识到，生涯教育的重点一方面是要放在教育的全过程中，培养可以驾驭生命发展、实现生命飞跃的特质；另一方面是要通过社会化过程培养学生思考关于未来职业和事业的方向。具体来说，一要将学生真正作为主体，而不是简单灌输生涯规划知识的客体，学生接受生涯规划教育的过程是寻找自我发展道路的过程；二要丰富生涯规划教育的载体，包括开设专门的课程、做职业倾向测试、介绍大学专业、开展职业体验活动和社会实践活动等，同时与学生的选课、选考、选专业、选职业结合起来；三要与成长导师工作结合起来，生涯规划教育不是几节课能完成的，也不是高一的工作，是需要贯穿 3 年的工作，因而需要与成长导师工作紧密结合起来，对每个鲜活个体悉心帮助；四要为每一位学生建立生涯规划档案，记录学生自身情况和发展情况，帮助学生逐步从模糊到清晰地找到自己的发展路径。

基于上述思考，学校与上海交通大学下属上海梵戎文化传播有限公司合作，由对方提供生涯规划技术支持和师资培训。我校制订完整、科学的课程计划，以保障生涯规划与指导课程的有序推进。高一年级侧重自我认知、唤醒潜能，高二年级侧重了解职业、科学规划，高三年级侧重实战演练，选择专业，整个三年都高度重视在目标引领下的自我认知、自我分析、自我评价与自主提升，让学生通过阶梯式的课程更好地完成高中阶段的蜕变。

学校还聘请专业人士设计了暨阳高中生涯规划与发展课程 LOGO。LOGO 整体呈盾牌形状，由太阳画面和“暨阳高级中学学生生涯发展”文字两部分构成，寓意着暨阳学子在暨阳万丈光芒照耀下，交相辉映，蓬勃发展，幸福一生。

暨阳高级中学生涯规划与发展课程 LOGO

二、营造浓郁生涯氛围，发挥环境育人功能

在平时的教育教学中，学校不断着眼于环境熏陶，营造浓郁生涯氛围。例如，在班级文化营造中，各年级各班统一设置高等院校宣传介绍栏，用来介绍适合暨阳高中学生的高等院校。介绍栏设计成活动的板块，每周在各班级轮转。学校还根据学生情况挑选了30所学生梦想中的大学制成展板，让学生在自己喜爱的目标大学框中留下自己的签名，以此激励学生向着目标前进。通过师生一起编写生涯规划小报，系统介绍规划的知识、方法等，丰富学生生涯阅读，同时引导学生找到个人兴趣点，主动找相关书目来阅读。

三、打造三大子课程，助力学生生涯发展

学校开发了“生涯讲堂”“学长课程”和“家长课程”三大子课程，邀请在本行业卓有成绩的社会人士、优秀校友和杰出家长来校做讲座，让学生了解外面的世界。课程实施两年来，“生涯讲堂”先后邀请了苏州凯祥生物科技有限公司总经理、江苏省“高层次创新创业人才”、张家港市“领军型科技创业人才”温尧林博士，北京大学国际法博士林健聪先生，苏州职业大学教师教育系心理学副教授、苏州市未成年人健康成长指导中心“首席苏老师”、国家二级心理咨询师张翔老师等专家来校举办讲座。“学长课程”先后邀请2010年张家港市文科高考第一名徐荪娜学姐，江苏省道德模范、中国消除贫困奖获得者郭秦学姐，2013年张家港市文科高考第十名、英语单科第一名孙逸涵学姐等优秀毕业生来校做讲座。“家长课程”先后邀请“张家港市创业型领军人才”、江苏省“青蓝工程中青年骨干教师”培养对象、苏州大学纺织工程博士张峰教授，中央电视台财经评论员、南京大学客座教授、张家港领军人才潘浩先生等专家来校做讲座。三大子课程帮助暨阳学子接触社会、了解职业，让他们更好地规划人生，提前思考自己的职业目标和方向，为升学做准备，为未来而奋斗。

四、开展生涯系列活动，加深学生生涯认知

（一）职业倾向测试，帮助学生认识自我

职业生涯规划是个体的优势品质等在职业生活中的表现和延伸。为了帮助学生了解适合自己的专业、职业，学校每年组织高一新生进行霍兰德职业倾向测试。测试内容分为两大类：一、我是怎样一个人，下含“我的性格特点”“我的气质类型”“我的心理特点”“我的个性人格”及“多元智能测试”等；二、哪些职业适合我，下含“我的职业兴趣”“我的职业价值观”及“我的职业定位”等。通过生涯规划测试，帮助学生更加全面地了解自我，了解自己的兴趣和发展优势，让他们在高一年级就树

立自己的生涯目标，避免盲目学习或失去学习的动力和目标。除了网上测试之外，学校同时为学生配备生涯导师，为学生解疑答惑，与学生交流，对学生进行辅导。

（二）班主任主题沙龙，助力学生生涯发展

学校定期举行班主任主题沙龙，邀请诸如北京大学梁钦元教授、苏州职业大学张翔副教授等专家，与全体班主任以沙龙的形式，围绕“如何提高学生自我维护心理健康能力”“如何指导学生开展生涯规划”等话题进行了深入交流，提高全体班主任有效开展生涯辅导的能力。

（三）聚焦成长课堂，打造生涯课程高平台

教育最重要的事件发生在课堂，课堂是促进学生生命成长的主阵地。学校充分利用班会课这一平台，开展生涯规划与发展课程教学。在 2017 年 3 月 31 日举行的张家港市第十八届课堂经验交流会普通高中学校整体展示活动中，暨阳高中推出《遇见 N 年后的自己》等 5 节生涯规划与发展课，得到听课专家、同仁的一致好评。

（四）组织系列体验活动，让生涯课程深入学子心

一是定期组织假期生涯活动。学校每学期组织学生在寒暑假走进大学，走进企业，参观、游学、打工，开展研究性学习，增加实际职业体验。通过这些活动，帮助学生了解职业、体验职业，从而认识自己喜欢的职业。

例如，2016 年 7 月 31 日，我校高中生生涯发展指导项目组在张家港市城市管理城西中队的大力协助下，组织部分志愿者参与了 7 月 30 日上午举行的城西中队“百人上街”体验城市管理暨告别“不文明行为”宣誓活动。在活动的各个环节，我校的志愿者们准备充分，积极投入，即使天气炎热，也丝毫不减志愿服务的精气神。在举行告别“不文明行为”宣誓仪式的时候认真听讲，了解活动的意义；在签字仪式上一丝不苟，认认真真；在随后的沙洲西路街头参与管理过程中更是积极主动。在城管队员的带领下，我们对市民进行了宣传指导，纠正车辆乱停、制止垃圾乱扔，对沿街的乱摆乱放、店外经营等违规行为进行了整治。我们的学生用真诚的微笑和细致的服务，帮助商家把店门口的杂物清理干净，他们不怕苦、不怕累、不怕热的行动也感染了店铺人员，促使他们主动参与自我纠错行动。

二是定期开展生涯访谈活动。为进一步增强学生对于大学、专业的了解，使其能够正确认识自己的优势和不足，获取真实大学专业信息、及早规划未来，我校生涯规划指导项目组每学期都会给学生布置一份特殊的假期作业，要求学生利用假期，通过面谈、电话访谈、QQ 访谈等生动活泼的形式，对张家港籍优秀在读大学生展开人物访谈活动。

例如，2016 年暑假，同学们对包括张家港市 2016 年高考理科状元方朱海在内的近百名大学生进行了访谈。通过前期周密的准备、采访过程中详尽的提问、后期梳理思考填写访谈记录，他们从学长学姐的读书经历中清醒地看到自身存在的不足，认识到学习目的、学习自主性、学习方法和学习品质的重要性。很多同学表示，通过与学长学姐的交谈，他们的职业生涯方向更加清晰，浑身充满能量，要努力让高中过得充实而有意义，争取走进心中的象牙塔。

三是常态化组织志愿者活动。志愿者活动作为我校主体德育系列活动之一，每月定期开展，让生涯体验持续化。例如，学校组织部分学生参与志愿服务，争做美丽学生，建设美丽校园，活动包括用实际行动打扫公交车站、“爱心驿站”、考生休息室，助力小高考，在图书馆整理图书资料等。这样的活动，切实地让学生有了更深的心理体悟。

四是定期组织系列评比活动。每学期，学校都要举行生涯规划设计标语、生涯主题班会、生涯主题黑板报、生涯小报等评比活动。让学生深入了解生涯规划与发展课程，认识到高中阶段进行生涯规划对于人生的重要性，帮助学生实现从生涯规划的旁观者、接受者向参与者、实践者的角色转变。

苏格拉底说：“教育不是灌输，而是点燃心灵的火焰。”马克思说：“教育绝非单纯的文化传递，教育之为教育，正是在于它是一种人格心灵的‘唤醒’，这是教育的核心所在。”暨阳高中的“生涯规划与发展”课程，旨在帮助孩子发现自己，唤醒自己，成为自己，是对教育的真谛与意义的践行。当然，这只是一个开始，我们将秉承“尊重生命的多样成长”的办学理念，沿着幸福教育之路不断探索，一直走下去。

附 “学长课程”之优秀学长孙逸涵讲座发言稿

试论精彩人生的无限可能性

——给年轻的你：欲望、标签、天才、经历和梦想

大家下午好，我是你们的老学姐，孙逸涵，2013 届史政班毕业。今天因为不能用 PPT，所以很多关键词、图片不能给大家展示，我尽量用生动一些的语言、故事来分享给大家，在讲座的最后，我留了 3 个问题的时间，大家可以勇敢地随意提问。

首先做一个简单的自我介绍，我现在是南京大学社会学院大四学生，上学期在复旦大学心理学系做交换生，我看到张钟玉老师给我发的 KT 板图片上贴出了我的简历，我不想这场讲座是用来说我这些年做了哪些事，而是想实实在在以一个过来人的身份给大家一些经验分享，如果我今天的分享能带给一些同学以激励，打鸡

血，或者是给一些朋友以希望，那就是我最开心的地方啦。

来之前我想了一下，我有两个弟弟，其中一个和在座的你们同一届，在梁丰高中读高一，2001年出生的金牛座，非典型零零后；还有一个在梁丰国际班读高二，抓住90后尾巴的摩羯座；我是他们唠叨的姐姐，又是他们不省心的妹妹，所以和你们也差不多算是同龄人吧。前期沟通的时候，张老师说没别的要求，励志就行。我想了想说，行，我的人生到目前为止应该还是足够励志的。然后我弟弟又打击我说，像这种讲座嘛，没人听的，大家都在台下玩手机游戏，现在有在玩游戏的吗？"一千个人眼中有一千个哈姆雷特"，每个人都有自己一套独立的价值观，今天有点给大家分享我"三观"的意思。

其实在我和你们一样大，就是高一那年，我是个地理白痴，地理考试从来没有及格过，也没有哪一门课的成绩特别拔尖，期中考试甚至掉过200名之后。我是一个很要强的姑娘，作为文科生，大家历史都考高分的时候我永远在最后几个，所以上课就爱挑老师的刺，觉得自己学不会、学不好是老师教得没有条理，现在想想还挺佩服自己当时傻傻的勇气，不过也真是挺幼稚，因为只有弱者才给自己找借口。我老弟有段时间的口头禅就是"弱者"，那时候我俩还相爱相杀来着。话又说回来，我很鼓励大家去发表自己内心最真实的想法，但是第一步确实要冷静仔细地思考问题出在哪里，自己的问题在哪里。

那个时候最害怕的就是周日，午餐时间一过，感觉空气里都是窒息的味道，因为要回学校周考了，我不知道你们在座的有没有人有跟我相似的感受。但是高一地理从未及格过的我小高考地理拿到了A，高考考进了全市前10，英语单科第一，选修课获得了AA＋的成绩。所以我想说的是，高一的你们有足够丰富的提升空间，不管你现在的成绩如何，都有很大的上升空间，想超越梁丰的学生，经过系统的规划，找到适合自己的方法，努力拼搏，一定不会有问题的。我觉得高考其实不存在智商问题，因为考题并不是世界级未解难题，只能说明自己是不是无效努力或是不够努力。如果你现在觉得自己不ok，没有关系，你还有时间有机会去给自己一个不一样的生活可能。从高一开始，我就在思考自己想过什么样的生活，这不是一个简单的问题，可能穷尽一生都找不出一个完整的答案，但至少你的思考会带着倾向性让你走得更远。

虽然路都得自己走，我也很认同那句话"听过很多大道理却仍然过不好这一生"，但是大道理还是偶尔需要听一听，然后自己选择如何去内化成自己的一套价值观。

人生的每一个阶段都有要做的事和不同的烦恼，在我高一的时候很多人和我说，最想回到的就是高中，因为珍惜那段纯粹的只需要学习还有很多朝夕相处的好朋友的岁月，我死活不愿意相信。九门功课同步学，早起贪黑每天在一个闭塞的空间待着，如果任课老师不变着法子穿漂亮或是帅气的衣服上课会更加无聊，如果班里还没个养眼的男生或是女生可以茶余饭后或是累的时候偷瞄几眼都会怀疑人生的意义到底是什么，我为什么要坐在这里，这些心里面的小九九我相信大家也都可能有过。但是，我现在走过了这个阶段，我也想和你们说，其实这个阶段真的很重要很美好也很珍贵，你不会再遇到哪一段 quality time，就是高质量的相处时间像现在这样。我认为每一个阶段就要干这个阶段该干的事情。就是我当年的班主任季伟老师常常用土话和我们念叨的，“吃啥饭，当啥心”。

高一的你们，要对自己的人生有个幻想，有句话也说得很对，那就是“仰望星空，脚踏实地”，我一个美国的企业家朋友和我说“put the first thing in the end of your mind, picture ahead”，就是说你心里要有一幅图，你会是一个什么样的人，在什么大学，你想从事什么工作，在哪个城市，过什么样的生活。你对这个画面有多渴望，那么现在作为高一学生的你现阶段如何做才能让这幅画成为现实，那就脚踏实地地去做。

Ok，回归正题，今天的分享主题是“试论精彩人生的无限可能性——给年轻的你：欲望、标签、天才、经历和梦想”，那我就从欲望开始说起。

关于欲望

这些是我们内心里和人生理想一样真实的东西：学历、工作、房、车、财富以及爱。我们每个人都愿意为了这些欲望去付出，无论付出的是汗水、鲜血，还是身体健康，又或是其他。尽管我们付出的方式可能不被社会主流认同，可能没那么具有戏剧性，但你和我、北大图书馆里的学生和网吧中奋斗的少年、职场杜拉拉和夜场里跳舞的小姐、今年拿金马奖的周冬雨、马思纯和范伟，或是马云和最近朋友圈传的很火的王健林，我们谁没有为了一个目标连续熬夜奋斗过呢？我们谁没有为了得到一样东西而撕心裂肺地付出过呢？谁没有过那种拼命得快受不了的感觉呢？所以我们最不缺励志的故事，因为我们每个人都是付出领域的专家。当然，如果你没有经历、没有体会过，那我劝你试着拼命努力看看，或许会收获心理学上讲的“高峰体验”。嗯，如果你在这个年纪就选择安逸，那我可以说在以后很长的人生里你都没法儿安逸，因为生活会逼着你很辛苦，但是如果你现在很努力，我不能百分之百确定说你以后是否会过得好，但是至少会比现在就选择享受有更多的选择。我大学本科四年现在已经过了三年半，从来没有长时间宅在宿舍打游戏看剧，然后回顾四年一无所成，我这些年来收获的一些朋友、名誉、机会也许会让很多人诟病挑刺，但这些诟病我的人往往是那些荒废了四年大学生活的人，而那些比我更优秀或是和我在同一个层面学习生活工作的人只会一起平等地沟通、交流、祝福，共同前进，不知道大家是否听过“社会分层”这个概念，我们现在做的事情可能就是一个不断努力提升自己社会阶层，使得自己的社会地位向上流动从而能享受到更多社会资源的一个过程。

最近我和团队在创立一家轻食沙拉新品牌，“LiteLife 简法沙拉”，从市场调研、数据分析、品牌元素、使命、logo、产品研发、运营、新媒体、供应链、市场等，带着团队一手从一个 idea 开始，做到现在只差门店的装修的一个阶段，非常非常的辛苦，一路上还会听到很多的质疑声，就好像你在一个相对年轻的阶段不管你有过多少经验，有多少人脉，在长辈眼里，你都是幼稚的、做不好的。就在昨天晚上，我的父亲还在问我，为什么要让自己这么辛苦，我说我现在的辛苦是为了能让未来的日子更加快活，有更多选择的机会。你看，我从来没有停止努力，希望你们也不要。

但是，真正的问题是，当我们跑得越快，越是无法考虑我们是否在朝着正确的方向奔跑。

北野武讲过一个很有趣的故事。他说，他没出名之前，想着有一天有了钱，一定要开跑车，吃高档餐厅，跟女人们睡觉。而真正功成名就的时候，他发现开保时捷的感觉并没有那么好，因为“看不到自己开保时捷的样子”。结果他就让朋友开，自己打个出租车，在后面跟着，还对出租车司机说：看，那是我的车。是不是很具有讽刺意味？

我想说，过去几年里我认识的、深交的、共过事的所有人，包括身边一批又一批二十出头收入一百多万的金融朋友、三十岁左右收入几百万的前辈朋友，以及简历金碧辉煌得已经不在乎收入的大 BOSS，这些世俗意义上非常成功的人及我自己的经历告诉我两件事：

第一，顶级学校的文凭、顶级公司的工作、顶级的收入、顶级的房、顶级的车、顶级的声望，这些都无法满足人类。

第二，无论是通过爸妈，通过运气，还是通过奋斗得到这些顶级的东西，人们都不会得到更多的幸福感。

人类的需求是很奇特的。我们吃第一个面包的时候的幸福感，和我们吃第一千个面包的时候的幸福感，是差不多的，前者甚至比后者还多一些。同样的感觉适用于我们赚到的第一笔一万元和第一笔一千万元，第一辆十万的车和第一辆一千万的车，第一个女孩和第十个女人，第一个男生和第十个男人。“生理需求、安全需求、归属与爱的需求、尊重的需求和自我实现的需求”——在著名的马斯洛五大需求中，你从任意一个细分需求里获得的幸福感只能有那么多。

我们清楚地知道快感和幸福感的不同，我们也知道欲望和需求是两个东西，但是我们的不幸福却是因为不小心把快感当成了幸福感，把欲望当成了需求，而这就是因为我们常站在现在的视角去想象未来的感受。事实是，就好像我们不需要很多的面包一样，我们不需要很多的财富，不需要很多的爱。因为他们很难给你带来更多快乐。当然，我们也不需要去拔高理想和自由的重要性。你可以尝试着停下来思考一下，这五种需求是否真的有高低之分，思考一下，是否连最贫穷最饥饿的人们，都一直在生活中同时追求着这五个高低层次的需求。你会发现其实这五种需求一样真实，离你一样近，也一样远。然后你需要找到一个可以同时实现这五种需求的平衡点。这个平衡点就是只属于你的奔跑方向。

我今天不想只是和大家说，你现在能做的就是努力，拼命努力，因为我知道如果没有一个方向的支撑，哪怕一会儿晚自习很努力，你也很难坚持三年。我希望帮助大家去思考自己真正想要的是一种怎样精彩的人生，"精彩"这个词有很多的可能性，就像我在女性社群 LeanIn 女性访谈专栏的介绍里面说的那样，精彩的女性可以是一个跨国公司高管，可以是一个花店老板，可以是一个毕生投身于公益慈善的爱心人士，可以是一名有着职业信仰的人民教师，可以是一个环游世界的潇洒姑娘，也可以是一个为丈夫孩子带来生活富足和安全感的家庭主妇……精彩的人生有很多种可能，在座的不管是男生还是女生，想一想，你想过的精彩人生是哪一种？

关于外界

外界带给我们生活最大的影响是嫉妒和比较。这个阶段的你们，可能会因为一次月考成绩去嫉妒某个平时成绩和你相当但是这次却比你高一些的人。这里，我们就来聊一聊嫉妒。

我要说的是，我们一直高估了嫉妒。举个例子，没有人嫉妒 Lady Gaga。Lady Gaga应该要比我们都更有名、更有钱，坐更好的车，住更大的房子，比我们更随心所欲，而且也比我们更有才华。但你并不嫉妒她，对吗？我们没有人嫉妒 Lady Gaga——因为她实在是太雷了。她奇怪得让我们完全不能把我们自己跟她联系在一起，所以我们在名利和才华面前没有自卑，也没有嫉妒，更没有仇恨。反而，我们会去思考，觉得她挺有趣的，挺发人深省的，不是吗？

所以当你见到好事情发生在了那个他或者那个她身上，嫉妒的小火苗在你心中扑哧扑哧的时候，不如把 TA 当成那个很奇怪的 Lady Gaga 吧。因为这样的时候，我们就会懂得抛开个人的杂念，去真正思考别人的亮点。这个时候我不得不要提一下我一直以来的格局观，决定一个人能走多远的往往是这个人的格局。什么是格局？它的英文名可以叫 Pattern，但是我更倾向于 Vision 这个词。格局，格是指以时间为格，局是指时间格子内所做事情以及事情的结果，合起来称之为格局。不同的人，在同一时间内所做的事情以及事情的结果不一样，所以说不同的人的格局不一样。

发展到现在，格，就是指人格。局，就是指气度、胸怀。如果因为一次考试成绩你去嫉妒你的同班同学，当然我们会肯定这其中有你自己积极向上的一部分在，我更希望看到的是，你祝福他同时自己也好好努力。有人说，这是违背人性的，但是我们不是哺乳动物，我们是人类。当你这么做超过 7 次，可能不知不觉你就成了习惯，当下一次遇到这种情况时，你会下意识地先祝福，然后感觉到自己内心那么一点点的小嫉妒，没关系，时间长了之后，你的格局从这个细节上来看也会比斤斤计较、内心好多小九九的人高了不少。提前说一句恭喜哦，这代表你能走得更远。

至于比较（Social Comparison），我们可以选择努力向那个考班级前三名的同学看齐，努力向那个年薪几十万的旧识看齐，努力向那个不断得到提拔的同事看齐。或者，我们也可以选择看看外面更大的世界，那些和我们一样年轻的人们。看上去像是有 30 岁阅历的 Adele，19 岁时出了张白金专辑《19》，21 岁时出了全球销量 1200 万张的专辑《21》，拿了两座格莱美（Grammy Awards）。她出生于 1988 年。眼神和心态似乎已经像中年人那样淡定的杜兰特和德里克罗斯，两个毫无疑问的超级球星，他们也出生于 1988 年。如果你喜欢实用一点的，那么 iPhone 上用户量最大的个人开发第三方浏览器猛犸浏览器的开发者，是一个 1992 年出生的北京少年。再讲个更接地气的，我一个好朋友，开发了一个在线学习资源共享平台，如今拿了 3000 万的融资，他和我一样出生于 1995 年。如果你的视线中有一个世界舞台，那么你会看到上面的人物已经越来越接近你的年龄。

我们不需要去看齐，我们只需要去“看”。去看到这个世界除了你现在正处在的那个若干平米的封闭空间以外，还有许多许多精彩的事正在发生。当你发现这个世界的深度和广度，你就会发现你跟你身边的那些“同类人”根本没什么好比的。这个世界太大了。你不是你自己的标杆，别人也不是。谁都不是你的标杆，这是一个没有标杆的时代。

我们要做的是试着不去嫉妒，不去比较，更不要评判，因为每个人由于生长环境、经历、性格的不同会有各自不同的价值观和评判标准。但要试着去观察、去倾听，然后去思考、去沉淀，去让所有外界的信息在你大脑里经历一个长时间的处理过程。在你的大脑还没有沉淀出你自己对一件事的观点前，不要发表观点，不要给出你的定论。我们可以不断在大脑中质疑我们所看到的、听到的，我们可以不断挑战自己的想法，挑战任何理所当然的存在，只要我们保证我们的大脑一直在思考，独立地思考。要记得，你和世界上所有人都不一样。

关于标签

"女神学姐"是过去几年里我听到的比较多的一个形容词。当我们喜欢的人称赞我们的时候，我们总是屁颠屁颠的。在这里为自己开脱一下，我觉得这挺好，说明活得挺真实，不做作，不虚伪。昨天有朋友问我说，你怕不怕回母校讲座会被很多老同学或是学校老师说太高调。我说我为什么要怕这个？邀请我的张钟玉老师在我的求学生涯给过我非常多的指导，我在她的书桌前听她聊过语文的奥妙和作文的精髓，在这之前我可能认为语文就是一个必修课，但那之后我给"语文"这两个字加了些美好和意义，这对我非常重要，那么她的邀请我怎么会拒绝呢？同时，我想了想说我今天的分享也会给在座的大家带去一些激励吧，告诉大家说暨阳高中同样可以出名校大学生，同样可以过得很精彩。在我入暨阳高中前，我就有一个努力的方向，在我的前三届有一个叫徐荪娜的学姐，她是暨阳高中出来的文科状元，我和她共享了一个班主任季伟老师，一个英语老师王海婴老师，后来在我的求学生涯中又遇到了亦师亦友的季筱燕老师，给了我很多机会的童先锋老师，那我就要朝着文科状元的方向努力。我希望我今天的出现也能对你们中的一些人有这样的作用，那就够了。我根本不会怕别人的评价，因为那终究是别人的，而自己的人生是自己的，不由别人的评价而决定。有句话说："岂能尽如人意，但求无愧于心。"今天我做的这件事是有意义的有影响力的，Why Not?

有这次讲座的一个契机是南京大学出了一个对我的访谈，张钟玉老师和童先锋老师看到后联系我说能否给学弟学妹做个分享。那时候朋友圈很多学弟学妹学长学姐和自己的朋友们在转发。"牛""女神"是我在他们的评论里看到的最多的词，但其实关于这个问题我有过一些思考，来翻译一下这个已经被用得和"帅哥""美女"一样烂俗的词。我常常质疑自己说："我只是有很多很牛的标签——南京大学、复旦大学、领导力社团社长、共济社会工作协会会长、中美论坛主持人、女性访谈主持人、儿童心理学死忠粉、环球旅行、登顶非洲最高峰乞力马扎罗。至于我本身，摘去这些标签之后，我是谁，我还牛吗？"然后我就发现，我们要做的可能不是把自己的人生过成一份简历，而是要过成一首细水长流的歌，如果别人和你相处能觉得舒服，如果大家觉得和你交谈又有趣又能有所收获，如果你能为你现在所在的这个集体、这个团队、这个社会、这个世界做出那么一点点的贡献，那么摘掉标签后的你，就依然很牛。

这个故事告诉我们:其一,“牛”和“帅哥”“美女”一样,是一种打招呼的方式。其二,“牛”的从来都是那些标签,那些改变了金融产业的企业,那些通过培养人才改变了世界的学校,那些定义了时尚的品牌。虽然我无意改变大家打招呼的方式,但对于还没奔到三的人类来说,“高档”“精英”“牛”其实不如“做得不错”或者“挺有意思的”来得更实在。当然,等奔到了三,我们就更不想用这些词了。

如果你曾经或者将来获得了任何标签,不管是高盛、中金、麦肯锡,还是北大、清华、常春藤,又或是Gucci、Prada、Armani,有两件事值得思考一下。

第一件事用来提醒自己:撕去这些标签,我们是否还能为500强的客户们创造等同于我们年薪的价值,我们是否还能用知识改变世界,我们是否还能把那件衣服穿出五位数价格的范儿。

第二件事用来看清自己:这的确是一个人人都用标签来识别对方的社会,如果我没有这些标签,我可能今天不会坐在这儿,哦不,是一定不会。但要我们记住我们的价值和我们身上的标签没有丝毫关系。成功不是你有什么标签,而是你用这些标签做了什么。是的,讲座开头的时候张钟玉老师用“文科前十”“英语第一”“南京大学”等这些标签让在座的部分同学带有强烈的好奇心听到现在,这顺便解释了为什么导师们总是教育我们简历要吸引人看就一定要把标签名称写得清清楚楚,而且能数字化就数字化;也解释了这个社会就是个标签横行的社会,且大家也都吃这一套。但无论如何,标签是外在的,自己要做的是修好内在。

总之,要把标签用在正确的地方,创造一些价值,虽然不是大到改变世界,也至少带来一些存在的意义。

关于天才

不要去考虑什么天赋异禀,一切都来自经历和渴望。特别是这些年,当我认识了一些全中国甚至全美国相对最“天才”的年轻人以后,才发现哪有什么天才,如果把他们的经历一个个说出来,大家肯定觉得完全就是一群很辛苦的人啊。但这些很辛苦的人有一个共同点,他们很清楚地知道自己究竟需要什么,并且很执着地追求着。

所以对于高考来说,天才并不占优势,我们大多数人都是普通人。我没有过人的智商,也没有过人的努力,但是我非常清楚自己要什么样的生活,我在每一个阶段应该怎么做。我是一个schedule狂魔,工作中和生活中判若两人,我需要我的人生有一个很清楚的规划,也需要每一件事情有一个很清楚的规划。举个例子,我会有周计划、月计划、学期计划、年度计划、五年计划、十年计划、一生计划,更有睡前做好的第二天的初步计划以及一天结束后的总结规划。这个方法很好用，让你不至于混沌。就像我前面说的，高考题不是什么世界未解难题，它不需要过人的智商。但是你的人生规划，就是一个努力方向，你的学习方法，你的心理抗压能力和你的有效努力决定了你同别人的差距。这里提一下有效努力，我们生活中常常会有很多人，他看起来每天都很忙，但我们也不知道他忙出了什么成果。我们需要高效的努力，而不是欺骗自己我很累，很辛苦，很努力，但其实什么都没有学进去，什么都没有创造出来。

关于时间

时间是唯一的货币。你所拥有的财富很重要，因为你可以拿它用来换很多东西。你所拥有的时间远远更重要，因为你可以用时间来换这世界上的任何东西，包括财富，包括成就感，包括幸福感，包括其他那些我们都清楚的、比财富更让我们的生命有价值的东西。

是的，每个人拿时间换每样东西的汇率都不同，有些人可以用很少的时间换到很多的财富，有些人需要用很多的时间换到很少的幸福。但是事实是，只要你愿意花时间，你可以换到任何东西。所以你要想清楚，你到底要用时间来换取这世上无限可能中的哪些。打开你的视野，你会发现有太多经历和体验可以让你去换取。但你的时间银行里每天只存了 24 个小时。你可能以为你还有一辈子的时间去做一些你想做的事，但事实是，没有人可以保证明天上帝是否会往你的银行里存另一个 24 小时。所以，你一定要想清楚。

我的父亲常常会问我："这个时间成本你耗得起吗？"他从来不和我提经济成本，别误会，我不是富二代，也不是官二代，更不是星二代，我只是个普通家庭的孩子。但是我知道，我的父亲知道，比经济成本重要得多的永远是时间成本。大学期间我修了金融的第二专业，但是在大三那年，我毅然决然地注销了所有金融专业的成绩，是，放弃成本很高，但是我知道自己要什么，注销后的成绩让我的均分可以够格牛津的要求，那放弃一些又算什么，只要你明白自己想要的是什么。

关于经历

"经历"的英文叫什么？如果你曾经玩过角色扮演类游戏(RPG)，你会知道有一个概念叫 EXP，全称叫 Experience，这就是"经历"的英文。人生就是一场巨大的 RPG，你扮演你自己。你唯一升级的方法，就是不断地积累 EXP。

我们都了解那些故事，我们都懂那些道理，看了那么多励志帖，我们甚至都快知道为什么乔布斯会成为乔布斯。但只有经历才能让我们真正把那些道理变成意识。那些改变我们一生的道理，都不是别人教会的。

所以即使你有最完美的理论，你都没有把握说服那些还没有开上保时捷的人们，让他们懂得保时捷不是他们想要的，也没有把握去说服那些还没有在投行工作过的孩子，让他们懂得去放弃投行（更何况，对于那些热爱金融的孩子来说，你的劝诫极有可能是错的）。这一切就像你无法说服还没有吃过很多很多面包的人们，让他们懂得吃一千个面包是要反胃的。

在人生的每个阶段，只有我们已经拥有的那些经历，决定了我们下一步会做什么。所以很多时候，你只要记得一件事，那就是：去体验不同的经历，Just to Experience。去爱，去恨，去在热恋中没心没肺地笑，去在失恋后声嘶力竭地哭，去翘课，去打架，去拼了命地读书，去让自己真的领悟那些道理。我说完这些，一会儿讲座后可能会被拉去谈话吧……但我还真是除了没打过架没有谈过一场高中校园恋爱啥都干过的人，但是说实话，每每看一些青春片如《我的少女时代》《致青春》《匆匆那年》之类的，我都捶胸顿足为什么没有在初高中谈一场轰轰烈烈的恋爱。我把我这套理论传递给我俩老弟，他俩现在可算是落实得非常到位，为此我被我的姑妈、姑父、叔叔、婶婶可是找谈话了好多次。但是，你所尝试的事，你所认识的人，都是你经历的一部分。他们帮助你去理解你一直知道但是不曾真正理解的事，他们帮助你去看到一直存在着但是你不曾看到的世界。

但是，你的人生很短，你的时间货币只有那么多。所以除了乔布斯已经告诉你的"不要生活在别人的世界里"，你还要记得，永远不要重复一样的经历，因为你不会从第二次一样的经历中收获到更多，更因为这个庞大的世界有太多有趣的人等待着我们去认识、太多截然不同的经历等待着我们去体验。

你只要记住，如果你每个星期都在做着差不多的事情，那么一年以后你还是一年前的你，只是老了一岁。如果你愿意每个星期或者每个月都去尝试一种新的体验，或者用课间去和一个任课老师讨论某个理论的奥秘，那么一年后你和一年前一样年轻，只是比别人多活了一年，多了一年的阅历和对世界的认知。

今年暑假，我在非洲肯尼亚待了两个月，在肯尼亚首都内罗毕第二大贫民窟Mathare贫民窟里和孩子零距离接触，和老师、校长沟通交流，去华为、可口可乐、新华社等寻找合作机会，为孩子们举办嘉年华活动、画展、达人秀、足球赛。讲一个细节，贫民窟的孩子们都是穿着破了的拖鞋踢球，光着脚在坑洼不平、满是垃圾的地上练习跑步。如果我们还在为冬天早晨不愿离开温暖的被窝而赖一上午的床，我们就该想想，这个世界有很多过着和我们截然不同生活却依旧乐观努力的人们。后来，我花了一整个星期的时间去攀登非洲最高峰乞力马扎罗山。小时候读海明威的《乞力马扎罗的雪》的时候，就幻想有一天能登顶，你看我让这个曾经脑海中的画面成为现实。登顶前的那个晚上，我们是11点出发，我的登顶时间是第二天早晨的7:25，那中间我真切地体会到了绝望、崩溃是什么滋味，深黑色的夜空下，脚下是沙漠式的悬崖，抬头是高无止境的岩石，看不到头，没有一条路，只能靠双脚去攀登，缺乏睡眠，零下几十度的天气，没有回头路，也看不到光明。这大概就是最绝望的时刻，那时候我就想啊，世界那么大，宇宙那么广袤，我就是这个宇宙中的一粒灰尘，微不足道，那我又有什么事情是了不起或是过不去的呢？再怎么强大的力量都强大不过自然，在那样的情况下，我只有靠自己去登顶，去下山，没有索道，没有捷径，这种毫无其他办法，只有在生理心理都极度崩溃的情况下坚持下去的体验，才会让自己觉得：当我回到中国，回到我的日常生活轨迹中的时候，没有什么事情是过不去的、没法儿解决的或者是艰难的。没有！你都可以做到。

所以经历会给你带去很多，带去一辈子的朋友，带去对人生的思考和体悟，带去你看待这个世界的方式。

关于是否会为了去经历、去追随感情和理想而后悔

我们一定会后悔。但我们不会为了做出追随感情或者追随理想的决定而后悔。事实上，如果我们有努力追寻、不愿放弃的梦想，如果我们有深爱的、不想伤害的人，那么在这条道路上，我们必然会为我们曾经做过的某些事而后悔。当我们离理想和真爱越是近，我们越是容易后悔。就好像晚了一分钟错过飞机的人会比晚了一个小时错过飞机的人更后悔懊恼——因为我们会清楚地看到，如果自己不曾犯下某些错误，如果我们再多那么一点点的坚持，或许已经实现了理想。所以后悔其实是一个信号，它告诉我们，离目标已经很近了。更重要的是，我们活着不是为了追求什么瞎扯的“无悔的生活”，我们不用为那些后悔而伤心痛苦，因为在我们选择的这条道路上，后悔不是告诉我们曾经做错了，而是告诉我们怎样可以做得更好。

关于为什么要有个人生目标

这是一个好问题。所有人的终极目标其实都一样，就是用有限的人生货币去换最多的幸福感（这个幸福感可以来自内在的、外在的，以及世界上的任何人和物）。但大部分人都觉得这是件很困难而且不知道如何下手的事。最大的问题其实就是，如何使人生幸福感最大化是一个几万行的方程式，当中你要做出数亿个选择，而我们却指望用逻辑去解决它。你也知道，逻辑是多么不靠谱的一个东西。很多时候，你往往觉得你已经把脑子想炸了，但还是做不出一个选择，这是大脑逻辑功能达到处理极限的问题，它只能解决绕五个弯的问题，面对绕一百个弯的问题它

弱得和奔2一样;还有的时候,你的逻辑很容易被你的欲望给废掉了,这个情况最常出现在早上起床的时候——“我该起床吗?”“Hmmm...睡着挺舒服的,不起了。”——你以为你用逻辑完美地解决了问题,其实你只是让欲望解决了问题,然后用逻辑完美地说服了自己。所以我们经常在过了一段时间后突然发现,我们的欲望挂着“逻辑”的羊头“解决”了所有问题,但是自己却空虚得没有任何幸福感。我们不想这样,所以我们需要把自己的大脑处理每一个选择的过程变得非常简单正确。

确立一个人生目标为什么可以解决这个问题? 很简单,人生目标把你那个不知道是什么火星进制的大脑逻辑简化成了二进制。假设你的人生目标是“活捉林志玲”(当然,这只是一个不可能发生的例子,千万不要有人因为写到这个目标哭了出来),那么你每天早上起床的过程就是:“我该起床吗?”“Hmmm...继续睡下去能帮助我活捉林志玲吗?”“很明显不能。起床!”

这就是你听过很多励志演讲者会说:“究竟是什么让那些幸福快乐的人每天一大早醒来想也不想得就冲下床去做他们要做的事情?”——是林志玲。噢不,是他们的人生目标。其他事情也一样:“我要吃饭吗?”“不吃饭我能活捉林志玲吗?”“不能,所以我要吃饭。”“我要去夜店吗?”“去夜店能帮我活捉林志玲吗?”“不能,锻炼好身体一定可以。所以我还是用去夜店的时间货币来换强健的体格和咏春拳吧。”你会发现你不用再去依赖不靠谱的复杂逻辑,做任何决定都很简单而且正确。当然,你的人生目标会比“活捉林志玲”看上去高尚、空洞很多,它也一定会涵括你对自己、对身边亲人好友、对世界的考量。但记住无论如何,你所设定的在外人看似空洞的目标曾让你哭出来,所以它对你来说一定有极为丰富的含义。

最后,你可能会问:“我怎么能确定一直按照人生目标做出选择,就一定能使幸福感最大化呢?”(其实这个问题看上去是不需要解释的)那是因为在你的人生目标中,你自己剔除了欲望带来的杂七杂八的“伪装的需求”,经过沉淀以后得出的你内心最深处最想要的东西,它是你真正的需求。跟随着它,你会在短期获得应该获得的快感,更会在长期得到你需要的幸福感。

好了,到这里我想分享的差不多也结束了。今天的分享可能有点无章法,我只是想告诉大家,你的人生可以非常精彩,但是一切都掌握在你的手里。不忘初心,不灭宏志,好好努力哟,希望聪明的你们能从中提取到对你们有帮助有激励作用的地方。

第五节 为学生插上能力提升的双翼

——暨阳高级中学研究性学习和校本课程

一、立足研究性学习真问题，崇尚科学真研究真成果

对于知识的作用和价值，古人已有认识："人有知学，则有力矣。"这是汉朝哲人王充的论断。近代英国学者培根也强调了同样的观点："知识就是力量。"今天，日新月异的科技进步、不断深化的社会变革，尤其是加入 WTO 之后面临的新机遇和新挑战，使我们对知识与力量的关系有了新的体验，学习的重要性日显突出。在这样一个时代，单纯无目的、不够综合的学习是无法适应日新月异的变化的，这要求我们去追求更高的学习目标，去掌握自主发现问题、提出问题，从而解决问题的新型综合性学习——研究性学习。

而在高中，传统的人才培养模式强调"灌输""识记"，对创新精神、实践能力和应用能力重视不够，因此使得学校教育与现实生活相差甚远，而这种封闭性的人才培养模式经由应试教育的推波助澜愈演愈烈，致使许多学生在走向社会后缺乏可持续发展的能力，无法肩负起推动社会发展的责任。这使得研究性学习的重要性日益突出。

研究性学习，又称为专题研习、探究式学习。它"是一种以学生为主的学习模式，且在教师的辅助下，由学生策划、执行及自我评估的学习方法"[①]；是以"培养学生具有永不满足、追求卓越的态度，培养学生发现问题、提出问题，从而解决问题的能力"为基本目标；以学生从学习生活和社会生活中获得的各种课题或项目设计、作品的设计与制作等为基本的学习载体；以在提出问题和解决问题的全过程中学习到的科学研究方法、获得的丰富的体验和获得的科学文化知识为基本内容；以在教师指导下，学生自主采用研究性学习方式开展研究为基本的教学形式的课程。

我校将研究性学习与社会实践、社区服务、劳动技术教育共同构成"综合实践活动"，作为必修课程列入学校计划中。

1. 助力推进，制度先行

我校在推进研究性学习的过程中抓住制度建设，采取了多角度、全方位的保障措施，形成了具有校本特色的制度体系。为了规范管理研究性学习的全过程，充分

---

① 中国科学技术协会.研究性学习。[EB/OL]https://baike.baidu.com/item/%E7%A0%94%E7%A9%B6%E6%80%A7%E5%AD%A6%E4%B9%A0/1975709? fr=aladdin.

调动特色教师的工作积极性，让师生的研究性学习顺利开展，学校制定和试行了《暨阳高级中学“研究性学习”实施方案》，把研究性学习的管理制度化、条令化。

学校思考设计《研究性课程指导教师手册》，对记录本的填写，提出了明确具体的要求，使之能真实地对师生进行课程的过程记录。

2. 彰显特色，课程支撑

从研究型课程的教学实践看，研究型课程的教学内容一般可以分为两个部分：一是学生课题研究的内容，这是研究型课程的核心内容；二是促进学生课题研究的相关内容，如研究方法、背景知识、论文指导等。

针对高中生研究性学习的特点，学校将学生创新活动与学法指导、学术研究、学养培育相结合，探索灵活的研究形式，突出学生的主体地位，同时注入学法、学术、学养的培养目标，体现“玩”中“学”的特色；探索社团活动、项目课程与课题研究相结合的有效模式。

3. 立足教师，规范保障

研究性学习主张学生以一种研究的态度、探究的精神去学习，为教与学开辟一种“系统规划下的自由环境”。在学生开展研究性学习的过程中，由于学生经验和经历的限制，需要教师适时地积极地予以指导。

因此，每一位教师应不断加强对研究性学习的研究和学习，勇于探索和实践，努力提高自身的研究能力和指导水平。尤其是研究型课程，指导教师要全程参与研究型课程，充分发挥学生在研究过程中的主观能动性与主体作用。相关指导教师要熟悉学生研究性学习的过程，并规范地进行指导，进而形成自己的经验。

我校的研究性学习指导教师在不同的阶段有着相对成熟的指导流程。课题确立阶段，指导学生掌握选题、立题的基本原则和方法，判断课题的价值，指导学生填写好课题申报表。研究方案设计阶段，指导学生自主进行资料收集，制订详细的、可操作的研究方案或计划，填写好方案设计表。方案实施阶段，帮助学生确立研究的方法，在学生设计实验方案、设计调查问卷、建立实物模型的过程中，提出切实有效的建议，使学生掌握研究性学习的基本方法，开发思路，激发学习和研究的兴趣，指导学生利用社会资源，让学生走上社会，走进实验室，走进科学，培养创新精神和实践能力，并督促检查学生填好活动记录表。成果撰写阶段，引导学生学会整理资料，加工处理信息，学会以恰当的方式表达研究成果。指导教师要对学生论文撰写予以指导，帮助学生做进一步的修改。结题阶段，对学生的研究成果和论文进行分析和评价，填写研究型课程学习评价表，写出评语。组织课题交流和答辩，将学习成果上传到学校研究性学习网页上。在整个研究过程中，指导教师还会做好学生的出勤记录,以激励的方法对学生的表现即时、即地、“即兴”评价,引导学生关注学习过程。每学期末,及时将学生的课题申报表、方案设计、出勤记录、活动记录表以及评价表等收齐,并和学生的论文、研究报告等一起交给研究性课程领导小组存档;将指导案例或体会、学期教学计划等材料交教务处存档。学校择机评选并推荐出优秀课题。

总之,学校着眼于学生可持续发展,努力将“研究性学习”作为学校推进学生核心素养落地的重要切入点和突破口。学生参加“研究性学习”的态度、体验和掌握技能情况、创新精神和能力发展情况等,纳入学生的成长档案。学生参与“研究性学习”所取得的成果及获得的奖项,与其他学科等价,将获得学校同等的奖励。教师从“研究性学习”指导工作所取得的成绩、成果,在考核、评优、岗位定级中与在其他教育教学工作中取得的成绩等效。

二、推动校本课程综合实践,引领核心素养精神追求

每个学生都有其擅长的领域,又有其薄弱的方面。让每一个学生成功,就要最大限度地挖掘其潜能,发挥其优势,让不同的学生成为不同的人,而不是使不同的学生成为相同的人,这就是教育的作用,更是教育的本质。国家课程是按照统一的标准培养所有学生,学生只能学习相同的内容,难以有针对性地满足不同学校、不同学生的需求。

国家教育部在《基础教育课程改革纲要(试行)》中指出:“为保障和促进课程适应不同地区、学校、学生的要求,实行国家、地方、学校三级课程管理。”①这就要求学校在执行国家课程和地方课程的同时,重视当地社会、经济发展的具体情况,结合本校的传统和优势、学生的兴趣和需要,开发和选用适合本校的课程。

正是基于这样一种认识和理解,学校勇于创新,敢于实践,以培育核心素养为目标,发展学生特长,促进学生全面发展,构建学校办学特色,打造“个性化”学校形象,走出了一条校本课程建设的探索之路。

1. 认识有高度。以校长为首的学校领导班子,统一思想,提高认识,站在国家政策方针层面,深刻把握校本课程内涵,高度认识校本课程的立德树人作用,重视校本课程的开发建设工作,带领全体师生严格按照课程建设流程做好每一项工作。学校将校本课程的体系编排与学校办学理念结合起来,将课程设置与办学特色结合起来,将教学目标与学生培养目标结合起来,高举“成长”教育旗帜,秉承“尊重生命的多样成长”的办学理念,发扬“知行合一、追求卓越”的暨阳

① 基础教育课程改革纲要(试行).教育部门户网站.2001-06-08.

精神，践行“远志、力行、博学、悦纳”的校训，致力于培养立志高远、身心健康、学力深厚、包容合作、开放创新的杰出公民，开设并考核校本课程。经过多年的不懈努力，目前学校已初步形成较完备的课程建设体系，为学校的可持续发展增添了新的活力。

2. 措施有力度。为了深入推进校本课程建设工作，学校成立了课程中心，专门研究课程设置、构建课程体系、起草课程方案。之后，学校建立健全了与课程相关的激励和约束机制，将校本课程开发建设工作纳入职称评定、绩效评估、评模推优等评价考核环节。这些举措充分调动了教师的积极性，激发了教师的创造性。学校提倡一个好教师不仅要教好一个学科，还应该根据自己的专业特长和学生兴趣，开发独特的校本课程。

3. 成效较显著。学校 2016—2017 学年所开设的包括《〈红楼梦〉赏析》《〈三国演义〉人物评述》《外国文学研究与鉴赏》《辩论》《打开心世界——心灵绿洲》《二战风云》《法医化学》《科技竞赛》《每周时事开讲》《模拟联合国》《男女排球》《男女田径》《男女羽毛球》《男女足球》《男子篮球》《女子篮球》《手球》《器乐》《数码摄影》《素描》《英美文化》《怎样投资理财》《哲学趣谈》《走进古代文化名人》在内的 24 门课程，涉及综合实践、语言与文学、艺术、体育与健康、人文与社会、科学等众多领域。这些课程的具体功效可以归纳为以下方面：学科知识的加深和拔高，学科知识的拓宽和延伸，跨学科知识的综合应用，校本课程学校特色彰显。

校本课程以其多样化和个性化特质，可以满足不同层次、不同兴趣的学生需要。学生可以在完成国家课程的基础上，发挥自己的兴趣特长，发展自己的个性，使自己成为一个独一无二的人。

附 1

暨阳高级中学“研究性学习”实施方案

为切实贯彻《中共中央国务院关于深化教育改革，全面推进素质教育的决定》精神，依据《基础教育课程改革纲要（试行）》要求，结合我校实际，特制定暨阳高级中学“研究性学习”实施方案。

一、“研究性学习”课程的意义

当今学校教育崇尚人的个性生长和社会性表达，“尊重生命的多样成长”，由此塑造学生“远志、力行、博学、悦纳”的人格。学校着眼于学生可持续发展，努力让“研究性学习”成为学校推进学生核心素养落地的重要切入点和突破口。

二、"研究性学习"课程的目标

"研究性学习"强调对所学知识、技能的实际应用，注重学习的过程和学生的实践与体验。因此，确立以下具体目标：

围绕一个需要解决的问题，教师引导学生应用已有的知识和经验，积极进行主动研究；教师引导学生多手段、多途径获取信息，学会整理与归纳；通过课程的开设并积极指导学生参加社会实践，积极参与社会服务，增强学生的社会使命感，让每个学生都有出彩的机会。进而培养学生发现问题和解决问题、收集分析和利用信息、团队意识与增强合作、积极思辨与批判反思的能力，以及培养学生的科学态度和增强其社会责任心。

三、"研究性学习"的组织实施

1. 学校成立"研究性学习"领导小组。由分管校长负责"研究性学习"的整体工作，教务处负责课程计划的实施并负责各学科研究性课程（课题）的指导工作。领导小组的组成如下。

组长：谈雅琴

副组长：陈利清

成员：秦东、王德忠、各教研组长、各班主任、相关任课教师

2. "研究性学习"共 15 个学分。高一年级安排 6 学分，高二年级安排 6 学分，高三年级安排 3 学分。学生自主进行探索和实践，通过课题研究获得相应学分。

3. 具体安排

第一学期	
时间	具体安排
第一周和第二周	上一轮课题结题，成果汇报
第三周	教务处排定任课教师，召开"研究性学习"指导教师会议，教师帮助学生确立课题
第四周	教务处统计研究性课题和学校指导性研究性课题汇总并下发至各班，召开班主任会议，帮助学生分组、确定研究课题
第五周	各班各组完成课题的立项申请，完成《课题申请书》
第六周 至第十五周	由各小组定期汇报活动进展情况，举行中期初步交流会
第十六周至放假	各班各组学生完善《暨阳高中"研究性学习"学生活动情况记录表》
寒假	学生继续研究，并结题

（续表）

第二学期	
时间	具体安排
第一周和第二周	上一轮课题结题，成果汇报
第三周	教务处排定任课教师，召开“研究性学习”指导教师会议，教师帮助学生确立课题
第四周	教务处统计研究性课题和学校指导性研究性课题汇总并下发至各班，召开班主任会议，帮助学生分组、确定研究课题
第五周	各班各组完成课题的立项申请，完成《课题申请书》
第六周至第十五周	由各小组定期汇报活动进展情况，举行中期初步交流会
第十六周至放假	各班各组学生完善《暨阳高中“研究性学习”学生活动情况记录表》
暑假	学生继续研究，并结题

注意事项：

(1) 小组合作研究和个人独立研究相结合，每组学生由5—10人组成，自选组长，分工合作。搜集、分析、整理、提取各种信息，形式有访谈、上网查询、查阅书刊杂志、问卷调查、科研实验、实地考察，做好记录。

(2) 不确定交流，可在小组内、小组之间、师生之间等范围进行。注意时间节点和相关要求，杜绝随意抄袭现象。

(3) 教师跟踪指导，掌握各组（个人）的研究进程并给予帮助，做好记录。

4. 相关工作设想

(1) 提炼经验，学做课题。要开足课程，专门组织相对比较有积淀的教师，总结研究型课程的实施经验，编制课程纲要、案例集或系列教材。

(2) 建立过程管理规范。随着研究型课程的持续推进，对“研究性学习”的指导教师职责做出界定：管理＋服务，让学校的课程规范度、实施专业度有明显的提升。

(3) 建立标准优化体系。进一步完善研究型课程的体系，完善学校课程目标系列、研制对应的学生能力水平表现标准等一系列体系优化要求。

(4) 组织活动成果展示。举行“研究性学习”结题报告会，从“星星之火”到“遍地开花”，从“可有可无”到“锦上添花”，以点带面，以优促好，以先进带动落后，让综合素质评价的实施推动学习方式、评价方式的转变，促进“研究性学习”落实到每一位学生的学习和生活中。

(5) 紧跟教育发展趋势。以研究性学习为主要载体,要注重核心素养与学科表达,要做“研究性学习+”的尝试,从追求有效教学到有意义的教学。

(6) 打造综合实践常态。要充分利用学校现有的资源,建立创新实验室、陈列室等硬件资源,为学生提供课题研究的良好平台;要想方设法,利用社区等社会资源,助力学校开展课题研究;要建立课题研究评估委员会工作机制,对学生课题研究成果进行评估,对可能出现的研究成果抄袭现象进行预防和纠正;要通过课题研究指导教师队伍建设,储备综合实践课程的专职教师,对学生课题研究进行全方位指导,开启研究性学习的春天;多与专家联系,在合适的时间提请学校诚邀专家来校指导。

四、“研究性学习”的评价

评价是“研究性学习”过程中的重要环节。由于“研究性学习”强调学习的过程,强调对知识技能的应用,强调学生亲身参与探索性实践活动并获得感悟,强调学生的全员参与。因此,要重视对过程的评价,重视对学生的创新精神和实践能力的评价,对每一个学生在研究中的参与程度、所起作用、合作能力等做出全面评估。

具体实施过程和要求:

1. 课题小组结题后,应提供下列材料:开题报告、活动过程记录、活动中收集的相关材料(论文调查报告、实验报告、模型、音像资料、查阅资料记录等)。

2. 形成成果报告、个人小组总结。课题组召开评估会,参与者人人填写“暨阳高中研究性学习过程评价表”,进行自我评价和小组评价。

3. 班级展示、同学评议。指导教师做出评价,并评定等级。

4. 重点课题可聘请专家,课题组将成果进行答辩,答辩结束,初选出优秀小组,进而组织全年级或全校报告会,实现成果共享。

5. “研究性学习”领导小组对初选出的优秀小组活动进行全面评价,评出优秀研究成果、优秀课题组及优秀指导教师。

五、“研究性学习”的奖励

学生参加“研究性学习”的态度、体验和掌握技能情况、创新精神和能力发展情况等,应纳入学生的成长档案。学生参与“研究性学习”所取得的成果及获得的奖项,与其他学科建设成果等价,将获得学校同等的奖励。

教师从“研究性学习”指导工作所取得的成绩、成果,在考核、评优、岗位定级中与在其他教育教学工作中取得的成绩等效。

张家港市暨阳高级中学

2016 年 11 月

附 2

2016—2017 学年第一学期暨阳高中校本课程开发及实施方案

一、指导思想

以新一轮课程改革"一切为了学生,一切为了学生的发展"的教育理念为指导,从学校的实际状况和学生的实际需要出发,秉承"尊重生命的多样成长"的办学理念,以爱与包容为文化核心,培养立志高远、身心健康、学力深厚、包容合作、开放创新的杰出公民,打造"个性化"学校形象,发展学生特长,促进学生全面发展,努力为学生的终身发展奠基。

二、开发实施目标

1. 与国家课程、地方课程相互整合与补充,以加强课程结构的综合性与多样性。

2. 通过校本课程的开发,凸现学校办学特色。

3. 培养一批复合型、科研型的教师。

4. 全面实施素质教育,倡导学生主动参与、交流、合作、探究等多种学习活动,改进学习方式,拓展学生的知识领域,培养创新精神和实践能力,使学生真正成为学习的主人。

5. 培养学生的团结合作意识,陶冶情操,增进学生身心健康,提高学生的核心素养。

三、开发原则

1. 实效性原则。严格执行国家的课程政策,遵循课程开发的规律。

2. 互补性原则。要充分体现校本课程对国家课程的补充作用,发挥其自身优势,使国家课程和校本课程能相互协调地发挥整体育人功能。

3. 针对性原则。校本课程的开发要从学校的实际和学生的需要出发,强调有利于形成学校的特色,发展学生的个性特长,满足学生的发展需要。

四、开发的内容类别

A.体育健康类;B.艺术素养类;C.生涯规划类;D.人文素养类;E.科学素养类;F.其他。

五、实施步骤

1. 申报:教师填写校本课程开发纲要(附表 1),报学校审批。表格填写后上传"内网—教务管理处—校本课程—2016—2017 学年第一学期"文件夹中。请各位教师对照开发内容类别，积极申报，要求每个教研组至少申报一门与本学科相关的校本课程。上传截止时间：9 月 13 日。

2. 审议：学校根据《校本课程开发评价表》(附表 2)审议，审核通过后列入校本课程选修目录单，在校园网公布，供学生自主选择。

3. 网上抢课：学生在规定时间内登录学校外网进行网上抢课，每位同学必须且只能选择一门，每门课程满 30 人后就关闭，不满 15 人的课程不开设，所选课程不开设的同学进行二次选择或由学校根据实际情况指定。

4. 编班：根据学生网上抢课的情况组织编班，确定上课时间、地点。

5. 上课：学生根据学校公布的上课时间和地点进行走班上课，任课教师每堂课做好学生的出勤和上课情况的记载。

六、考核评价

1. 教师评价。主要是四看：一看教学材料，二看学生选择该课的人数，三看教学成果，四看学生问卷调查的结果，从而利于教师自身专业的发展。

2. 学生评价。一看学生考勤记录。二看学生在学习过程中的表现，如态度积极性、参与状况等，可分为 A、B、C 三个等级记录在案。三看学生学习的成果，学生成果可通过实践操作、作品鉴定、竞赛、评比、汇报演出等形式展示。四看书面方式考试或考查结果。综合以上四项确定学分。

七、学分认定

学生修习校本课程不得少于 6 学分。根据我校实践，心理健康教育对学生的成长和发展有重要意义，在高一和高三学年开设的《心理健康教育》为全体学生必选的校本课程，每周 0.5 课时，得 2 个学分。在高一和高二学年四个学期开设由学生选修的校本课程，每门课程 18 课时教学内容，学生每学期选一门，得 1 个学分，共 4 个学分。总计 6 个学分。

张家港市暨阳高级中学
2016 年 9 月 9 日

附表 1

暨阳高级中学校本课程开发纲要

课程名称					
单位	暨阳高级中学			设计人	
适用年级		总课时数		课程类型	

（续表）

课程设计教师简介	
课程简介 （200 字内）	
背景分析 （500 字内）	
课程目标	
学习主题/活动安排 （请列出教学进度，包括日期、周次、内容、实施要求等）	
评价活动/成绩评定	
主要参考文献	
备注	

附表 2

暨阳高级中学校本课程开发评价表

课程名称			
课程开发者		合作者	
课程实施对象		课时总数	
评价项目	评价要求	评价分数	
课程开发目的意义 20%	与国家地方课程的联系密切	3	
	对学生各方面素质提高的意义	7	
	课程宗旨的体现	5	
	对学生技能培养和创新意识培养的意义	5	
课程目标的确立 20%	目标明确、清晰	7	
	知识目标、能力目标和情感目标	6	
	考虑到学力分层的因素，贯彻因材施教的原则	7	
课程内容 40%	内容组织得好，层次分明，教材框架清晰	10	
	内容科学、启发性强，突出能力	15	
	内容新科技、新观点、新教学思想含量高	15	

（续表）

课程评价 20%	评价可操作性强、方法科学、具有激励性和制约作用	20	
评价结论	组长签字：		
建议	组长签字：		

附 3　“研究性学习”案例

关于高一物理研究性学习的实验报告

【目的和要求】

通过实验进一步明确平抛物体的运动是竖直方向的自由落体运动与水平方向的匀速直线运动的合运动，学会通过平抛物体运动的轨迹计算物体的初速度。

【仪器和器材】

平抛运动实验器，刻度尺，描迹记录纸。

【实验方法】

1. 平抛运动实验器的安装。

（1）将平抛运动实验器置于桌面，装好平抛轨道，使轨道的抛射段处于水平位置。调节调平螺丝，观察重垂线，使面板处于竖直平面内，卡好定位板。（2）将描迹记录纸衬垫一张复写纸，紧贴记录面板用压纸板固定在面板上，使横坐标 x 轴在水平方向上，纵坐标 y 轴沿竖直方向向下，并注意使坐标原点的位置在钢球离开轨道处。（3）把接球挡板拉到最上方一格的位置。

2. 钢球紧靠定位板释放，球沿轨道向下运动，以一定的初速度由轨道的平直部分水平抛出。

3. 下落的钢球打在向面板倾斜的接球挡板上，同时在白纸上留下一个印迹点。

4. 再将接球挡板向下拉一格，重复上述操作方法，打出第二个印迹点，如此继续下拉接球挡板，直至最低点，即可得到平抛的钢球下落时的一系列迹点。

5. 取下记录纸，将各次实验所记录的点分别用平滑曲线连接起来，即可得到以不同的初速度做平抛运动的轨迹图线。又通过公式 $y=\left(\frac{1}{2}\right)gt^2$ 和 $s=v_0t$ 可求出它们的初速度。

【注意事项】

1. 为了保证实验精度，必须保证记录面板处于竖直平面内，使平抛轨道的平面靠近板面。

2. 安放白纸时，要使坐标原点与抛体的抛出点重合，这样才能准确地确定抛体运动轨迹的起始点，从而确定轨迹上任意点的 x、y 坐标。

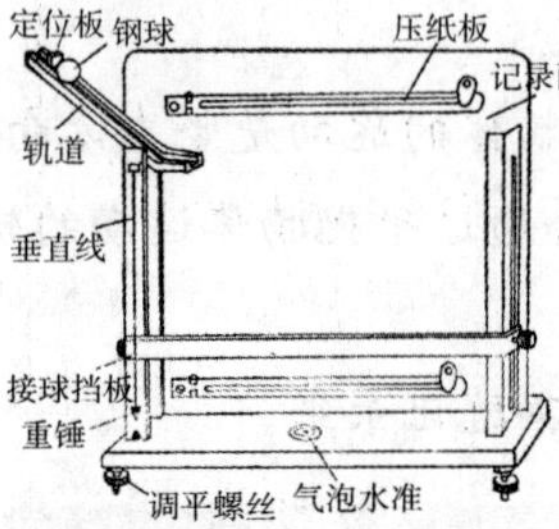

【实验数据】

序号	抛出点的高度(m)	水平初速度(m/s)	水平射程(m)
1	0.20	2.0	0.40
2	0.20	3.0	0.60
3	0.45	2.0	0.60
4	0.45	4.0	1.20
5	0.80	2.0	0.80
6	0.80	6.0	2.40

【实验结论】

平抛运动就是水平方向匀速，竖直方向做自由落体运动的物体合运动。

通过这次实验，我们可以在从实践中获得乐趣的同时，对实验的原理有一个全新的记忆和认识，实验还提高了学生的动手实践能力。

第三章 遇见生命的斑斓

第一节 学生的成长就是学校教育的全部
——成长教育旗帜下的主体德育概述

2014年12月13日，国家第一个公祭日，暨阳高中求实厅里，座无虚席，这里正在举行以“勿忘国耻，圆梦中华”为主题的演讲比赛活动。台上，演讲同学的声音时而高亢，时而低沉，时而激愤，时而哽咽。台下，来自全校各年级的十几位学生评委听得专注、投入，他们在每位选手演讲结束之后，又认真细致地打分。台下的观众，不时为选手的精彩表现而热烈地鼓掌加油。整个活动庄重、有序，而又不失热烈、激情。这次活动是暨阳高中爱国主义主题教育系列活动之一，活动的组织宣传、演讲选手的确定、主持人以及评委的选择，都是由学生自治委员会自发组织、自主完成的。这一活动，充分体现了暨阳高中“主体德育”这一特色。

暨阳高中“主体德育”的核心是关注学生发展的“主体性、主动性和体验性”，强调学生自主管理、自我教育、主动发展，让每位学生都能爱学习、爱劳动、爱祖国。我们实施主体德育实践得益于一群暨阳人对教育的任务和当下高中生身心特点的认识。

古罗马著名哲学家西塞罗在两千多年前就说过，教育的目的是让学生摆脱现实的奴役，而非适应现实。怀特海认为，“学生是有血有肉的人，教育的目的是激发和引导他们的自我发展之路”[①]，杜威曾经提出，“生活就是生长，教育就是不问年龄大小，提供保证生长或充分生活的条件”[②]。前不久，中国人民大学附中校长翟小宁说，教育应以人文主义为基础，以尊重生命和人类尊严、权利平等、社会正义、文化多样性、国际团结和为可持续的未来承担共同责任。我们要培养具有世界竞

---

① [英]怀特海.教育的目的[M].上海：文汇出版社，2012：18.

② 现代教育科学高教研究.杜威：《民主主义与教育》.[EB/OL].http://www.sohu.com/a/116953671_387114.

争力的中国领军人才，他们应该适应科技革命的发展，应该具有国际视野、适应社会转型的需要，为中国的崛起而努力。①

我们认为，教育的根本目的是促进人的发展。未来教育对人才最强调的是核心素养。教育传承文化、创新知识和培养人的本质不会变，立德树人的根本不会变。我们的教育理念是“尊重生命的多样成长”，我们以成长教育为核心，尊重成长规律，丰富成长内涵，赋予成长使命，成长教育旗帜下的德育工作应当提供学生成长和发展的充分条件，不是思想的铁板灌输，不是在僵死的空间里死记硬背，而是用身心去感知美，用心灵去挖掘创造之源，最终在创造的过程中，让每个学生找到自己生存的价值所在。这样的德育工作才能避免“假大空”，才能回归生活，回归教育的真谛。

近几年来，我们在成长教育旗帜下，以深化新形势下德育工作科学内涵的认识为起点，以促进学生健康成长和个性发展为出发点和落脚点，把创新学生德育工作方式、扎实推进德育课程建设、强化德育队伍建设这三个方面作为重中之重，扎实开展各项工作，不断亮化“主体德育”这一品牌，努力形成办学特色。

一、主体德育的内涵要突出学生主体

高中生正处于心理断乳期，处在成长过程的“准成人”阶段，我们要尊重高中生的特点，充分满足他的个性展现。“教育”的英文单词是 Education，第一个字母“E”，就是“向外”之意，“duca”是“引导”之意，“tion”指某个所在或存在。所谓教育，就是“把一个人的内心真正引导出来”。你要压抑，他就抗争。你让他向东，有的孩子偏要向西，这就是我们所说的“逆反”。在德育实践过程中，我们有些教师做过的最糟糕的事情就是强制施加影响。我们的“成长教育”，在确立学校发展总体目标的前提下，始终把学生的发展作为学校工作的根本目标。在促进学生发展过程中，我们以“主体德育”为抓手，十分注重学生发展的“主体性、主动性和体验性”，从而使学校德育工作充分贴近时代，贴近实际，贴近生活。

主体德育的主要内容是：学校德育工作始终以学生为主体，强调学生自主管理、自我教育、主动发展，让每位学生努力成为“立志高远、身心健康、学力深厚、包容合作、开放创新的杰出公民”。主体德育的核心就是唤醒学生成长自觉，引领学生成长需求，突出学生发展过程中的自主性和主动性，强调德育工作的实践性。

---

① 翟小宁.人大附中校长翟小宁：未来，何谓真教育？何谓教育的本质？（2）.[EB/OL].http://www.vccoo.com/v/pyi3b1_2.

二、实施主体德育的方式应当是唤醒

现在的高中生有两个重要特点。首先，这一批零零后大都是商品房独套公寓里的独子。其次，他们的成长伴随着互联网的崛起，接受了多元文化价值的洗礼，核心价值观尚未确立。“独”与“网”，这两点使当今学生呈现出“开创化”和“封闭性”两个看似矛盾的特征。他们容易接受新事物、新思想，对话语权要求很高，对个性化生活的要求更高，但同时，在生活方面却表现出“封闭性”，不愿意与人过多地交流，呈现出单一的网络媒体社交生活，现实感非常弱。

孩子在现代化的电脑世界里生活，现实感很弱。他们在虚拟的世界体会到真实感，在真实的世界里有虚拟感，这就是他们的特征。德育是育人，不是灌输某些东西，你要把他育成一个健康的人，不然一个没有现实感的人，到后来他的人格会有问题的。

反思我们的德育工作现状可以看到：没有孩子不知道文明用餐，却总在去往食堂的校园小径上“打冲锋”；没有孩子不知道不能随地乱扔垃圾，但在学校干净整洁的道路上就偶能看到纸屑、果皮；几乎每一个孩子心中都有着远大的理想，可在每天的行动中却不大有走向目标的持久行为；不少孩子明白要珍惜青春，可缺少稳定的自控力和抵御时尚诱惑的意志……我们在德育工作上倾注了那么多的人力和物力，但我们是否清晰地看到了：这样的德育背离了孩子们的生活！ 作为教育者，我们可以给孩子很多道德准则，却漠视了他们行为中的种种不足。

反思我们的教学工作现状可以看到：教师对学生的善意教育、帮助都变成了恶意，师生之间原本应有的亲密关系演变出压抑与抵制。为什么有些教师对孩子的学习倾注了巨大热情，也付出了极为艰辛的劳动，却反而成为不太受学生欢迎的教师？ 为什么学校精心设计了一个又一个主题活动，也组织得热热闹闹，但收效却并不理想？ 为什么我们慷慨激昂、滔滔不绝地进行“教育”，孩子们却一脸漠然，而且把“大道理”当作耳旁风？ 答案就是：我们不是从孩子的成长需求出发，而是更多地使用了教育者的强加，忽略了对孩子内心的唤醒。

确实，就像江苏省天一中学校长沈茂德说的那样，我们的德育，在真实引导、教育的适时与具体等方面严重不够；我们竭尽了自己的德育力量，却忘记了德育的主体——孩子们心灵的内化与行为的自律；我们漠视了同伴影响的力量，却总以为长者的教育才最有效果；我们规定了那么多道德目标，但孩子们却缺失了深刻的生活道德体验——这种缺失了主体且没有过程体验的德育，必然会收效甚微。①

---

① 沈茂德．名师沈茂德：让孩子“直接吃盐”的德育该反思了[EB/OL]．http://edu2.jschina.com.cn/system/2016/09/22/029679282.shtml.

德育应是春风化雨般丝丝沁入学生心灵的教育，应该从一件件小事入手，从教师的“身教”开始，还有同辈榜样的力量等。在具体工作中，要多些班主任与学生的促膝谈话，少些硬邦邦的说教与训斥；多些班主任对孩子生活过程的帮助与指导，少些简单的处罚与“不准”；多些教育过程中本应有的阳光雨露、和风细雨，尽量避免顷刻而至的狂风与暴雨。学校本应是每一个孩子放声高歌的地方，不能因为种种简单化的所谓“管理规则”而沉默；校园应当尊重生命的多样成长，不能让孩子内心产生叛逆式的生理性反抗。

我们主体德育应该做什么？应当怎么做？因为孩子们现实感很弱，需要我们提供成长帮助，去激励，让他们体验，让他们互助。暨阳高中的主体德育工作校本化实施路径概括介绍如下：

一是建立学生个人和班集体荣誉申报考评制度，促进学生主动发展。

学校先后制定了“优秀学生干部”“三好学生”“积极分子”和“校园之星”的申报达标考核制度和“星级班级”“星级寝室”申报达标考核制度。一学期进行一次期初申报、每月评比、期中初评、期末总评，从而激发学生的主人翁意识和集体荣誉感，激发学生的自我成长的内驱力。

二是采取“一二三四五”自主育人措施，促进学生全面发展。

近年来，学校深入研究新时期学生发展特点，找定位，立目标，谋发展。为适应现代中学生的发展需要，学校德育工作努力贴近学生身心特点，贴近社会发展实际，贴近时代发展要求，创造性地提出并实施“一二三四五”育人工程。“一”是练就一副好口才；“二”是至少培养学生两大特长爱好——体育和艺术；“三”是每一位学生都要做到“三会”即“学会做人”“学会生活”“学会学习”；“四”是学生在三年高中生活中要观看四十部经典影视作品；“五”是学生在三年高中生活中要阅读五十部经典名著。

这一育人工程的核心是，引导学生全面发展，“学会做人”。在培养学生好口才方面，我们主要通过开展班级主题活动、国旗下讲话、学生演讲比赛等途径进行培养。在培养学生两大特长爱好方面，学校要求体育、艺术学科的教师要在活动过程中全面展示体育和艺术的魅力，大力培养学生体育和艺术方面的爱好，为将来的发展打下基础。根据学生兴趣爱好，组成若干社团，定期开展活动，培养基本素养；鼓励学生积极参加各级各类体艺比赛活动。在观看经典电影和观看名著方面，我们主要采取组织专题活动和指导课外阅读、假期自主学习等措施。

在培养学生学会做人方面，学校近年来坚定不移实行每日宣誓的信心教育、每日箴言的励志教育、每周演讲的成功教育、每月家书的感恩教育、身正为范的人格教育，不断提升学生的精神境界。

通过“一二三四五”育人工程的深入开展，学生信心得到增强，意志力得到锻炼，孝心得到培养，学生的综合素质和人格魅力得到了提升。

三是实施全天候全方位学生自主管理，促进学生自我成长。

最好的教育永远是真实的教育，德育必须源于生活。道德的内容距离学生越远，其可信度就越小，其可行性也就越低。学校紧紧围绕“学会做人”这一德育核心目标，高度重视“学习自觉、行为自律、生活自理、工作自强”的学生自我成长教育，不断探索学生自主管理模式。

首先，创设学生自主管理交流平台。学校提供条件创办校园媒体“校园广播”及《暨阳苑》《心之旅》，让学生就自己关心的问题开展讨论并形成共识；学生就自己有困惑的问题，对学校工作提出合理化的意见和建议。学生深刻地体会到，学校的发展不仅仅是领导和教师的责任，也是每一个学生的责任。

其次，创立班级学生全员管理制度。学校为每个学生提供参与管理的机会，教与帮相结合，大型活动让学生参与策划、组织和管理。班级内形成班干部竞选制、班干部轮换制等，设立节水节电员、安全通讯员、卫生礼仪员、跑操管理员、眼操管理员、多媒体管理员等，做到人人有事做，事事有人管。

再次，规范学生会自主管理制度。由团委、学生会发起，经学生本人申请、同学和教师考评推荐、学校团委审定，选拔品行好、作风正派，具备较强工作能力，热心为学生和集体服务的学生，充实学生干部队伍，成立学生会，组织每日常规检查评比活动。

第四，创新学生自我教育活动载体。学校通过共青团志愿者服务活动、社团组织活动、体育节、文化艺术节、国外游学活动、综合实践活动、社区活动等，丰富学生的生活，为学生提供展示自我的舞台，陶冶情操，培养才能。

四是利用本校德育资源，开展教育活动，提升学生思想境界。

社会转型时期的浮躁吞噬了青少年道德成长所需要的那种心平气和。我们常常没有时间去等待、去玩味、去感受、去理解，我们成天忙于评估、追求外显效果，天天都在急于求成、要求开花结果，这恰恰违反了德育的内在规律。

我校的“主体德育”另一个鲜明特点是，充分利用本校的优质德育资源来开展教育活动，暖阳志愿行动和爱心社团活动收到了非常好的效果。

随着德育工作的扎实推进，我校涌现出了一批具有高尚道德情操的优秀学生，郭秦就是其中的杰出代表。

郭秦，是我校的一位普通学生，被称为 16 岁的“老慈善家”，她的事迹感动了全中国。她已经出版了两部童话专著，而写作得来的奖金、稿费、书款，选择用于爱心事业。她先后向贫困山区、灾区和慈善机构捐款12多万元、书籍2300本、衣物200件；资助过200多名贫困、残疾学生，使35名小学生重返课堂。郭秦荣获国家扶贫慈善公益领域最高政府奖——“中国消除贫困奖”，并先后获得“中华慈善奖提名奖”、中国十大青年扶贫状元、中华十大女性公益人物、中国十大公益慈善家、全国文明青少年标兵、全国助人为乐楷模、全国优秀共青团员、中国教育年度新闻十大人物、全国十佳自强女孩、第三届江苏省道德模范、感动江苏教育十大人物，还先后受到了李长春等13位党和国家领导人亲切接见。人民日报、中央电视台等60多家新闻媒体报道过她的事迹。她的感人事迹在暨阳校园一次又一次引起了巨大震撼。

从2011年开始，学校党支部、团委、学生会充分利用郭秦这一本校优质德育教育资源，在全校范围内深入开展“学习身边的榜样——郭秦”系列教育活动。一是进行广泛宣传，利用校园网、校园广播、国旗下讲话、宣传橱窗、主题班会等反复宣传郭秦的先进事迹；二是组织“我向郭秦学什么”的专题演讲比赛，先是班级层面比，接着是年级层面比，然后再进行校级层面的总决赛。通过演讲比赛，全体学生都参与到学习郭秦的活动中去；三是利用周记形式，组织学生撰写学习心得，反思自己的不足，使学生的心灵受到一次一次深刻的洗礼；四是在全体学生中组织开展“日行一善，传递爱心”主题活动，使“爱”成为学生的自觉行为和良好习惯。系列教育活动使“郭秦精神”在全校上下得到了迅速的发扬光大。在“郭秦精神”的感召下，爱心在暨阳高中传递。暨阳高中学子回收废旧物品，建立爱心基金，开展40多次扶贫助困活动，向贫困山区、灾区捐出钱款50多万元、书籍2200本、衣物240件。一批如郭秦一样富有爱心、关爱他人的学生在不断成长。他们富有个性，又充满活力，为社会主义核心价值体系建设做出了应有贡献，也感动了全体教职工。

三、主体德育工作的引领需要智慧和艺术

学校的“主体德育”需要充分发挥每一位学生的主体性，使他们能够在学校中通过体验学会做人、学会学习、学会生活。它还需要在德育过程中具体发挥其他教育因素的作用，发挥教师的教育主体作用，尤其是要发挥智慧性班主任的指导作用。因此，近几年学校把“促进班主任的专业发展”作为德育工作的重点。在班主任的培养上，学校也是下足了功夫，费尽了心思。

学校十分重视班主任队伍建设。在每个学年初，通过教师申报、学校办公会议商议的方式选派德才兼备、事业心强、责任心强，具有创新精神和较强工作能力的

教师担任班主任，使每位班主任都能热爱学生、为人师表、爱岗敬业、乐于奉献，既具有高度的责任心，又懂得科学育人，在源头上保证了班主任队伍的战斗力。

每一片树叶都有一个不一样的成长故事，校园故事的主角固然是青年学生。每位男女主角都有一个重要他人，那就是班主任。美丽暨阳高中有这样一群人，他们踏着晨曦，迎着朝阳；他们披星戴月，日夜兼程；他们面向全体，引领陪伴，润物细无声；他们凝心聚力，效率兼顾；他们肩负重任，敢勇当先；他们智慧管理，全程关怀，化作春泥更护花——这就是暨阳高中工作最优、奉献最多的班主任团队。每一位班主任的美丽绽放都见证了暨阳高中一个特别班级的成长。

2015年，我校成立了暨阳高中班主任名师工作室。工作室自成立以来，始终以"主体德育"研修的平台、成长的阶梯为宗旨，以"探究合作、创新发展"为理念，着力推进班主任专业化发展，努力造就师德高尚、业务精湛、结构合理、充满活力的智慧型班主任队伍。为了引领一批班主任在规范管理班级的基础上向个性化、艺术化、专业化、综合化方向发展，工作室核心团队成员根据队伍现状修订了《暨阳高中班主任工作室三年规划》，明确了班主任分阶段的成长目标，确立了"一年打基础，指路子；两年促成长，壮胆子；三年见成效，压担子"的培养模式。同时，完善了《暨阳高中工作室培训规程》，形成"效率加公平"的德育机制以及"竞争加合作"的德育氛围。一批年轻教师被评为张家港市优秀班主任、苏州市优秀班主任、苏州市优秀中小学班主任，在市级班主任基本功竞赛中获奖。这支队伍能够为学生全面的、个性的、和谐的多维发展创造足够的机会、途径和平台，不断拓宽成长空间。班主任队伍建设成效显著，为学校提供了德育发展的后续积淀和人才支撑，极大地提升了学校的核心发展力。

工作室以行动研究为主线，以学习、交流、研究为主要形式，为实践主体德育提供队伍和人才支持，智慧引领学生主动发展。

1. 专家引领，登高望远

通过专家报告、班主任论坛沙龙等形式，实施名家对话和高端引领，开阔学术视野，共同解决班主任工作实践的重点、热点、难点及跨界问题。聘请全国著名德育专家、浙江省信息工程学院邹六根教授为工作室导师，从德育工作的责任与价值、班级管理的技巧与评价、班主任工作的使命与机会等多个方面对新老班主任进行常态化的指导；邀请苏州职业大学教师教育系心理学副教授、苏州市未成年人健康成长指导中心"首席苏老师"、国家二级心理咨询师张翔教授来校讲学，帮助班主任共同研讨班级管理中师生沟通不畅、同学关系紧张、学生与家长冲突、个体自我封闭等诸多难题，促使每一位班主任主动提高教育教学、班级管理、心理健康和教育科研能力，推动班主任的专业成长，助力我校“主体德育”创新管理再上新台阶。

2. 学习研修，分享智慧

订阅《班主任之友》《中国德育》等教育教学方面的书刊，开展理论学习，拓宽工作思路。结合班主任工作中遇到的种种新问题，通过专题研讨，吸取各派理论精华，厚积薄发，实现经验到思想的理性升华。借助“互联网+”平台，开展网络研讨，通过观摩优秀班主任的公开课、研究课等视频，反复学习借鉴研究。优化班级管理流程规范，工作室以每周班主任工作备忘形式，对工作中出现的共性和个性问题，提出改进班级管理方法建议，提升班主任工作的智慧。此外，每学期工作室还组织班主任外出考察培训，开展校际交流，观摩和借鉴其他优秀班主任工作的新鲜经验，为我所用。

3. 班会研讨，提升技能

牢固树立“班会课是班主任开展学生思想工作和班级常规管理的主战场”的观念，认真研究和上好每一节班会课，将班会课分为教师讲述为主的主题教育和学生活动为主的主题活动两个类型，以观摩、交流、研讨为主要方式，将教育与自我教育结合起来。根据年级特点及班级实情，通过“工作室备课”，帮助班主任精心打磨班会课，从熟练驾驭班会课的外在形式内化成班主任自身的教育理念。同时，进一步完善班会课课程资源库，班主任在主题班会公开课展示后，形成班会课详细教案(包括设计意图、教学流程、教后反思等)，期末汇编成册，共建共享，助力班主任上好班会课，增强主题班会课的魅力，使每一节班会课都有内容、有研究、有拓展、有思考、有反馈、有收获。

4. 德育叙事，见证成长

推行班主任班级管理每日德育叙事研究，撰写工作案例、工作反思，通过对有意义的教育实践经验的描述、分析，发掘或揭示内隐于日常事件、生活和行为背后的意义、思想或理念，改进教育教学实践，梳理工作经验，提炼工作特色，聚力科研能力创新。组织学生书写班级每日故事，记录青春奋斗时光，留下珍贵永恒记忆。

在QQ、微信等网络平台上建立班级(班主任)公众号，分享教育教学心得，用文字图片点点滴滴记录班级成长足迹。通过师生共写共议共评，用文字记录生活，用文字分享心情，实现共同成长。此外，每一位班主任还分类建立学生电子档案(文字、图片等)，重在学生个性化辅导和跟踪指导，从物质到精神，从管理到服务，营造有利于学生健康成长的氛围。

5. 效能辐射，激发活力

树立典型，启迪智慧。每年组织“十佳”班主任评选，展示和表彰优秀班主任先进事迹，分享班级管理经验心得，引导班主任多思考，多实践，努力成为业务精湛、家长信任、学生爱戴的优秀教师。提升班主任获得感，努力让班主任成为学校中待遇最好、同事赞誉、最受尊重的优秀群体。同时，工作室还牵线年轻班主任与优秀班主任进行师徒结对，不断充实班主任工作室力量，形成不同项目管理共同体，促使更多的年轻班主任在一个个富有经验的老班主任带领下，提升能力、共同发展，成为学校的中坚力量。

四、主体德育的发展应当走向民主和自治

因时而进，校园德育主体的民主管理能力和志愿服务意识有明显提升。实践证明，主体德育工作的有效开展带来了学生精神面貌的可喜变化。

学校“主体德育”的理想目标是学生能够自我教育，自主发展，从他律走向自律。学校要求每一位教师要充分尊重每一位学生，平等对待每一位学生。只有学生被充分尊重的时候，他们的自主意识才容易被唤醒，才会有最真实的体验，才有可能成为具有自律、自主精神的人。每天早上 6 点或中午 12 点，暨阳高中的寄宿生可以从学校提供的热水水龙头上打水，一壶水一张水票，没有人收，全靠学生自觉把水票投到旁边的篮子里，充分体现对学生的尊重、信任。如果你来到暨阳高中，你还会看到：

食堂，打饭窗口前，同学们按照先后顺序，自觉排了几支长队，没有推搡，没有喧哗，没有人监督；上午第二节课或下午第二节下课铃一响，各个班级的同学迅速走出教室，在教室的走廊里自觉排成两排，然后整理衣服、鞋带，在体育委员的带领下，两两对齐，按照班级次序，整齐有序地下楼，在中央大道上集队参加课间跑。你可以看到同学们整齐的队伍、饱满的精神，听到他们响亮的口号。

暨阳高中的学生在用他们的行动诠释着自己的文明素养、道德规范，他们美丽的身影闪耀暨阳。

在学生自主发展、主动发展的同时，学校也在各个方面锻炼学生的自主管理能力，让学生积极参与到班级、学校的管理中来。

这是暨阳高级中学高二(1)班的一节班会课，班会的主题是“我的班级我做主”，主要内容是竞选班级的班干部和课代表，这节班会课也是由学生组织策划的。在班会课召开之前，班主任和学生协商，确定了组织班会的小组和主题，然后就由负责组织、策划的小组展开工作，先收集同学的竞选意向，有的岗位竞选人员不够，

就由组织小组的人员对一些责任心较强，在竞选岗位方面具有一定特长的同学进行游说，动员他们参与到班级的工作服务中来。竞选人员确定后，就要求他们写竞选演说稿，准备在班会课上演讲。同时，小组成员还要组织同学布置教室，在黑板上写好主题，营造热烈和谐的氛围。在这节班会课上，参与竞选的同学使出浑身解数，有的大胆阐述自己的岗位责任、服务理念；有的语言生动活泼、幽默诙谐，令人捧腹大笑；有的表情丰富、动作夸张，吸引大家的注意力。演讲结束，全班同学进行民主投票表决，并当场唱票，选出了新的班干部和课代表队伍。

班主任陈勇已经多次采用这一民主形式，调动学生参与班级管理的积极性和主动性，本着“人人有事做，事事有人做”的原则，公平公正地选拔各个岗位的适合人员。

在学生的自主管理上，学校还创设学生自主管理交流平台，如“暨阳之声”校园广播、校刊《暨阳苑》、小报《心之旅》，让学生就热点问题展开讨论，并对学校工作提出建议。学生还成立了学生自治委员会，下设食堂监督管理小组、宿舍自我管理小组、课间跑操评比小组、黑板报评比小组、一日常规检查小组等自我管理小组，对学校的各个方面进行管理监督，不仅促进了学校学生管理水平上台阶，而且使学生的管理能力也得到全方位的提升。

12 月 14 日，星期天，暨阳高级中学爱心社团走进社区，为社区进行环境卫生维护工作。整整一个上午，志愿人员为社区打扫卫生、捡拾垃圾、擦拭栏杆等，他们干活认真仔细，受到社区居民的称赞。这样的活动，从 2010 年社团成立到现在，已经不知道进行过多少次。爱心社团成员主要是学生，也有部分老师参加，他们利用节假日、双休日，走进社区、福利院、敬老院等进行服务，做自己力所能及的事情。他们还经常向贫困地区以及遭灾地区的学子献上他们的爱心。

目前，积极推行项目管理，组织开展志愿服务活动在暨阳高中校园已是常态。我们引导中学生从身边做起、从小事做起，内化学生心灵，让学生在行动中体悟到助人的快乐。在 2017 年第一期《张家港教育》志愿服务活动指导专刊中，教育局对我校志愿服务项目予以肯定并进行了详细介绍。

学校的“主体德育”工作推动了班风和学风建设，赢得了学生满意、家长信任、社会公认的良好社会声誉，2016 年学校获得张家港市德育提升工程示范学校和江苏省中小学心理健康教育特色学校，2017 年在全市中小德育工作会议上学校全面介绍主体德育工作经验。在学校主体德育工作推动下，学校内涵建设也连年取得长足进步。

第二节　小习惯大人生

中国著名教育家叶圣陶先生说过："教育就是要培养良好的习惯。"同时，国内外许多教学研究的统计资料表明，对绝大多数学生来说，学习的好坏，20%与智力因素相关，80%与非智力因素相关。而在非智力因素中，习惯又占有非常重要的地位。由此可见，习惯养成教育是培养健康人格、实现学业优胜的手段和目标。学校教育要帮助学生以一定的价值观为准则，培养其良好的习惯和健康的人格。只有以学生的行为习惯为起点，以学生的精神感受为重心，并引领学生在这种体验和感受中获得精神的快乐、充实和幸福，构筑自己蕴涵着生命崇高价值与意义的精神家园，才能最终达到润泽生命的精神境界。可以说，习惯养成教育是关系学生一生的教育，是学校德育工作的一项重要内容，是学生全面发展的基础工程。它在学校教育中占有极其重要的地位，是教育中最"实"的基础部分，是教育"质"的指标，同时也是素质教育的奠基工程，更是实现学校内涵发展的极其重要的有效途径。

我校认真贯彻党的教育方针，突出主体德育在实施素质教育中的核心地位，遵循教育规律，以全员精细化管理为总抓手，创新德育工作思路，拓展德育渠道，狠抓学生日常行为习惯的养成教育，在育人的系统工程中继续深入实践，进一步探索德育工作的新规律、新方法、新途径，努力完成时代赋予我们教育工作者的神圣使命。

那么，什么是习惯呢？现代教育理论研究发现，习惯不是一般的行为，而是一种定型性的行为。它是经过反复训练而养成的语言、行为、思维等生活方式，它是人们头脑中所建立起来的一系列条件反射。从心理上来说，行为一旦变成了习惯，就会成为人的一种需要。因此，我校习惯养成教育的基本准则就是，大处着眼，小处着手，低起点、小步子、多形式、全参与、严要求、常坚持、重实效。具体地，主要从以下几个方面落实。

一、明确目标，提高对良好习惯的认知

目标是行动的指南。南宋朱熹曾经说过："论先后，知为先，论轻重，行为重。"因此，对学生进行行为习惯的养成教育，首先要从学生的认知抓起，明确学生什么该做，什么不该做。让学生意识到克服一个坏习惯，培养一个好习惯是人生最难的，而又是对人生最有价值的。同时，只有明白了它的重要性，才会有培养这个习惯的强烈愿望。

每学期开学初，面对高一新生入学、高二班级重组、高三冲刺高考的不同特点，我校开展为期一个月的常规管理月活动，包括“中学生日常行为规范”“八礼四仪”等方面的内容。学校通过国旗下讲话发起倡议，组织全体学生学习《好习惯》，开展“文明暨阳人”形象大讨论，并结合学生个人荣誉申报达标活动，评选文明学生标兵，树立典型，弘扬先进事迹。

同时抓好开学第一课，开展好入学教育。第一节班会课上，每一位班主任老师带领学生系统学习学校一系列管理规定，让学生做到心中有数，知道哪些是应该做也必须做的，哪些是可做可不做的，哪些是绝对不能触及的。学期中则利用国旗下的讲话、班会、校园广播等形式向学生宣传行为习惯养成教育的各项规章制度。同时，学生的行为习惯养成教育要有一个阶段性的奋斗目标，为此，学校根据德育处的工作日历及每周班会主题让学生明白，这一周做什么，下一周再做什么，这个月做什么，下个月做什么，等等，让学生明白达到目标的具体条件要求；让学生将条件要求渗透到日常学习行为习惯的每个细节，使他们在平时的学习生活中能按照这一要求去做，使他们学有榜样，做有标准，有章可循，有据可依，为学生良好的行为习惯的养成奠定基础。

二、循序渐进，持之以恒，促进良好习惯的养成

要想养成良好的行为习惯，只靠规范和说教是绝对不可能的。任何制度的落实都需要一个过程，尤其是在初始阶段，常常会出现反复，因而在制定规范的基础上，须将这些细化的系列习惯养成点，融化到学生学习的每个角落，让良好的行为习惯要求随处可见，随时可听，随手可得，随心可感，形成一个立体的学习、竞争、督促网络，指引学生按照行为习惯的要求自觉去做。大家都知道“细节决定成败”的道理，一个人的习惯好坏，素质高低，往往反映在小事上。因此，要随时提醒自己，从小事做起，注意细节。培养良好的行为习惯是一个艰巨而长期的细致的过程，不能希望一朝一夕就立竿见影，一蹴而就，必须持之以恒地强化训练，反复抓，及时掌握情况，迅速做出反馈。每周班干部例会，关键时候重点问题日日反馈，甚至半天一反馈，习惯成自然！

学校根据学生实际，要求教师充分利用班会、自习、早中晚的课余时间，加强对学生上课姿势的训练、书写规范的训练、写日记写周记的训练、卫生习惯的训练等。例如学习习惯的养成，学校主要加强了这些方面的培养：

1. 主动学习的习惯。这是最重要的学习习惯，包括主动预习、主动复习、主动独立完成作业等。这种习惯一旦养成，就能把注意力集中到学习上。久而久之，时间转化成了知识，知识转化成了智慧，就逐渐形成了优势。

2. 课前准备的习惯。(1)按照老师的要求，认真进行预习，及时完成预习任务；(2)每堂课上课前，根据课表自觉检查本堂课教材、预习学案、听课笔记本、练习本、草稿本以及必需的文具用品等，是否都准备齐全，并放置在课桌左上角；(3)与本堂课无关的物品，不要堆放在课桌上，以免分散精力、影响本课学习；(4)上课铃响前，进入教室，停止喧哗、追赶打闹等一切与本堂课无关的事情，坐在座位上静候老师的到来。

3. 专心听讲的习惯。上课是学生掌握知识的主战场。上课的时候，课前要准备好所需用的课本、笔记本、草稿本、工具书等，课上要认真听讲，积极和老师配合，随时跟上老师的思路和节奏，积极回答老师提出的每一个问题，对分组讨论的问题要积极踊跃，敢于发表自己的意见和见解。同时，要养成一个善于记录课堂笔记的习惯，要记录学习的要点、学习心得及教师对教材的补充和延伸，以便逐步加深和更正自己对新知识的理解，不断提高自己的自学能力。

4. 独立完成作业的习惯。作业要独立思考完成，不能抄袭，也不能给别人抄袭。遇到不会做的题目，要主动问老师，或征得老师同意后，选做适合自己基础的题目。

5. 及时复习的习惯。复习是对知识的巩固和消化过程。课后一定要进行及时巩固复习，对课堂上学习的重点、难点知识进行反思、总结，弄清楚哪个地方会了，哪个地方还不会。

6.“不耻下问”的习惯。有的同学有了问题，自己解决不了，又死要面子，不懂装懂。这样，问题越积越多，学习就会陷入被动局面。因此，遇到不懂的问题，一定要虚心地、及时地向同学和老师请教，万一没有及时找到教自己的老师，也可问其他班级、其他年级的老师。

7. 整理错题的习惯。(1)错题本的功能。错题本主要是记载各科练习、作业、考试中出现的典型错题，并进行深入分析。主要分析出错的原因、正确答案的解题思路以及教训反思等。(2)错题本的准备。语文、数学、英语三科各准备一个错题本，物理、化学、生物等理科类科目可集中准备一个错题本，政治、历史、地理等文科类科目也可集中准备一个错题本。(3)错题本的使用。在平时的学习中，要经常翻阅错题本，吸取出错的教训，争取不在同一个问题上犯两次错误。

8. 课外阅读的习惯。(1)充分利用图书馆、本班图书角进行课外阅读，争取每天课外阅读的时间，累计不少于一个小时，养成“爱读书、多读书、读好书”的好习惯。(2)要专门准备一个读书笔记本，摘录美词佳句、记录心得体会，不断提高阅读深度和阅读品位。(3)多读一些中外名著和名人传记，适量订阅一些课外读物。

9. 利用工具书的习惯。要解决那些自己不能解决的问题，除了向老师、家长和同学请教外，还可以利用工具书求得解答。学生都要备有必要的工具书，特别是《新华字典》《英语词典》等。

三、以活动、课程为载体，激发学生养成良好习惯的动力

学校协调各方面的力量，努力为学生搭建展示个性特长、交流个人才艺的行为习惯养成教育平台，让学生在行为习惯养成的岗位上，在行为习惯养成的阵地里，在行为习惯养成的活动中，不断提升，展示自己的良好习惯。学校充分利用“弘扬和培养民族精神月”“心理健康教育节”“民族传统感恩月”“学雷锋活动月”“革命传统教育月”“诚实守信践行月”“安全教育月”等活动时间，开展征文赛、书画赛、朗诵赛、演讲赛、黑板报评比等活动，评选出各类型星级学生等。如九月初各班以看央视《开学第一课》的感悟为主要内容，围绕行为习惯养成，设计“新学期寄语”“班级誓词”等丰富多彩的班报，营造讲纪律、守规矩、重品行的育人氛围。每学期开展防火、防震等方面的应急演练，让学生掌握安全知识和技能，提高自我保护能力。并通过举行“安全知识竞赛”“安全伴我行”等实践活动，让安全知识、安全技能走进学生心里，夯实安全教育的基础。

有的学生有一些不良的行为习惯，对校规校纪置若罔闻，不放在心上，无视父母老师的耐心教育，学校布置召开了很多有关规范学生日常行为的班会，如“怎样看待父母的叮嘱”“校规校纪的利与弊”“换位思考”“培养学生良好的学习习惯”。还有关于感恩教育内容的主题班会如“感恩的心”“拥抱亲情”“理解从交流开始”。也有围绕爱国主义与集体主义教育的班会如“我为港城自豪”。更有关于自主学习的班会如“独立思考的重要性”“养成良好的读书习惯”。针对节俭习惯的主题班会如“零食的利与弊”“节俭一张纸”等。这些主题明确的班会对学生起到了很好的教育作用。

同时，我校还推进了“习惯养成教育”课程建设。学校成立“暨阳班主任”工作室，由经验丰富的一线优秀骨干班主任组成。在第一期活动中，工作室组织开展对新版《中小学生守则》中的九点内容进行分项解读，探讨如何通过校本课程的形式，落实习惯养成教育的思路和做法，努力促进学生良好学习生活习惯养成。

四、家校联手，营造养成良好习惯的环境

我们知道，教育孩子是家庭、学校、社会共同的使命。只有当学校教育和家庭教育形成了合力，出现“心往一处想，劲往一处使”的局面时，我们的教育才会收到事半功倍的效果。家校合作联系是学校德育工作的延伸，也是我校历来的德育传统。对家长实施正确的引导,对学校德育工作的开展是至关重要、大有可为的,通过联系、合作,使家庭、学校在教育上取得一致,并且相互补充和促进。因此,我校加强了对家校工作委员会的建设和工作引导,充分发挥家长委员会的作用,沟通家校联系和感情,指导家庭教育,积极调动社会力量,支持学校德育工作。同时发挥幸福家长驿站的功能,推进家长课程建设。通过学校、家庭和社会三结合的方式,试点探索提高家长科学教子水平,积极发挥家庭教育在学生成长过程中的重要作用。

为了让学习习惯的养成教育更具有针对性和时效性,学校每个班主任都建立了班级 QQ、微信等网络交流平台,为教师和家长的及时交流架起了桥梁。家庭是学生的第一学校,父母是学生最好的老师,家长有大量时间和孩子在一起。在学校里,老师严格要求学生,学生回到家后,家长对孩子也要严格要求,不断督促和强化,防止学生坏的行为习惯的滋生,深化对学生好的行为习惯的养成教育。学校常常采用家长会、家长开放日、打电话、发短信、网上聊天、向家长致信等形式,走进家长,与家长达成共识,共同教育学生养成良好的行为习惯。同时,对家长进行引导及培训,共同研讨教育孩子的方法,促进孩子良好习惯的养成和保持。

家长的配合是学校思想道德教育工作的另一个翅膀,与学校的教育形成一股合力,在不断的有效合作下,加强了思想道德教育工作的力度,能够共同携手培养孩子的良好习惯,从而使学校的思想道德教育工作成效得到保证。

五、制定评价机制,深化习惯养成教育

习惯像一根缆绳,我们每天给它缠上一股新索,要不了多久,它就会变得牢不可破。要养成良好的生活习惯和学习习惯,作为老师,最主要的是让学生注意生活和学习上的小问题和小错误,经常提醒学生容易忽视的小问题。告诫他们对小处的漫不经心,其实是对自己的磨损,只有严于自省和自律的人才能真正成全自己。同时培养他们严谨的学习习惯,让学生自己找一个自己的榜样或竞争对手,了解他们平常处理细小问题的方式,同时对照改正自己的缺点,继续保持优点。要引导学生合理地分配学习时间,结合生物规律知识,让学生针对人的大脑在各个时期的不同特点进行优化学习,并学会独立处理的能力,让他们懂得人只有靠自己才能有进步,把希望寄托在别人身上是不现实的。因为生命是自己的,得为自己负责。

在对学生进行常规宣传之后,学生良好行为习惯的养成绝非一朝一夕之功,必须反复抓,尤其是对那些行为习惯比较差的学生。学生毕竟还是孩子,教师的一丁点儿表扬、肯定,对他们来讲都是一种荣誉,一种激励。在对学生进行良好行为习惯养成的教育时，教师应适当地采用多种形式的激励方式。以表扬为主，要注意发现学生的闪光点，让学生多感受成功。用成功的喜悦强化学生的行为，培养学生辨别是非的能力，从而使学生形成良好的行为习惯。我校各班都制定了班规班约与学生个人的量化考核。根据每天值日班长的作业、卫生、纪律、两操等内容检查情况和“自我评—班级评—教师评”的评价制度，每周进行综合评价，评出一周的优者、良者、进步者。期末时综合一学期的表现再评出班级优秀学生。当然如果违反了班级常规，或者某项任务没有及时保质保量完成，也会在周考核表上显示出来，促使学生养成良好的行为习惯，同学之间你追我赶，展现在我们面前的是一个集体荣誉感强的良好班集体。

总之，习惯养成教育是一个长期的过程，反复的过程，要以“春风化柳，夜雨润花”之心，用“耳濡目染，潜移默化”之行逐步实施，我校在对学生进行习惯养成教育中，在“成长”理念引领下，形成了三年一贯的主体德育课程体系，培养学生自主管理、自主教育、自主成长的能力素质。当然，在今后的教育工作中将会更新观念，注重学生个性发展，帮助他们养成良好的行为习惯，为学生良好品质的形成而努力工作。以“成长教育”为核心，秉承“尊重生命的多样成长”的办学理念，立德树人，发展核心素养，致力于培养立志高远、身心健康、学力深厚、包容合作、开放创新的杰出公民。

✲ 附1　我校在2015年张家港市德育经验交流会上的发言稿

学习新守则　培养好习惯

——暨阳高中全面推进中学生习惯养成教育

暨阳高中始终坚持以德育为核心，以学生为中心，精心谋划，创新机制，优化措施，积极深入推进学校主体德育实施工程，培养美丽学生，切实提高德育工作针对性、实效性。以学习新版《中小学生守则》为契机，结合教育局下发的《好习惯》读本，充分发挥班主任工作室的引领作用，在全校范围内积极开展诚信教育、学习方法教育、生涯教育等活动，努力促进学生良好学习生活习惯养成。

一、强化诚信体系建设，提高学生文明素养

学校开展丰富多彩的诚信教育活动，有序推进诚信体系建设，不断提高学生文明素养。

1. 加强诚信教育活动宣传。

利用国旗下讲话及校园广播、宣传栏、黑板报等宣传载体进行诚信教育宣传，使全校师生明确在校园内开展诚信教育活动的重要意义。团委、学生会发出“校园呼唤‘诚信’”倡议书，拉开了诚信教育活动的序幕。

2. 丰富诚信教育活动形式。

一是组织各班召开“创诚信校园，做诚信学生”主题班会。利用班会读、评诚信故事，学习诚信知识，开展有关诚信的大讨论，寻找身边的不诚信现象，探讨不诚信现象给个人、校园造成什么影响，如何做一个讲诚信的文明学生。

二是结合诚信教育，开展学生个人荣誉申报达标活动，把诚信教育贯穿在学生的自觉学习和生活中。

三是开展诚信征文活动，各班级组织学生撰写诚信主题文章，并进行评比。

四是组织学生收集诚信格言，通过合作交流的形式把自己收集到的内容与大家共享。

五是定期召开诚信教育座谈会，进行诚信问卷调查。

3. 深化诚信教育活动内涵。

大力开展学生行为诚信教育活动，例如文明礼貌教育、遵纪守法教育、诚实守信教育、乐于助人教育、责任意识教育等，引导学生了解诚信的本质和内涵、诚信与道德、诚信与做人的关系，树立“说诚信话，做诚信人”的诚信观念；通过诚信教育引导学生从现在做起，从小事做起，从身边做起，自觉主动地参与到活动中来，从而达到培养学生诚信品格、塑造学生诚信人生的教育目的。

4. 完善诚信制度建设，彰显榜样力量。

一是制订《暨阳高级中学学生诚信守则》，将诚信作为学生每学期奖惩考核的一个重要依据，让诚信习惯成为每一位学生的行为自觉。二是制定评选“诚信标兵”“诚信之星”和“诚信班级”活动的具体要求和措施，在学生中评选“诚信标兵”“诚信之星”，在班级中评选“诚信班级”，并及时弘扬先进典型的优秀事迹，引领全体学生共同成长。

二、重视学习方法引导，促进自主学习习惯养成

学校重视各学段学生学习方法的引导，培养学生形成自主学习习惯，切实提高学习效率。

1. 帮助学生确立具体的学习目标。

学习目标分为长期目标和近期目标。其中，长期目标具体包括：“将来准备从事什么工作？”“准备考什么大学？”“你现在打算如何去做？”等内容。近期目标具体包括：你今年/这学期/这个月/这个星期的学习目标是什么等内容。制定长期目标可以帮助学生明确努力方向，增强学习的自觉性。而制定近期目标则可以让学生

从现在开始,从现实出发,充实地度过每一天,从而有效地提高时间的利用率。

2. 架构合理的小组合作学习管理模式。

高中学生已有一定的自我管理能力和自我管理意识。第一阶段,班级成立之初,选择随机方式进行分组,可以让学生了解管理模式,尽快找到归属感;第二阶段,相互间有一定了解以后,采用互补分组方式,可以让组内互相帮助,取长补短;第三阶段,学生间有更深入了解之后,选择自由选择分组模式,可以让学生寻求志同道合者共同攀登更高的目标山峰。

3. 帮助学生掌握正确的学习方法。

一是集体指导。面对全体同学进行指导。主要包括:学习过程、各学科学习的方法指导。其中学习过程的指导,主要运用系统论的观点帮助学生明确学习活动是一个完整的过程,提高预习、复习的自觉性。各学科的指导主要是指对语文、数学、英语等科目具体学习予以指导,“授之以渔”,使其能学懂、学透,产生自主学习的信心。

二是个别指导。主要指对个别学生进行的具体指导。针对被指导学生的具体情况,主要从学习态度、学习心理、学习兴趣方面进行交流和帮助,解决一些个性化的问题。

三是方法交流。让本班学习优秀或进步较大的学生到讲台上介绍自己的方法和学习经验。由于是学生身边的真人真事,并且是实战经验,所以这一形式容易受到学生的欢迎,收到好的效果。

四是适时进行心理疏导,解决学生自主学习过程中遇到的心理问题。主要采用集体指导和个别谈话相结合的方法予以疏导。集体指导主要是针对班级某一阶段共同存在的心理现象进行指导,如师生如何相处、早恋、上网等问题。而个别谈话主要针对的是一些不宜通过公开形式解决的心理问题。

三、开展生涯规划教育,明确自身发展方向

我校的生涯规划缘起少部分学生学习目标的缺失。针对这一特点,我校从本学期起开始生涯教育的行动和探索,目的是帮助学生了解生涯规划,掌握生涯规划的一般方法,明确自己的高中阶段学习目标,并不断激励自己实现和超越这一目标。

生涯规划教育的具体做法如下:

1. 编写生涯规划小报,系统介绍规划的知识、方法等。

2. 在班级文化布置中设置高等院校宣传介绍框,分批介绍适合暨阳高中学生的高等院校,每周在各班级轮转,并让学生在心中的理想大学上签名。

3. 计划开设生涯讲堂，邀请本市著名企业管理人员、科技创业人才来校讲座，起到典范引领作用；邀请在大学深造的优秀毕业生拍摄微视频、介绍学校和专业；邀请已经毕业并创业的校友来校讲生活体验；邀请对本职业有想法的家长来校讲职业观等。

4. 计划开展生涯体验活动，在寒暑假倡议学生走进大学，走进企业，或参观，或游学，或打工，增加实际体验。

通过上述活动来帮助学生了解自己，了解大学，激励自己并成就自己，找到人生发展的方向。

附 2

让简单的常规不简单

——在 2016—2017 学年第一学期第四周升旗仪式上的讲话

童先锋

各位老师、同学们：

大家上午好。

今天我国旗下讲话的题目是《让简单的常规不简单》。

为更好地贯彻学习八礼四仪，践行社会主义核心价值观，促良好班风、校风的养成，学校在九月份集中开展"强化常规管理月"活动，通过抓常规管理，着力打造"洁美暨阳""平安暨阳""文明暨阳""美丽暨阳"。为此，提三点希望：

第一，为了美丽暨阳，请保持校园的文明氛围。个别教室(厕所)门窗的人为损坏、部分同学桌椅(胸卡)的乱涂乱画、一些安全设施设备的随意破坏令人触目惊心；校园道路、教室过道零星散落的餐巾纸、饮料瓶时常可见；课间繁忙进出小店、最后一课下课铃响后少数同学向食堂奋力冲刺的"敏捷身影"；楼梯上、走廊中部分同学的边走边吃、边吃边聊"热络情谊"；以及部分同学的"出口成脏"；甚至有同学捡到饭卡恶意消费、宿舍区随意拿取他人热水瓶等物品、教学楼(宿舍)的厕所偶因同学的恶作剧而导致下水道不通等诸多不文明现象，都是不应该出现在文明暨阳人身上的行为。

第二，为了美丽暨阳，请遵守校园的规章制度。(1)文明礼仪方面：尊敬师长，见到老师要主动招呼"老师好"。(2)仪表仪容方面：不佩戴任何首饰、挂件，不染发烫发，男生不留长发，女生不披肩散发，打扮朴实，在校期间全天候着校服裤。(3)常规纪律方面：严禁将手机、管制刀具等违禁物品带入学校，否则将按照处分条例进行严肃处理;同学之间正常交往,遵循三个恰当原则,即“在恰当的时间恰当的地点做恰当的事情”;寄宿学生晚自修后要迅速回宿舍,及时处理个人内务,熄灯后安静就寝,以保证第二天的学习效率。(4)文明用餐方面:自觉排队依次购买饭菜,节约粮食,就餐完毕将快餐盆放入指定筐中。以上要求请全体同学认真落实,共同维护好暨阳良好的秩序。

第三,为了美丽暨阳,请积极为暨阳增光添彩。建设美丽暨阳,最重要的就是我们每个人都远志力行、博学悦纳,用最好的成绩为暨阳增光添彩。有一首诗这样写道:鹰把向往与希望写在天空,写在展翅的潇洒与自豪中。既然是鹰,就搏击给天空看;既然是暨阳人,就灿烂给暨阳看。就让我们从上好每一节课、做好每一道题、考好每一次测试开始,做到“堂堂清”“日日清”“周周清”“月月清”,用实际行动夺取高中学习效益的最大化。同时,希望同学们要有一定的危机和忧患意识,倡导在班级之间、同学之间展开竞争,在竞争中求发展、促发展。此外,从本学期起,期末的各项评优评先都将建立在是否参加过学校、班级组织的各项志愿者服务活动的基础上。因此,请各位同学立即行动起来,积极参与学校、班级组织的各项志愿者服务活动,争做志愿者服务标兵。

各位老师,同学们,生活的理想就是为了理想的生活。我们日复一日、年复一年地学习和工作着,不因为生活的重复而厌倦,不因为生活的简单而懈怠,不因为生活的平凡而叹息。万丈高台,起于垒土;千里之行,始于足下。正是千千万万个这样简单平凡的日子、琐碎细微的小事成就了我们每一个人的人生。我相信,经过大家的努力,我们的校园一定会更加美丽,我们的暨阳,一定会更加辉煌。谢谢大家。

✲ 附3

培养良好的学习习惯
——暨阳高中高一(10)班主题班会教案

教学内容:

这一讲主要是从培养良好学习习惯的意义讲起,主要是给同学们提一些关于培养良好学习习惯的建议。

教学目的:

1. 让同学们意识到好习惯的重要性。

2. 使同学们明确什么是良好的学习习惯。

3. 让同学们改掉坏习惯，培养良好的学习习惯。

教学方法：

案例分析法，讲授说理法。

教学重、难点：

1. 教学生认识并改正自己的坏习惯。

2. 培养好的学习习惯需要同学们具有持之以恒的精神。

教学过程：

一、什么是习惯？

法国学者培根曾经说过："习惯是人生的主宰，人们应该努力地追求好习惯。"的确，行为习惯就像我们身上的指南针，指引着每一个人的行动。纵观历史，大凡获得成功的人，都是一些良好行为长期坚持，养成习惯，形成自然。鲁迅先生小的时候，就养成不迟到的习惯，他要求自己抓紧时间，时时刻刻地叮嘱自己凡事都要早做，这样长时间地坚持下去，就成了习惯了。这位以"小跑走完一生"的作家，在中国以至世界文学史上留下了辉煌的业绩，成为世界十大文豪之一。可见，行为习惯对一个人各方面的素质起了决定性的作用，对我们学生来讲，尤为重要。

就拿与我们密切相关的学习来说吧。我们经常看到这样的现象，有些同学平时在学习的时候看起来不是特别用功，但考试时往往能拿到高分；我们也看到，有些同学时常埋头苦干，就连下课十分钟也不敢浪费，依旧继续学习，可是他们往往在考试中不能拿到高分。其实，这完全是学习习惯和方法的问题。大家都知道，学习的重点不在于数量，而在于效率。一个好的、科学的学习习惯和方法，能使我们既学得有效率，又学得轻松自在。如果你不能抓住方法来学习，养成一些对学习不利的坏习惯，比如开夜车，或头脑里整天只想着学习，而排斥其他的事物，这些做法，不但不能提高效率，而且对你身心发展也会造成不利的影响。因此，我们在学习时，最重要的是养成一个良好的学习习惯，"好习惯，益终身"。这样一来，你就能取得事半功倍的效果了。昨日的习惯，已经造就了今日的我们；今日的习惯决定明天的我们。让我们从现在做起，从今天做起，培养良好的行为习惯，共同创造辉煌的未来！

二、养成良好学习习惯有什么意义？

学习习惯是指学生在长期的学习实践过程中逐渐形成的不需要意志努力和监督的自动化行为倾向。国内外教学研究统计资料表明，对于绝大多数学生来说，学习的好坏，20%与智力因素相关，80%与非智力因素相关。而在信心、意志、习惯、兴趣、性格等主要非智力因素中，习惯又占有重要位置。良好的学习习惯的形成有以下三个方面的好处：

1. 可以通过生物钟、条件反射自动提醒你自觉地去做应该做的事。比如每天早晨及时起床，自觉地为上学做好一切准备。上课铃声一响自觉跑回教室，做好上课的准备。放学回家，每到广播英语或电视英语节目时间，就自觉地及时打开收音机或电视机。这些事情，对于一个有良好习惯的人来说，几乎都是靠生物钟、靠条件反射来自动控制的。

2. 可以发挥下意识的作用。下意识的特点是直接受习惯的支配。一般人都有这样的体验：吃完早点准备上学，刚一走近自行车便随手掏出钥匙，接着打开车锁，然后朝着学校的方向前进。这些动作几乎连想都没有去想。这是下意识在发挥作用。同样道理，一个具有良好学习习惯的人，他的下意识会随时随地支配他按照平时习惯了的套路做那些与学习相关的事，使之在不知不觉中，事情做得轻轻松松，有条有理。

3. 可以调动潜意识为学习服务。潜意识的特点是直接受人的情感和需要支配，受情景因素的影响。大多数学生都有这样的体验：心里已经清醒地意识到，嘴上也在说：贪玩不利于学习，今后不再贪玩了，可是鬼使神差地又贪玩了。为什么会这样？这实际是潜意识在支配他，是他的潜意识中有一种强烈的玩的渴望。一个养成了良好学习习惯的人，他对学习有一种亲和心理，他从心底里把学习当成了第一需要，当成了乐趣，不学习便难受。

三、应该培养学生哪些良好学习习惯？

了解了良好的学习习惯对人生的意义与作用以后，我们应当弄清楚应该着力培养学生哪些良好的学习习惯。

1. 一心向学的习惯

一心向学的习惯，是所有学习习惯中最重要的习惯。这种习惯一旦养成，就会自动自觉地甚至不由自主地把万事万物都与学习联系起来，人的感官便会成为知识信息的扫描仪和接收器，大脑便会成为容纳知识百川并且对其进行过滤、加工、再造的法宝。具有一心向学习惯的人，能够充分地利用时间。他们在看书、看报、看电视乃至做一切事情时，都能把注意力的“光圈”调到与学习相关的“目标”上去，能够利用所有的闲暇时间直接或间接地做与学习相关的事。

2. 专心致志的学习习惯

专心致志的学习习惯，是学生必须养成的起码的学习习惯。心理学上曾有人做过对比研究：请来两组知识能力大致相同的学生，让第一组的同学边听故事边做简单的加法习题，而第二组也做同样的两件事，但是两项内容分开进行。同样的时间后，检查加法题的成绩，并请每个人复述听过的故事。结果是：第一组习题与复述的错误率都明显高于第二组。由此看来，一般人不可能同时高质量地做好两项或两项以上的事情。如果硬要同时做，必然会使每件事的质量都有所降低。

3. 定时定量学习的习惯

定时学习，一是指每天必须保证必要的学习时间，二是指到了该学习的时候马上学习。人脑也像机器一样，功率是一定的，不可能在极短时间内把大量的学习内容输入到大脑里去，因此，学习需要长流水不断线，需要安排足够的时间。一个人只要一日三餐，长年不断，虽粗茶淡饭，也不会影响身体健康；如果饥一顿饱一顿，虽吃山珍海味，也难以有好的体格。与此相似，知识必须日积月累，才能武装出聪明的头脑，如果三天打鱼两天晒网，必然事倍功半。

学习计划是通向学习目标的道路，定量地完成学习计划，就等于在这条道路上不断前进，在计划的指导下，当知识的量达到一定程度时，便到达了目标。没有量的积累，便不会有质的飞跃。因此，要想保持优异而稳定的学习成绩，就必须养成定量学习的习惯。

4. 认真思考的学习习惯

认真思考的学习习惯，有利于提高学习质量，有利于培养人的能力，尤其是有利于增强人的发现、发明和创造能力。通过认真思考，可以把感性认识上升到理性，找出所学知识之间的相互联系，把分散的知识点联结成有机的整体，从总体上把握知识体系。养成认真思考的习惯，可以防止“读死书”和“死读书”，不仅能鉴别和选择书籍，而且还能够死书活读。通过思考可以不断解开疑团，激发灵感，从而有所发现，有所发明，有所创造。

5. 讲究学习卫生的习惯

青少年阶段，既是长知识时期，又是长身体时期。因此，在整个学习生活中，要教育学生讲究学习卫生，养成良好的学习卫生习惯，主要应克服以下几种不良习惯：

(1) 克服有劳无逸的习惯。

(2) 克服躺着看书的习惯。

(3) 克服闭目思考或躺在床上思考的习惯。

(4) 克服边吃饭边思考、边走路边思考、边上厕所边思考的习惯。

四、怎样培养学生良好的学习习惯？

让学生明确了养成良好的学习习惯的意义并了解哪些学习习惯是好习惯、哪些学习习惯是不良习惯以后，就应该教育学生自觉地培养好习惯，克服坏习惯，让好习惯伴随终生，让坏习惯尽快与自己告别。

第一步：耐心发动，逐渐加速。会开车的人都有这样的体验，天气冷时，车打着火后要过一会儿才能快速行驶，一打着火就快速行驶反而会熄火。一个人培养习惯也是如此，要循序渐进。一开始先朝着理想目标动起来。一次行动的价值要超过一百句口号、一千次决心。在前进的道路上，如果一个学生能说到做到，他便很了不起。久而久之，便习惯成自然了。

第二步：控制时空，约束自己。人的行为，很大程度上受到情景因素的影响。比如，一个学生已经认识到打游戏机的副作用了，不想再打游戏机了，可是，一走近游戏厅就忘乎所以了，就把持不住自己了。因此，在习惯形成的过程中，要教育学生在自己的自制力还不十分强的情况下，应从控制自己的活动时间和活动空间入手来约束自己的行为。在时间上，从早上起床一直到晚上就寝，都安排满有意义的学习内容和活动内容，不让一日虚度，不让一时空耗。在空间上，严格控制自己的活动范围，歌厅、舞厅、游戏厅、录像厅、台球室等游乐场所，无论自己多么好奇，无论别人怎么引诱，也不要去。

第三步：偶有偏离，及时调整。学生多数自制力比较差，在好习惯形成过程中，或者在坏习惯克服过程中，容易出现反复、拖拉、敷衍、放任等现象，容易出现跟着感觉走的情况。这就要求我们老师要严格监督，发现偶有偏离，立即做出调整。比如，教育学生发现自己的字写得不工整了，发现上课时自己精神溜号了，发现自己没有执行或没有完成学习计划了，发现自己躺着看书、看电视了，发现自己走路或骑自行车时思考问题了……就要立即进行调整。培养习惯，就像走路一样，发现走的路线不对，就要及时调整到正确的轨道上去，避免出现南辕北辙的现象。

第四步：进入轨道，自由飞行。按照良好学习习惯的要求去努力，先是慢慢启动，继而逐渐加速，在行进中不断调整，最后进入轨道。这就像卫星一样，一旦进入轨道，就再也不会走走停停了，就会沿着轨道不停地飞行。

有人说，学生的心田是一块神奇的土地，播种了一种思想，便会有行为的收获，播种了行为，便会有习惯的收获，播种了习惯，便会有品德的收获，播种了品德，便会有命运的收获。也有人说，行为养成习惯，习惯造就性格，性格决定命运。这些话似乎有些绝对，但良好的习惯对人生的确太重要了。作为一名教育工作者，我深感培养学生的良好学习习惯任重而道远。

第三节 自主管理才是最好的管理

“我的灵魂有很多朋友和将要出现的朋友，我的世界大于这个世界。”这是诗人黄灿然的诗句，而它正出现在新学期“暨阳一夕”社团的招新报名表几乎最显眼的地方，它变得更简短，更具有校园意义——校内外，我的世界大于这个世界。社长王成相信这不仅是一句宣言，也是他们做活动的真实写照。

暨阳一夕传媒社团(ECMedia)成立于2016年5月，是张家港市暨阳高级中学的一支完全由暨阳人组成和运营的学生媒体团队。社团成立以来，成功举办“英语周”活动，在社团的新媒体平台陆续推送了《是老师，也是女人》《小高考，我们的历史》《十八而志：张顺的成人礼》《老男孩冯永清》《邵嘉仪：向自己开炮》等报道文章，拍摄并制作微视频《一个暨阳学子的一天》。用社长王成的话来说，“总算是做出点模样了”。暨阳一夕传媒社团的成功运作，折射出暨阳高中尊重生命多样成长，高度重视学生自主管理，善于引导学生自主管理的理念和特色。

学生自主管理是学生在学校积极引导下自行发现自我价值、发掘自身潜力、确立自我发展目标、形成适应社会发展和推动个体与社会发展的意识和能力的一种教育管理模式。

学生自主管理，是一个比较好的教育过程，是一个社会实践过程，也是学校励志教育的一种体现。自主管理是对学校各种活动以及每个学生充分授权，使其产生责任感，从而激励组织和个人学习的自主性和创造性的管理方式，准确地说是一种管理思想。学生自主管理全过程充分注重人性要素，充分注重学生潜能的发挥。注重学生的个人目标与班级、学校目标的内在统一，在实现整体目标的同时实现学生的个人追求。

苏霍姆林斯基曾有一个著名的论断，真正的教育是自主教育，是实现自主管理的前提和基础，自主管理则是高水平的自主教育的成就和标志。同样的，著名教育家斯宾塞也说过这样一句话：记住你的管教目的应该是养成一个能够自治的人，而不是一个要让人来管理的人。而在中国，陶行知先生在《学生自治问题之研究》中也具体谈到自治四点好处：“第一，学生自治可以为修身伦理的实验。第二，学生自治能适应学生之需要。第三，学生自治能辅助风纪之进步。第四，学生自治能促进学生经验发展。”借鉴这些教育家的观点，我们完全可以说，真正的管理是自主管理，学生自主管理才是最好的管理。

随着社会经济的迅速发展，人们的生活水平日益提高，社会在发展的同时也在呼唤一种自主性人才，具备自我教育、自主管理、自我成才、自主发展能力的新型人才。如今高中学生随着生理发育，心理也日趋成熟，他们的成人感和独立自主意识日益强化，迫切希望从父母的束缚中解放出来，希望得到别人的尊重、理解；他们上进心较强，对未来满怀希望，乐于开拓，绝大部分学生有着独立地处理和安排自己事务的强烈愿望，有着展示自己才华的心态，有着为集体和他人工作的心理渴求，由于长期受应试教育的影响，家庭及学校对学生自主管理能力的要求和培养甚少，使得绝大部分学生缺乏自主管理的能力。

通过对学校内、外环境的全面、客观的分析后，我们认为，在校园内实施自主管理，培养学生自主管理、自主发展的能力，进而培养学生终身学习、持续发展意识与能力具有一定的必要性：这是世界教育民主化趋势和我国社会主义政治文明的需要，是当前实施素质教育和深化课程改革的需要，是学校落实人本主义管理和建立新型的师生关系的需要。

学生自主管理应该包含以下三点的养成：第一是主体意识的养成，包括培养学生积极参与班级、学校与社会活动的意识；各种活动中提高学生的自主管理能力；提高学生人际沟通的技能以及对社会与各种新环境的适应性。第二是道德面貌的提升，包括培养学生的社会责任感和义务感；培养学生自尊与尊重他人相统一的态度；培养学生自觉遵守纪律、制度、法律的观念。第三是健全人格与精神风貌的形成，包括培养学生具有强烈的自信心，培养学生迎接挑战的冲动和勇气；培养学生承受挫折和战胜危机的顽强意志；培养学生具有较强的自我心理调节能力。

学生自主管理具有以下三个特点：民主、客观；公开、公正；轻松、和谐。

1. 民主、客观。学生自主管理的组织、集体，应该是让全体学生参与管理，参与全面管理的全过程，即无论组织的大小事情都需让学生参与决策、参与行动、参与评价，从而体现他们的主人翁地位，做到充分调动全体学生关心集体、热爱集体、建设集体，为集体建设做出贡献的积极性。

2. 公开、公正。公开是实现民主教育的重要条件和手段。学生自主管理也应有相当高的透明度，以体现师生间、学生间的平等关系，从而赋予学生了解权和知情权，这样才能调动学生参与自主管理的积极性。其中实施和推进学生组织公开是民主管理的必要举措。例如，学生的奖励和惩处，学生干部的产生、分工和更换，操行的评定，都应公开、透明。

3. 轻松、和谐。自主管理的学生组织，目标明确、班规透明、责任落实、监督有力、措施完备，使学生的日常学习、工作和生活井然有序，师生间、学生间有更多的信赖和协作，可以形成轻松愉快、坦诚互信、和谐协调的组织心理氛围，对学生的身心健康、个性发展和自身潜能发挥都起着极为重要的作用。

近几年，暨阳高中在“成长教育”旗帜引领下，在“尊重生命多样成长”的教育理念引导下，坚持不懈地探索学生自主管理的发展道路，遵循学生身心发展规律，注重学生的自主管理能力培养，提供了学生发展多元兴趣爱好的平台，提升了学生的团队意识和协作精神，通过不懈努力，获得丰硕成果。

学校主要通过学生会和学生社团两条途径，实施学生自主管理。现已通过完整严谨的制度、学生发展的实践，实现了学生自主管理工作的有效开展。2015 年学生会完善了活动章程，明确了各部门工作分配，提高了办事能力和效率；2016 年“暖阳”志愿者社团获得苏州市“明星社团”称号；2017 年“一夕”传媒社团创立社团新媒体平台，推送报道文章，获得一致好评。这些无不都是我校学生在“成长教育”旗帜引领下，大胆探索“学生自主管理”道路，不断创新，不断成长的印记和见证。

学生会——学生自主管理的练兵场

暨阳高中学生会是在学校党委直接领导下并在校团委具体指导下的群众性学生组织。校学生会以主席团为核心，下设秘书部、宣传部、文艺部、体育部、社会实践部、生活部。

多年来，我校学生会坚持“自我教育、自我管理、自我服务”的原则，积极发挥联系学生和学校的桥梁纽带作用，以服务广大师生为宗旨，以丰富我校校园文化建设为中心，积极探索具有我校自身特色的各类校园文化活动，为繁荣师生文化、丰富学生生活、促进校园建设做出了自己的努力，打造了如“红五月文艺汇演”“迎新晚会”“一二·九合唱”等一系列活动，此外还卓有成效地做了大量常规工作，成为校园学习、工作、生活的中坚力量。

学生会主动适应形势要求，时刻把握时代脉搏，在实践中研究新问题、探索新思路、拓展新途径、提高新层次、打造新品牌。树立牢固的工作意识，以改革为动力，以载体促活跃，以创新求发展，培养青年学生的创新精神、创业意识和实践能力，并全面加强学生会自身建设，团结、引导、带领广大同学，有效地服务于我校青年学生的成长成才。

学生会从无到有，到现在初具规模：2015 年通过学生会规章制度总章，每年 9 月学生会面向高一新生纳新，协助学校重大活动开展等，职责分明，工作高效，有条不紊。

学生会既是培养人才、锻炼能力、凝聚学生群体的组织，又是学生自我肯定、自我实现的组织。“自我服务、自我管理、自我教育”是学生会自治性的本质体现。学生的各方面需要是学生会工作的出发点和最终归宿。所以,学生会工作的定位是维护广大学生权益,全心全意为广大学生服务,促进学生全面发展。

如果说学校主体德育下的学生自主管理是我校德育一大特色,那么我校学生会便是此特色的形象代言人。学生自治,由学生组织团体去锻炼学生,是我校学生会一贯的工作思路。从学生会的招新面试到新一届各部门的成立,从学生会各部长候选人的竞选到正式部长的当选,再从每位成员的内部考核到学生会对各班的月考核,无论是制度的出台与修订,还是工作开展的部署与组织、总结与反思都由学生会自主完成。多年来,我校学生会已形成一套完善的自我管理机制,在此平台上,学生会各部门分工合作,策划开展文艺活动,努力进行社团建设,大力开展校内外志愿者活动,取得了比较满意的效果。

学生会在大力发展自身的同时,不忘根本使命,即从学生中来,到学生中去,提升自己的同时带领大家共同进步,热情工作的同时征求学生民意,做好学生与学校沟通的桥梁。例如学校广播站栏目的设定、学校学生会建议箱的设立、一系列学生食堂饮食、胸卡佩戴等问卷调查,都体现了学生会对暨阳学子的呵护与尊重,这也正是我校"尊重生命多样成长"的教育理念在学生会工作中的生动体现。

全国著名特级教师王君说:"我们来到这个世界,不是为了燃烧自己,而是为了照亮世界。"生命的意义不止于燃烧和奉献,而是要向外照亮,向全世界告白。什么是最好的教育,在找到更好的言辞之前,我们认为,让每一个孩子成为最好的自己,然后独立给自己的人生赋予意义——这就是最好的教育。而暨阳高中的学生会,为这样的教育做下了最好的注脚。在这里,是一棵树呼唤着一片森林,是一阵风吹醒了一片麦浪,是一个个灵魂找到了精神的家园,是一群人开始用奔跑的姿态面向未来,从此以后,海阔鱼跃,天高鸟飞。

一、组织机构安排科学合理、工作高效

校学生会以主席团为核心,下设秘书部、宣传部、文艺部、体育部、社会实践部、生活部。具体各部门职能简介如下。

主席团(Presidency)

由学生会主席与各部门部长组成。负责领导和管理学生会日常事宜,维护学生会工作正常高效进行。

秘书部(Secretariat)

负责协调学生会各部门工作,以及学生会各部门资料的整理工作,是整个学生会的核心所在,负责学生会内部各部门之间的协调工作;是学生会对外的窗口,也是整个学生会形象的代言者。

文艺部(Arts Department)

文艺部主要选拔优秀人才,组织学校中的各项文艺活动及安排演出,组织艺术团体,锻炼个人的自身素质与修养。

宣传部(Propaganda Department)

宣传部负责校广播站以及黑板报等班级事务的评比,围绕重大节日和校大型活动做好宣传鼓动工作。迅速及时地传达上级部门的指导精神,宣传校园文化活动的新动向。

体育部(Sports Department)

体育部以增强学生身体素质为目标,带领全校学生开展各项体育活动。有计划地广泛开展体育活动,组织学生进行校际体育邀请赛、班际体育比赛等,发现、培养体育骨干,丰富学生课余生活。

社会实践部(Social Practice Department)

实践部是让广大同学把学习与实践相结合的一个重要部门,其一切工作本着学习实践的原则,全力为学生营造一个良好的学习气氛,为同学创造实践锻炼的机会,团结和引导同学做到勤于实践,主要负责校志愿者、校运动会等活动策划。

生活部(Life Department)

生活部是校学生会的一个组织部分,是以服务同学、服务学校为宗旨,与学生日常生活密切相关的一个群众性组织,它以促进校园文明建设为己任,主要负责校园清洁,寝室安全、卫生;负责协调学生与食堂间的矛盾,并及时做好疾病预防知识宣传工作。

二、规章制度完整严谨、详细可行

国有国法,家有家规,“不以规矩,无以成方圆”。我校学生会作为学生自主管理的典型和示范组织,更是在“自我教育自我管理自我服务”的原则下,设立了包括活动总章程、各活动说明条例等一系列规章制度,以此来保证学生会日常工作的有序展开,并保证学生会工作高效、工作氛围良好,公平公正。

从纳新、学生干部选拔、任期届满更换都遵循科学的规则,有序进行,这是学生管理的重要体现,也是一个组织想要做好的必经之路。学生会日常同时协助德育处进行学生常规监督检查,并有一套操作流程,坚持公平、公开、公正,这些举措进一步增强了学生会干部的自我管理、自我教育意识,充分发挥学生会干部的积极性、主动性和创造性,提高学生会干部队伍的整体素质,促使学生会工作朝着制度化、规范化、系统化的方向发展。

附

学生会自主检查准则(部员版)

一、跑操检查

未穿校服(包括裤子)每人 0.5 分(上限 5 分)

跑步时嬉笑打闹讲话每次 1 分(上限 3 分)

口号不响亮、队伍不整齐每次 1 分(上限 3 分)

二、常规检查

1. 班级检查

班级留人,不外出参加 5 人以下每次 0.5 分,5 人以上每次 1 分(上限 1 分)

班级节电(外出不关闭电源设备)每次 1 分(上限 1 分)

2. 眼保健操检查

一人未做(睁眼偷看或写作业等)每次 0.5 分

多人未做(睁眼偷看或写作业等)每次 1 分

(备注:如果有老师在班级集体讲课,不扣分)

3. 卫生检查

外面窗台有灰每次 0.5 分

地面不干净每次 0.5 分

教室讲台、黑板槽有粉笔灰每次 0.5 分

(备注:11:55 检查,如果在检查时,班级有人出来打扫,视为不干净,照常扣分)

4. 升旗仪式检查

未穿校服(包括裤子)每人 0.5 分(上限 5 分)

列队时嬉笑打闹讲话每次 1 分(上限 3 分)

5. 黑板报评分(宣传部)

每个月(不定期)检查黑板报以 10 分制计算,由宣传部人员(人不够时调遣其他部部员)检查整理并上交,进行最后评分。

三、部员常规考核

每周六早读前上交一份 50 字以上的周考核,每部总共一份(总结本月或者上月检查的情况,或提出自己对于学生会的建议,学生会出现的不良情况及时上报,并且总结自身)上交给秘书部部长,再由主席评分记入档案。至期末从未上交一份

考核的部员视为自行退出学生会。

（备注：每月的第一周周四进行例常大会，由部长通知，总结不足，提出意见并改革）

四、部长常规考核

每月月末的周六早读前上交一份200字以上的月考核，每部总共一份（总结本月或者上月检查的情况，或提出自己对于学生会的建议，学生会出现的不良情况及时上报，并且总结自身）上交给主席，再由主席上交给老师。

（备注：每两周的周一进行主席团会议，由主席通知，总结不足，提出意见并改革，部内会议自行安排，不能与两个例会冲突）

三、自主管理民主性强、成效高

我校学生会作为沟通学校和同学们的桥梁，推动校园内各项决策的民主改革，增强同学们与老师们的和谐友爱关系，特别设立学生会“建议箱”，保证同学们“话有地说，话有人听”。每隔一段时间就由学生会相关负责人员前去收集整理意见，并及时和老师们、校领导们沟通，尽力解决问题。

除了“建议箱”的设立，我校学生会及时倾听同学们的诉求，创造更好的学校生活氛围。曾对“是否需要佩戴胸卡”问题，进行问卷调查和数据分析，学生会代表学生们与领导商量，商讨出最满意的答案。这些举措既是我校学生会服务学生的体现，也是对民主的追求和推进，让学生管理成为真正最好的管理。从学生中来，到学生中去，学生自我了解，自我解决，自我提升，都是我校“成长教育”理念下最好的案例。

附1

学生会建议箱告示

我还是相信，星星会说话，石头会开花，穿过夏天的木栅栏和冬天的风雪之后，你终会抵达。

你是否不了解学生会的工作？

你是否对学生会工作有创新的建议与想法？

你是否也想为学校常规检查工作提出建议？

欢迎广大暨阳学子前来提建议、抒想法！

信箱地址：求索楼三楼团教育室；德育处门口。

✲ 附 2

文艺部招新宣传案例

文艺部本着“全心全意为同学服务”的原则，为同学们提供施展才华的舞台，肩负着丰富校园艺术文化生活的重任。在歌声中激发学习兴趣，在舞动中放飞梦想；遵循“远志　力行　博学　悦纳”的校训，协助学校开展各项文艺活动，如红五月、一二·九、迎新晚会、联欢会、元旦汇演等，促进同窗友情，增进师生情谊，丰富校园文化生活。

文艺部作为一支拥有青春活力、奋发向上激情的队伍，走在校园文化的最前沿，以饱满的热情去拥抱短暂的三年高中学习，以轻松愉悦的乐调串联起每一位暨阳师生的心灵，不留遗憾地去挥洒青春的汗水，冲刺人生中关键的高考。

工作理念：

团结协作、积极主动、尽职尽责、大胆创新、廉洁奉献。

工作职责：

• 引导学生提高艺术品位，陶冶情操。

• 组织开展好各类校园文化艺术节活动。

• 举办各种文艺讲座和文艺演出活动，丰富同学们的课余生活。

• 组织编排文艺节目，积极参加校内外各种文艺演出及比赛。

• 配合学院相关部门，做好迎新晚会、“一二·九”歌咏比赛、“红五月”文艺汇演等大型庆典和节日庆祝活动的准备和组织工作。由部长统一领导指挥，充分发挥成员组织能力及创新精神，分工负责，统筹兼顾做好筹办工作。

• 完成领导交办的其他工作。

工作要求：

• 忠诚服务于学生会，热情服务于同学。运用多种形式进行文艺工作的宣传，发挥文化载体在思想政治教育中的作用，配合宣传部等其他部门，通过寓教于乐的方式，加强对学生的思想政治教育。

• 服从领导，听从指挥。认真贯彻院团委、学生会下达的任务精神。

• 协调沟通，共同进步。工作逐级负责、分工负责；紧密配合，顾全大局。

• 及时做好各类文娱活动计划、总结、群众反馈以及监督工作。

• 不断创新，开拓进取。开展工作、组织活动时，准备多套可行性预案，保质保量提交一套成熟可运作的实施方案。

• 集思广益，杜绝个人主义。认真听取部门成员有益建议，多方合作完成工作，有问题或异议公开、公正讨论，择优而定。

• 部门内部紧密团结，互帮互助。了解本部门成员的思想动态，做好成员的思想政治工作，关心成员的成长，在能力范围内为成员解决学习、工作、生活中的实际困难。

• 努力学习，锻炼自我。在完成学生会各项工作的同时，认真完成学习任务，争取成绩优异、工作出色，发挥学生干部的表率作用。

• 每学期末，对本部门工作进行总结汇报，不断提高活动质量，并制订下学期工作计划，提出本部门成员考核计划。

你可以不在聚光灯下，舞台却不能没有你。我们愿与你携手共进，伸出双手，许你韶华；愿三年伴你同行，同窗奋进；愿你青春年华，璀璨生辉；愿你的肩上是风，风上是璀璨的星群。

——学生会文艺部

附 3

学生会组织的问卷调查

近年来，各校都在加强学校管理，措施之一便是让同学佩戴胸卡，但这在大部分同学心中却只是一种形式，在进校门后就将胸卡摘下，并对此抱有一定的质疑，为深入了解学生想法，特做此问卷调查。

1. 你认为需要在校佩戴胸卡原因是什么？	
2. 你不喜欢佩戴胸卡吗？为什么？	
3. 如果不喜欢佩戴，换成其他款式是否能接受？请给出建议（或者设计一下新款），未来校园新款胸卡将来自于你的建议。	

四、尊重多样发展，注重成长教育

学生会是一个各种人才大施拳脚的平台，是一个和谐大家庭，更是竞技场，我校秉承“尊重生命多样成长”的教育理念，从宏观理念实践到微观学生会，培养并尊重爱国、有责任心、有创新能力的全面人才，提供丰富的才能展示机会，并让学生会成员真正有“权”，有事干。我们尊重人才的多样性，并不遗余力地扩大学生会优质人才队伍，注重对他们的能力锻炼。

一年一度的校“红五月”文艺汇演、迎新晚会等都由学生会负责策划、推动，主席团总负责，各个部门各司其职，利用优质的人才资源，发挥所长，为同学们提供最好的活动效果。

✲ 附

释放活力　创新无限

——学生会迎新晚会策划书

一、晚会整体框架

目的：在迎接新生的同时，提高、培养2016级新生的团队合作精神与集体荣誉感，通过团体游戏让大家领悟团结协作的力量，展现学生会的工作风貌，让全校师生更好地了解学生会。

1. 主题：释放活力、创新无限。

2. 关键词：团队、活力、激情、专业特点。

3. 形式：以小组进行游戏比赛为主，以娱乐表演性节目为辅助。

4. 时间：2016年10月28日星期四晚19:00—21:00

5. 地点：暨阳高级中学求健楼

6. 主办：暨阳高级中学学生会

二、晚会流程

（一）彩排（2016年10月25日、27日）

1. 10月25日下午3:00，文艺部工作人员到求健楼准备第一次彩排，把道具准备好，联系陆老师与指导老师按照协调表进行彩排。表演节目与游戏按当天的顺序彩排一次或多次，确保圆满成功；

2. 10月27日下午4:00，文艺部工作人员到求健楼准备第二次彩排，联系陆老师与指导老师按正式晚会进行彩排一次，主要是游戏规则，工作人员配合彩排与最后音乐调试确定。主持人的彩排由指导老师审核；

3. 游戏道具测试能用。

（二）正式晚会

10月28日文艺部工作人员要在16:00到求健楼做最后的工作准备，17:30文艺部工作人员去吃饭，18:30观众开始进场，19:00晚会正式开始。

1. 开场前30分钟由生活部带领各班代表同学就座，同时播放开场前音乐，起到活跃气氛的作用。

2. 开场前20分钟由生活部带领各部同学进场。

3. 开场前10分钟由礼仪员指引领导入场并就座。

4. 流程(注:10月21日出协调表与节目游戏单)

两名主持人伴着乐曲上台→主持人宣布晚会开始→主持介绍到场嘉宾、晚会形式、裁判、审核小组等→吉他弹唱热身游戏,主持人介绍小组比赛的人员,介绍第一个游戏规则并宣布游戏比赛正式开始→口琴演奏→继续游戏比赛→嘉宾游戏互动→继续游戏比赛→街舞表演→继续游戏比赛→观众游戏互动→继续最后游戏比赛→游戏结束后唱学生会会歌收场,同时裁判、审核小组进行评分和评选单项奖,评定后主持人宣布获奖小组名单,颁奖→请领导合影留念→宣布晚会结束→请领导退场、观众离场。(生活部工作人员保证退场秩序,文艺部工作人员整理会场器具,打扫会场)

三、节目表及游戏具体内容

节目表:吉他弹唱(王怡雯)

口琴演奏(黄涵语)

街舞表演(苏梓蒙)

游戏表:另附

四、预算

1. 司仪服(2套)租:500元,押:3000元

2. 礼品(10份)100元左右

两个互动游戏设10份礼品,小组设最佳团队奖、最佳配合奖、最有活力奖、最有魅力奖,打印奖状。

五、应急措施

1. 音乐问题:会前一小时,提前做好准备。(MP3、CD等格式各备)

2. 安全问题:由于晚会中大部分都是多人参与类的游戏,所以发生碰撞在所难免。主持人与裁判小组会时刻注意参赛人员的安全问题,并提前告知参赛选手,如果发生冲突事件将被取消资格。

3. 到互动游戏时,如果观众参与积极性不高,工作人员主动或由主持人叫上舞台参与,以免出现冷场。

4. 要经过实践来确定游戏的可行性,并且小组人员要先熟悉游戏规则,避免在游戏中发生混乱和不会玩的现象。

六、工作部门

学生会指导老师:负责人事调动及晚会所有相关事宜;

主席团：晚会所有相关事宜及各部门的工作指导；

秘书处：负责请柬、邀请函的制作；

宣传部：负责海报与横幅的设计与制作，在橱窗粘贴做好宣传，拍照等工作；

学习部：提供节目单，准备通讯稿（放上校园网）；

广播站：写出广播稿，进行宣传；

社会实践部礼仪组：引领、颁奖（送奖品上台）；

体育部：负责监督参赛人员在游戏中的行为；

文艺部：负责计算整场比赛的得分情况。要安排表演人员与参与人员前台、后台纪律、塞麦、道具摆放、游戏示范、道具看管、道具收尾整理等事宜，发生意外时与指导老师联系。

七、游戏的评比方式

PK 方式：互动游戏的比赛，跟观众互动、外校嘉宾互动，胜出的赠送小礼品。

学生社团——学生成长的第二课堂

社团是学生成长的第二课堂，暨阳高中社团建设的起点就是学校“尊重生命多样成长”的教育理念。我校的社团建设，遵循学生身心发展规律，注重学生的自主管理，充分发挥学生当家作主的积极性，既提供了学生发展多元兴趣爱好的平台，又提升了学生的团队意识和协作精神。如果说学校是个大家族的话，那么各式各样的社团就是这个大家族中的小家庭。社团中的每个人都亲如家人，社团之事也就是学生课堂之外操办的重大“家”事。好的社团，能加深同学间的情谊，锻炼学生自主管理能力，丰富学生的校园生活，开阔视野，让各类人才脱颖而出，让每个学生的特长都得到更好的发展。

社团的建立除了要尊重学生的兴趣和意愿外，还应当注重社长选拔。每年九月，学校团委都会面向学校所有学生公开招聘社长，只要不违法，不有悖于道德，不与社会主义核心价值观起冲突，无论是什么创意，只要有能力有想法，都可以申报社长一职。

社长是社团的领军人物，要能够将兴趣爱好相同的学生凝聚到一起，给社团成员带来成就感和归属感，共同肩负起建设社团的使命。一个优秀的社长要“过三关”：第一关，理念关。社团的核心价值体系的形成，能够使社团发展和活动的目标性更强，好的社团应有一个社员共同认可的价值观，这样的价值观的建设不是光靠口头说的，而是在实践中总结和逐渐完善的。只有这样，每名社员才会对社团有一种认同感。第二关，交际关。一个优秀的社长，必须是一位交际的多面手，既能够和指导老师打好交道，从指导老师那里获得活动策划安全性、可行性等各方面的指导，又能够和社员以及社团外的其他同学打好交道，凝聚各种资源为社团活动服务。而社团开创之初，他还得是一个宣传的旗手，只有好的宣传思路和形式才能广招社员，聚拢人气。第三关，领导关。光有理念和交际是不够的，还需要通过好的领导能力，把想法落实下去，一个优秀的社长，能待社员如家人，发挥每个社员的主人翁精神，明确分工，默契合作，团结共赢，使社团发展获得源源不断的动力。

社团是学生成长的家园，在这里学生不仅可以获得知识的丰富、能力的提升、兴趣的发展，还可以赢得友谊、磨炼意志，为今后的人生打下亮丽的精神底色。这段高中生涯中家庭般的温馨、自由充实的快乐，是一份永恒的美好回忆。

通过"痛苦转型"的"一夕"社团，通过多位社长商量后合并组建的"艺术人生"社团，出了诗集并为学校各大活动助力的"暨阳诗社"，获评苏州市明星社团的"暖阳"志愿者社团……这一个个优秀的学生社团，是回馈给我校素质教育的最好礼物，如同鲜花、掌声、青春、生命、爱与诗，在教育的田野上永不凋零。

目前，我校有传媒、志愿者、动漫、辩论、篮球、足球、声乐、舞蹈、乐器等学生社团，数百名学生参与其中。近几年，我校各学生社团按照《暨阳高中社团活动总章程》的要求，持续开展学生社团活动，活跃学生文化生活，提高学校办学的文化品位，学生社团活动经常开展，各项工作任务高效完成。

一、目标明确，导向性强

我校社团活动确定了明确的指导思想，始终围绕"尊重生命的多样成长"的教育理念，社团活动以落实素质教育为目标，坚持规范运作、特色创建、文化主导、打造精品、提升素质的工作原则，以阵地建设为平台，以活动为载体，大力激发学生学习兴趣，为学生搭建成长舞台，全面全程提高学生动手操作能力，培养学生创新意识和实践能力，大幅提升我校素质教育水平。明确的指导思想，为学生社团活动规定了发展的方向，提出了高标准的要求，我校社团活动得以健康发展。

二、组织严密，落实到位

我校学生社团活动组织严密，为学校由制度管理向文化管理执行积累了丰富的经验。社团活动督查到位，学校加强了对学生社团活动的管理力度，成立了领导小组，由德育处负责落实，并举行一年一度的社团成果展示汇演。社团活动有序开展，每个社团有工作计划，有固定活动时间，有固定场所，有专人负责，有人员名单，有活动记录。社团各项工作任务得到了有效落实，达到了预期的目的。

为了促进社团常规工作更好地顺利进行以及提高学校副班主任队伍质量，学校推出“副班主任认领社团制”，根据各社团及各副班主任的意愿，安排一位副主任“认领”一个社团，成为指导老师，维护社团日常事务，促进社团发展，以利于各社团更加均衡长期发展。

三、效果显著，成果喜人

通过几学期的工作，我校学生社团活动实现了预期的目标任务，得到学校的充分肯定和师生、家长的广泛好评。其中不乏有精品社团出现，他们具有极强的策划能力、创新能力，在实现自己价值的同时，为学校文化繁荣做出了突出贡献。

目前在各个社团均衡发展的同时也涌现出苗头正好、创新大胆的“明星社团”，这些社团都具有组织健全、自主管理、特色鲜明、成效显著等特点。

案例

特色社团“英语角”概况介绍

• 社团名称：英语角

含义：简洁的三个字“英语角”就是指“一个属于英语的角落”。一个英语爱好者，英语文化爱好者聚集、交流讨论的“角落”（组织，社团），更是指我们一直强调的“我们的精神角落”，寄予我们对精神角落的建立的希望和呼吁。

• 成立时间：2015 年 9 月 10 日

• 社团宗旨：“让语言回归语言，让文化感染文化”

经常听到老师和学生们抱怨教学和学习英语这个过程都太痛苦，我们就在想，是什么在使这个过程变得复杂痛苦，我们应该怎么做才能缓解这种“痛苦”呢？后来我们发现，同学们想学英语却找不到方法，语言环境的文化熏陶和背景知识的缺乏、语感的缺失等；老师们想教英语，却不能很好地和同学形成良好的教学互动关系，或者说找不到教学切入点和对学生的（英语素养）不了解等。“沟通”是师生关系中缺失的最重要的部分和过程。

我们听到学生们说英语难学，好烦。这是没有办法的，一门语言总需要大量的积累。

我们甚至经常听到学生们说英语没用。从学生长远发展来看，“考查更多的是执行力”的高考这种考查制度下的英语学习确实是“病态和浅薄”的。我们只能得到最基本的英语基础和语言素养，书本上的知识、词汇、语法覆盖面也跟不上时代的发展。缺少语言环境的我们，不能真正感受到英语社会所形成的语言运用氛围。对英语的不理解、不习惯，这也一定程度上导致了英语教学和学习过程的吃力。

除了英语语言本身，英语文化也是非常重要的部分。

以英语为主要语言的西方文化比以中式文化为代表的东方文化更显自由和现代气息。在21世纪，这两种文化的碰撞总在不断地发生。但在暨阳高中，我们很少看到这样的现象存在。所以，我们创办这个社团，主要是为了把我们对世界的理解，对这种文化的理解，与同学们一起分享。也由我们社团作为学生和老师之间的桥梁，去减轻教学——学习过程的痛苦程度。甚至在暨阳高中，在教科书和考试的夹缝中，我们想和同学们、老师们留下一片只属于我们的土地，将英语除去妖魔化的外衣，让它回归到一门语言，留下一处有着我们共同回忆和文化的精神角落。

- 自主管理

社团自主组织活动，由3位社长（王成、赵家仪、吴韵涵）共同商量活动主题，并自主通知社员利用自己的课余时间，共同完成社长布置的小小的活动作业，例如英语辩论准备、主题演讲准备、歌曲电影介绍等。大家互相学习，观看视频，学习更加纯正的英式口音以提升自我。活动采用“社员每周负责制”，将每一周活动分给当周负责社员。在推广校内大型活动之前，临时召开会议讨论活动方案，由专人负责指定项目，例如与校领导、校英语教研组联系。在自主管理的同时，也邀请老师作为社团指导老师提供学术支持和顾问，同时也邀请了外教作客活动。活动经费在社团内部开始试征收，保证活动的独立自主性。活动场地也与校方讨论，提出教室借用申请。

- 特色鲜明

作为文化性质的社团，将“文化”置于“英语”之上。活动方向上，在举办以兴趣爱好和娱乐文化产品鉴赏学习活动的基础上，也更注重对自己能力（演讲能力、交谈社交能力）的提升和对英语口语与听力更深层的提升。活动对象上，在举办社团内部成员活动的同时，我们也非常愿意举办面向全校师生的校内文化推荐类活动。活动范围上，除了举办演讲类活动，我们也将与其他校内社团合作，比如计划与校内的话剧社举办“课本话剧”演出，与暖阳志愿者社团共同举办爱心义卖活动。同时也积极与校内英语教研组合作，制作摸底高一新生英语素养和关于英语角活动的调查问卷等。

同时，我们对社团活动质量有着较高的要求。每次活动都有着严格的活动流程，保证社团所有活动过程和资料（经费）的透明化和公开化。也秉着“人人平等”的原则，将活动任务分配到每一人，包括海报制作、活动包装、活动协调都由专人负责，对活动质量有着严格的要求。

充分利用学校校内媒体（微信公众号、校内报纸）、广播站、公布栏等校内资源。在活动后，及时将活动精华内容和活动反馈整理好后利用网络平台再次宣传发布，同时制作成电子音乐清单、电影清单、书籍推荐清单等。

• 主要活动介绍——“英语（文化）周”的校内活动介绍

1. 活动主题

通过以英语为基础的影视欣赏、音乐欣赏、演讲活动和文学鉴赏等活动，学习和感受英语氛围，锻炼英语综合能力。

主题：“文艺复兴（Renaissance）”

2. 活动背景

在校团委和老师们的支持下，为提高社团影响力，发挥我们的优势，传播校园文化和英语文化，与 2016 暨阳美国游学团取得联系，获得支持，协助宣传此次活动，交流心得。

3. 活动意义

一方面，为我校营造良好的英语学习氛围，丰富校园文化生活，拓宽学生的国际视野。让喜欢英语的同学能找到一个发展的平台，让对英语有兴趣的同学能找到一个学习的平台。通过学生间的交流互动，集交流性与学习性于一体，加强学生之间的交流。

另一方面，提高社团的影响力，扩大宣传力，丰富社团成员的课余生活，同时培养本社团成员的英语口语表达能力、活动策划力、思维敏捷度以及良好的交际能力。

4. 活动对象

全校师生（高三部分活动参加）

5. 活动过程

（1） 英语文化感受类

a. 广播站午餐（及饭后休息）时间播放英文歌

• 时间为 11:30—11:50，17:30—17:45

• 英文歌由英语角来收集准备，主题为“AntiPop（拒绝流行）”

主题阐释：“拒绝流行”的“流行”是指没有文化内涵、机械化生产的符合大众无聊趣味的歌曲，“拒绝流行”也更是一种我们倡导的精神，希望能从选择音乐的一个小小方面的精神渗透到审美等其他方面。

① 英语角社团内部交流讨论，精选不同种别曲风的英文歌（Hip-Pop、Soul、

R&B、Rock 等)

(附英语角音乐挑选清单 http://music.163.com/#/m/playlist? id=420006782&userid=67984886)

② 在英语周开始前,向社团指导老师及英语办公室收集最有价值的英文歌。

③ 在英语周开始前,在校内收集同学们想点播的最喜欢的英文歌,起到推动全校学生"全员参与"和交流讨论的效果。

• 收集整理后,及时制成海报,张贴公示,向同学们展示歌曲曲目、播放时间、曲风以及其他信息。

b. 英文电影展示

考虑到学校在体育节期间某一晚自习会组织放电影,希望学校可以配合"英语周"活动放映英文电影。

• 电影挑选由英语角来完成

要求:积极向上,有文化内涵。

• 挑选完毕后,由学校最终选定,最后再直接或间接通知到各班班主任。

(附英语角电影挑选清单 https://www.douban.com/doulist/44892600)

c. Icon(偶像)系列(推荐)活动

为使同学们进一步感受英语文化氛围,培养英语学习的兴趣,英语角从影(新增纪录片形式)、音、书等方面准备系列推荐活动,在有个人精神和有益的文化作品的基础上,更深层次地探索人道主义,反对种族歧视,宣传女权主义等。

• 整理方面由英语角准备,审核由校方完成。

• 布置海报宣传。

d. 黑板报、《暨阳苑》报纸等介质的文化分享活动

• 黑板报以"英语文化"为主题,或留一个板块给同学们交流分享。如英文谚语、英语歌曲、英文美文美句等,或由英语老师自己策划利于自己教学的内容。

• 《暨阳苑》报纸可以收集同学们的英语美文、英语学习心得或张贴"英语周"活动照片。

(2) 演讲、交流互动类

a. 班会时间的活动布置(同样适合高三)

初步定为高一、高二年级分开主题

• 每班选出班会 Host(主持)(总主持为英语老师和班主任)

关于 Host 的引领和管理:

英语角先与每班班主任、英语老师、英语课代表沟通,明确要求,选出 Host 后,

在空余时间集中召开会议，再次强调要求和建议等，最后 Host 准备好班会方案(副本)，再交于英语角。

高一

以做一些简单的英语互动游戏为主，既可以让大家学到英语知识，还可以在高度集中的状态下娱乐。推荐如下形式的活动。

① 猜单词：一位同学准备一个比较简单的单词(可以是有关生活中比较常见的人或事物)，该同学描述其特征或是其含义，让别的同学来猜，可以提高描述者的口语表达能力和猜单词同学的听力水平。

② 单词接龙

③ 学习谚语

④ 绕口令比赛

⑤ 英语原声电影经典对白以及经典情节现场模拟

⑥ 英语才艺展示

• 各班活动方案由各班英语老师或班主任及班级 Host 在班会前准备好，并将方案副本交付英语角。

高二

以演讲(Presentation)、话题讨论(Discussion)为主，更注重同学们的语言表达能力训练。推荐如下形式的活动。

① 话题讨论：英语角提前准备和公布 4—5 个话题供大家选择，让同学根据话题发表自己的见解，并进行小组讨论，最后做 Presentation(必选一个英语角提供的主题，Host 再挑选班级自定的话题)。

② 演讲有准备演讲、即兴演讲、主题辩论等

③ 做一些简单的英语互动游戏

④ 英语才艺表演

b. 演讲比赛的举办(小范围)

c. 与外教交流或更多活动的举办

(2015 年中秋节校方做了与外教交流的相关活动)

d. Educational 系列

为了更加直接地帮助同学们学好英语，我们做出开展 English Lessons On Air(空中英语)的广播节目供校方参考。

• 区别于英语教学重点在语法、词汇、阅读能力上，我们将更多的注意力放在英语的使用习惯上，注重原生英语使用者(Native speaker)的思维方式和使用技

巧,更具实用性,组成"English Tips"广播集。

- 邀请英语老师(社团指导老师)、英语学习佼佼者来分享他们学习英语的良好建议和技巧,组成"英语(应试)学习建议"广播集。
- 分享有趣的英语个人故事、趣闻逸事、英文笑话等组成"Relax Time"广播集。
- 邀请到2016暑假美国游学同学分享在美国期间的心得体会。
- 更多细节需与校方、学生会宣传部商议。(时间、主播人选等)

(3) 与体育节相联系的活动

- 在体育节开幕式前播放2016里约奥运会宣传曲"Katy Perry-Rise"。

6. 活动总结

从最初社内对自我价值实现和传播英语文化正能量的一个小小的梦想,到形成一个在校内的举办文化推荐活动的小想法,再到最后和校方一起付诸行动和实践的校内文化活动"英语周",我们一路走来,积累了活动经验。

活动从最初开始将想法具体化,活动可行化,再到和社内成员在暑假一起搜集资料、修改活动方案,并借助校方在高一军训期间做分发、整理英语素养摸底和英语周活动方向调整的调查问卷,接着到交付社团指导老师和学校团委策划案初稿,前后期着手准备活动和最后敲定活动策划案,到最后完美地给学校、老师、同学交出英语周活动的满意的答卷。

在活动中,虽然我们遇到了前所未有的社员交流讨论洽谈问题,遇到了最初与学校活动对接不成功,被老师们一开始不理解的问题,我们没有放弃,坚持着自己社团"让语言回归语言,让文化感染文化"的社团宗旨,将自己对文化的理解和热爱推广到全校范围,将社团作为学生和老师英语交流的桥梁作用发挥到最大。也只有这样,在活动结束后我们能看到老师及同学们的笑脸,也能看到自己的笑脸。

在这次活动中,我们看到社团成员能力自我提升的同时,也同样看到学校老师、同学们对活动的推动和支持,也看到我们暨阳高中,真的在不断地践行着"尊重生命的多样成长"的教育理念。我为自己身为"暨阳人"感到自豪的同时,也真正体验了一把"暨阳人"的精神传承。

在这里,特别感谢英语角社团所有成员:

社长:王成、赵家仪、吴韵涵

社员:许瑜、钟长婷、景熠、杨梦芹、范志熠、梅世雄、张阳、苏子檬、牟梦颖、张浩宇、陈天翼

社团指导老师:何科诚老师、季筱燕老师

“真正的教育是自主教育”。如同万川入海一般，学生会和社团组织把一条条个体的细流，一朵朵个体的浪花汇聚起来，汇集成壮阔的大海。那些不满足于狭小的心愿，不局限于圈囿的期盼，那些对自我生命拓展的延展与追求，让每一个渴望成长的孩子走向更广阔的集体，登上更高远的舞台。教育是没有蓝图的旅程，尊重生命的多样成长，引导学生在自主管理的道路上越走越远，越走越好。

第四节　在活动中成长

2016 年 2 月，春寒料峭，暨阳高中校园内却呈现出一派“东风拂面，春蕾渐开”的祥和景象。“文明和语三春暖，礼貌待人天地宽”，新年新学期伊始，我校就以规范学生言行举止等日常行为为抓手，轰轰烈烈地开展“讲文明、懂礼仪、知荣辱”文明礼貌月主题德育活动，通过开展“五项文明”教育，进行“五项文明”评比，以班风促学风，提振全校师生精神，致力于培养学生良好的行为习惯，着力于提升学生的核心素养，在潜移默化中助力学生成长。

有人说，德育是学校教育的灵魂，是教育教学之根本。德育作为一个复杂的系统工程，是一门精雕细琢的学问，更是学生健康成长、实现素质教育不可或缺的重要保障。特别是在新的教育形势和发展要求下，我校正高举“成长教育”旗帜，依据学校的育人目标、学生的身心发展特点、现有的教育教学资源，借助重大纪念日等契机，系统地策划主题德育活动，精心编排活动内容，实现主体德育的主题活动化，活动系列化，内容课程化，从而不断丰富主体德育层次与内涵，打造主体德育特色与品牌。

“主题月”教育活动是一种以学生为主体，以教师为主导，一般以一个月为时间节点，围绕某一个主题，有计划、有目的地开展形式多样、内容丰富的主题教育活动。学校将主体德育活动内容与国家、省、市教育方针、未成年人思想道德建设等内容以及社会需要结合起来，找到共同点，确定全年围绕“文明礼貌、志愿服务、缅怀励志、弘扬正气、法制教育、常规管理、爱国精神、身心健康、迎新汇演、生涯实践”等十大主题，在每个月有计划地开展符合学生身心发展的德育活动，并形成实践式、体验式的主体德育模式。

在明确任务后，我校积极探索实践主题德育系列活动，研究“主题月”系列活动的可行性和可操作性。首先是总体策划。学校校长牵头、德育处策划，组织学校德育领导小组、各班主任、德育导师深入学习德育教育理论和相关文件，罗列出一年中重大节日和拟开展的德育内容，并迅速将节日与德育内容进行整合，确定学校

“主题月”德育内容方向和活动策略，初步制定相关“主题月”活动方案，并在实践中继续完善优化。其次是具体实践。主题德育的具体实践如下。

一、“文明礼貌月”系列活动

二月“文明礼貌月”活动中，全校开展包括创建文明寝室、创建文明教室、建设文明就餐（集会）、文明上网以及文明交通在内的“五项文明”教育，并进行“五项文明”评比。二月“文明礼貌月”活动，旨在培养“远志力行博学悦纳”的暨阳人，强化“做一个可爱的暨阳人”的意识，强化“走进暨阳我是暨阳的主人，走出暨阳我是暨阳的形象”的意识，加强学生行为规范的养成教育，塑造“暨阳人”良好的个性形象，培养学生“品行文明、品性健康、品位高雅、品质高尚”，形成良好的班风、学风、校风。

学校分三个阶段落实活动内容：第一阶段是宣传发动和自查阶段，全校广泛利用黑板报、班会、升旗仪式讲话等多种形式，搞好宣传发动，使全校师生了解活动安排，统一思想认识，从而推动活动顺利全面开展。第二阶段是自律与督查阶段，全校各班、全体学生落实学校各项要求，规范言行，提高文明素质，各年级管理部、学生会、团委、德育处加强检查考核，以达成目标。第三阶段是总结反思和巩固阶段，校领导总结各班开展“五项文明”教育活动的经验和不足，巩固效果，并针对存在的问题，开展整治工作，确保形成良好的校园秩序。

二、“学雷锋活动月”系列活动

三月“学雷锋活动月”实践中，围绕“弘扬雷锋精神，参与志愿服务，争做美丽学生，建设美丽校园，提升文明素养”活动主题，传承不泥古、创新不离宗，既继续弘扬雷锋精神实质，又把握雷锋精神的时代内涵，以此作为中学生践行社会主义核心价值观的有力抓手，开展了诸如从身边的小事做起，从学习、生活、思想等方面通过一助一、多助一等形式进行的互帮互助活动；组织青年志愿者，在上级组织的指导下开展各项志愿活动，带着慰问品到社区与孤寡老人开展诸如“我们一起过元宵节”活动，带着玩具礼品到市福利院与小朋友一起开展游戏活动，带着清卫工具主动上街打扫公交站台等。

学雷锋，树新风，通过开展常态化的“学雷锋活动”，学生在新的精神载体中受到潜移默化影响，学生关心集体、互帮互助、团结友爱、拾金不昧等好人好事层出不穷，文明行为随处显现，特别是在体育节、社会实践、心理健康周、迎新汇演、社团及志愿者服务等活动中，涌现出了一大批品行好、责任感强、工作能力突出、热心为同学和集体服务的优秀学生群体，“远志　力行　博学　悦纳”的良好风尚在暨阳高中校园蔚然成风。

三、"革命传统教育月"系列活动

四月"革命传统教育月"活动中，积极响应市教育局关于组织好革命传统教育活动的通知要求，精心组织，认真策划，在学校师生中开展了革命传统教育和爱国主义教育活动。利用校园广播站、板报墙报等媒介，介绍活动目的、意义以及革命传统精神的实质和表现等，营造良好活动氛围。利用国旗下讲话，以"弘扬先烈精神，做了不起的中国人"为主题对全体师生进行教育讲话；通过班会课、思想品德课等途径对学生进行"弘扬革命传统精神，立志报效伟大祖国"宣传引导；组织学生收集革命传统素材，开展有关主题征文活动；组织入团积极分子和学生代表开展"缅怀革命先烈"扫墓活动等。

学先烈，见行动。通过系列主题教育活动，让学生在活动中缅怀先烈的革命精神，引导学生树立起正确的世界观、人生观和价值观。

四、"红五月艺术节"系列活动

五月"红五月艺术节"的主题是弘扬"五四"精神，继承光荣传统，成就辉煌学业，塑造火红人生。艺术节活动精彩纷呈，其中最为核心的当属文艺汇演（社团展示）。同学们围绕"阳光·成长·快乐"这一主题，精心准备，发挥自己的聪明才智，在演出形式等方面不断突破创新，设计了新颖的比赛节目，展示了当代中学生的特点。其中如学生自己设计的舞台剧《年华·记忆·暨阳》，诙谐幽默，印象深刻；诗朗诵《青春的赞歌》，演绎激扬红五月，传递青春正能量；音乐剧《家是爱》，让大家感受到了家的温暖，引起大家共鸣；乐器联奏《青春》、心理剧《幸福的距离》很好展现了同学们在暨阳快乐成长的生活场景，演绎了青春魅力，诠释了幸福真谛。

除了文艺汇演外，学校还举办师生艺术作品展、师生书法比赛、摄影比赛、高三成人仪式、课间跑观摩活动等。通过系列活动，充分展现师生的才艺，彰显良好的精神面貌，师生拥有健康阳光的心态，促进师生全面健康成长，共同唱响"心往一处想，力往一处使"的"好声音"。

五、"法制教育宣传月"系列活动

六月份"法制教育宣传月"，旨在强化全体师生的法律意识，增强自我保护意识，做知法、懂法、守法、用法、护法的好公民。加强了与当地公安、交通部门的联系，加强与市法院、市公安局、市边防检查站、城中派出所、杨舍交巡警中队、市文化稽查大队等单位的结对共建关系，聘请了兼职法制副校长和法制辅导员，逐步完成法制宣传教育工作队伍建设；充分发挥校广播台、校报、橱窗等宣传阵地的作用，开展法制教育主题班报评选活动和法治教育主题手抄报比赛、演讲比赛等，丰富法制宣传教育活动内涵。与此同时，学校积极而又稳妥地推进依法治校、依法治教进程，把教育改革和发展的各项工作纳入法制轨道，促进了学校事业健康、协调发展，为促进建设平安暨阳，构建和谐社会，创造了良好的法制环境。

六、“强化常规管理月”系列活动

九月份“强化常规管理月”活动以“抓常规、正言行、树新风”为主题，强化“走进暨阳我是暨阳的主人，走出暨阳我是暨阳的形象”的意识，加强学生行为规范养成教育，展现暨阳学子良好的精神面貌。组织全体学生认真学习《学生手册》，使学生人人明确要求：高一年级，进一步加强入学规范教育，加快新班集体整合，使学生迅速适应高中管理，巩固军训成果；高二年级，进一步加强班级的整合，养成良好的行为规范、学习习惯，迅速形成良好的班风学风；高三年级，进一步加强班级日常管理，以严格管理促教学质量提高，纯化年级风气。组织学生进行个人荣誉申报、“星级寝室”“星级班级”创建申报，激发学生向善向上的主动性和积极性，培养集体荣誉感；搭建好学生自主管理舞台，引导学生自我选择，自我管理，自我教育，自我服务，发展才能，培养自我责任感和社会责任感。各班组织“文明暨阳人”形象大讨论，就“礼仪常规（文明礼仪）、仪表常规（仪表仪容）、交通常规（骑车走路）、班级常规（升旗仪式、课间跑、班级卫生、包干区卫生、节约水电、就餐纪律、午休自修纪律、宿舍内务、就寝纪律、胸卡佩戴）、纪律常规（遵纪守法、禁止吃零食、禁止在教室用餐、禁用手机）”等五大常规要求进行自查自纠，召开“新学期、新形象、向教师节献礼”主题班会，以实际行动庆祝教师节。由校行政值班和团委、年级管理部进行巡查考核，发现问题及时通报，责令整改，从而实现班级卫生清洁化、环境布置规范化、课间生活有序化、班团活动正常化、人际关系和谐化。

七、“弘扬和培育民族精神月”系列活动

在十月“弘扬和培育民族精神月”中，大力推进社会主义核心价值观教育，深化文明城市创建，以爱国主义教育为核心，以中华民族美德和革命传统教育为重点，引导学生树立民族自尊心、自信心和自豪感，激发学生与伟大祖国同呼吸、共命运的爱国热情。弘扬优秀传统文化，利用中秋节特有的民俗特色，开展“传承文明颂中秋——我们的节日·中秋”主题活动，发动学生搜寻有关中秋的历史文化、习俗风情等资料，营造浓郁氛围，让学生充分感受传统节日魅力，吸取传统文化的精神营养，形成奋发向上的精神力量与团结和睦的精神纽带。举行中华经典诵读会、中秋诗文朗诵会、中秋民俗故事会演讲等活动，引导学生领略中秋节日文化内涵，进一步筑牢中华民族的血脉根基。利用庆祝国庆，开展“壮志豪情献祖国——我的梦·中国梦”主题活动，组织“壮志豪情献祖国”主题班会，组织学生以书画、摄影、摄像等形式描绘祖国、家乡建设成就，组织参加中华经典诵读比赛，评选“校园十佳歌手”，让学生感受祖国辉煌变化，推进理想信念教育和爱国主义教育，引导学生将个人的理想与祖国的发展紧密联系起来，立志为中华民族伟大复兴发愤读书，贡献力量。开展以“团圆、和谐”为主题的慰问活动，组织志愿者走进社区、福利院、民工子弟学校，开展“送温暖”活动，为孤寡老人、空巢老人、贫困的民工子女奉献爱心，传递暨阳青春正能量，感受港城大家庭的温暖。此外，高二年级青少年基地实践活动更是一次融入粗粝的肌肤体验，白马金羁谁家子，连翩飞驰暨阳儿，同学们用自己的双手、双脚去体验生活的另一种境界，收获生命的多样化成长。

八、“心理健康教育月”系列活动

十一月的“心理健康教育月”旨在增强师生心理健康意识，营造校园心理教育和谐氛围，提高师生维护自我心理健康的能力与水平，促进师生身心健康成长。活动主要围绕以下几个方面展开。一是“看”。各年级学生组织观看《力克——没有四肢却拥有光辉人生的生命见证》《被嘲笑的梦想》等励志演讲，深刻感受坚持梦想的重要性，体会在每一个梦想实现的背后，都是坚持的力量和奋斗的汗水，思考自己前进的目标。二是“说”。安排了国旗下讲话，各班举行了以“积极心理——同伴优点大轰炸”为主题的班会，激发学生的自信，使学生更好地悦纳自我，关爱他人，也使班集体建设得更加温暖和谐。三是“听”。心理老师樊晓花为全校学生举办《相信自己，为青春喝彩》的讲座。四是“体验”。在生涯社团活动中，学生更多地体会到职业规划对今后学习和人生的重要性，更明确了自己今后的学习目标和方向。在青年教师的“心理沙龙”活动中，戴小燕老师创设情境，老师们积极互动，不仅乐在其中，而且乐有所思，把活动体验和自己的教育教学工作紧密联系起来，感想颇多。五是“评比”。“笑看挫折，自强不息”心理板报评比，各班认真组稿，图文并茂，精彩纷呈。六是“培训”。对学生心灵卫士进行了培训，提供了展示自我、发展自我的平台，使学生的心灵得到净化，思想得到提升，人格得到发展。

九、“教育文化节”系列活动

十二月“教育文化节”是暨阳高中师生生活中的一件大事，同时也是提升暨阳高中社会知名度和美誉度的重要载体。举办一二·九歌咏大赛，同学们以饱满的热情唱响校歌、唱响爱国主义主旋律，唱出了暨阳学子的精神面貌。举办迎新诗会，丰富校园文化，丰厚了同学们的文化底蕴，助力生命多样成长，建设美丽暨阳、诗意校园,以情感作酒,诗歌当杯,共赴一场流光溢彩的思想盛宴。节目形式或经典再现,或班级原创;或小团体朗诵,或集体朗诵。同学们热情高涨,以饱满的激情、激昂的语言、大方得体的举止来展现自己的表演,前来观看的家长和师生都为这声情并茂的朗诵表演而感动。组织以"中国梦·暨阳梦"为主题的暨阳高中"美丽教师"颁奖典礼暨迎新汇演,展现教师风度、学生风采。青春不散,激情不灭。歌的世界,舞的海洋,无论是暨阳师生,还是家长嘉宾,无不带着满心欢喜和感动,为暨阳师生的多才多艺欢欣和感叹,共同奏响包容友爱大家庭的优美篇章!举行"教学开放日"活动,以"实践'目标教学',打造高效课堂"为主题,精心组织课堂教学,展示我校课堂教学改革的"目标教学策略的实践研究"的课堂教学特色和魅力,受到同行及家长的高度赞扬。

十、"生涯规划体验"系列活动

生涯发展指导是一项贯穿整个高中阶段的综合性工作,旨在帮助学生认识自己、了解社会、了解职业生活,据此学会选择,不断调整完善,并通过孜孜不倦的努力实现目标。因此,我校根据学生年龄特点,设置不同年级发展目标:高一年级侧重自我认知、唤醒潜能;高二年级侧重了解职业、科学规划;高三年级侧重实战演练,选择专业,冲刺理想大学。定期开展"生涯讲堂"。通过邀请市内外著名企业家、科技创业人才来校讲座、座谈,起到典范引领作用。开发"学长课程"。通过邀请在大学深造的优秀毕业生回校或者拍摄微视频、介绍学校和专业;邀请已经毕业并创业的优秀校友来校讲述生活创业体验。拓展"家长课程"。通过邀请在各行各业做出成绩的家长、对本职业前景发展有深入了解的家长来校做讲座等。拓宽"德育基地"。通过志愿者服务联盟引荐,与城管城西中队、市博物馆等单位签订共建协议,建立校外德育基地,让学生亲身体验城市管理与变迁,一起努力让城市更美好。通过师生一起编写生涯规划小报,系统介绍规划的知识、方法等,引导学生找到个人兴趣点,主动寻找相关书目阅读。介绍适合暨阳高中学生的高等院校,在班级文化布置中,高二、高三年级各班统一设置活动的高等院校宣传介绍栏,每周在各班级轮转,并让学生在理想大学上签名。利用"互联网+"提供的软件和比较成熟的测试办法,帮助学生从进入暨阳高中时就进行必要的自我了解,并配备生涯导师解疑答惑和交流辅导。将生涯规划教育目标融于课程目标之中,构建以各学科课程实施为主体、以生涯导向课程和学生生涯发展指导制度为两翼的生涯规划教育课程实施体系。组织学生在寒暑假走进大学,走进企业,参观、游学、打工,开展研究性学习,增加实际职业体验,帮助学生了解职业、体验职业,培养学生思考未来职业和事业的方向，提升学生学习的内驱力。

此外，除了主题月的既定教育主题，学校还安插了一些支线活动，诸如各类征文、绘画、书法、演讲等比赛、“校园十佳之星”评比、“校园十佳歌手”评比、寝室文化评比等活动，努力开创学校德育工作新局面。此外，学校还深入研究新时期学生发展特点，找定位，立目标，谋发展，坚定不移实施“一二三四五”学生培养工程（即培养学生一副好口才；培养学生两大特长爱好；做到“三会”：学会做人、学会生活、学会学习；观看四十部经典影视作品；阅读五十部经典名著）。这些项目的实施，均为学生的终身发展打下了良好的基础。

实践证明，坚持实践“系列化主题德育活动”模式大有可为。通过开展“主题月”的系列德育教育活动，不仅丰富了学校的校园文化生活，拓展了学生的知识领域，还帮助学生养成良好的品行和学习、生活习惯，培养他们成为具有健全人格、健康心理、健壮体魄的青少年，全面提高了学生的综合素质。学生的行为习惯、思想意识得到明显改善的同时，教师的教育观念也发生了很大的改变，在实践中，教师已逐步走出权威式的“传授”教学，建立起了与学生平等对话的合作关系，生生、师生之间其乐融融。

同时，学校通过对主体教育活动系列化的探索，使这些精心策划的“主题月”达到了优化校本德育资源、提高教师活动课程的设计水平、提高活动课程的合理性、落实中学德育主题活动有效性的预期目标。相较传统教学活动而言，成功的主题德育活动犹如生活中的浪花、记忆中的亮点，在学生的生命发展历程中会留下鲜明的痕迹，在关键时期还能成为学生发展阶段转换的敏锐出发点。站在未来的门槛上，我们将积极探索、锐意进取，继续开展好每个“主题月”、每项具体的活动，把我校德育工作做实、做细，做出更大成效，为学生的成长、教师的发展，耕耘出一片更为灿烂的田园春色。

第五节　见贤思齐

——暨阳高级中学优秀年轻校友风采

近年来，暨阳高级中学牢固树立“立德树人是教育的根本任务”的思想，秉承“尊重生命的多样成长”的教育理念，将促进学生健康成长和个性发展作为德育工作的出发点和落脚点，扎实推进“主体德育”课程建设，唤醒学生成长自觉，引领学生成长需求，突出学生发展过程中的自主性和主动性，在美丽学生培养方面取得了较大的成绩，涌现了一批品德高尚、学力深厚、身心健康、特长明显、能力突出的优秀学生。

坚守资助承诺十四年　公益之旅一直在路上

——暨阳高级中学2013届优秀毕业生郭秦事迹

她是一名孜孜不倦的作家，用手中的笔写下一篇篇天真烂漫、温暖幸福的童话。她又是一位默默奉献的公益志愿者，十四年如一日执着公益、捐资助学，将爱心与温暖传递给身边的人。她更是山区孩子们心中的幸福天使，有着童话中阿拉丁神灯才有的神奇力量：是她为辍学的孩子拾回读书的希望，是她让无助的孩子鼓起生活的勇气，是她和有梦的孩子一起追逐心中的梦想。

她就是被山区孩子称为“天使姐姐”的郭秦，张家港市暨阳高级中学2013届毕业生、南京师范大学汉语言文学（高级文秘）专业2013级本科生，中共党员，共青团江苏省委委员，南京师范大学文学院本科生党支部书记、青年志愿者协会副主席。她，脚踏实地，朴实善良，怀揣一颗真心追逐着自己的公益梦想。

一颗爱心构筑公益梦　一句承诺坚守十四年

“在我看来，世间一切善意来自对爱的感知，而我对这个世界的爱源自童话中的真善美。”

因为喜欢故事，郭秦从幼时起便开始阅读大量童话，她喜欢童话的美好与和谐，关于“爱”“分享”“给予”的理念慢慢沉淀在她的脑海中，而对童话的执念更催生着郭秦创造属于自己童话世界的梦想。“从起初写日记到后来将日记改编成童话，把阅读转变成创作，我一步一个脚印在追逐自己的梦想。”九岁时，她的第一篇童话在杂志上发表，获得第一笔稿费，郭秦用这笔稿费买了蛋糕去市儿童福利院和同龄的孤儿一起做游戏、吃蛋糕。可以说，这是郭秦在分享、帮助上的第一次主动，也是这第一次，让她感受到自己以热诚之心带给陌生人一些欢乐与温暖，并默默许下诺言，“要用写作得到的稿费书款和奖金来帮助更多需要帮助的人”。

初中、高中、大学，她继续写作投稿，出版了三部童话专著，获得全国儿童文学奖、冰心文学奖、香港青年文学奖等奖项。她将写童话获得的稿费书款、勤工俭学报酬和奖金24万余元存入自己的“专项公益基金”，帮助山区贫困学生、外来工子弟、灾区群众、社区居民以及身边同学。她也不忘常“回家”看看，每逢节假日，她都会去到家乡的儿童福利院、敬老院，给孩子们讲童话故事，与老人聊天解闷，陪他们一起过节。十四年来，郭秦总计捐赠自己勤工俭学报酬、奖金和稿费书款22万余元，图书2800余本，衣物600余件，资助390名贫困学生，60名因贫困而辍学在家的学生又回到了课堂。她的这份爱心缘起童年,活力至今。

一份真情收获慈善缘　一路坚持传递正能量

“生活中最温情的举动莫过于陪伴,于我而言,同帮扶对象、公益项目一起成长是一件幸福的事。”

进入大学后,郭秦带着一份助人的真心以及对未来公益的期待加入青年志愿者协会,在参加了大大小小的志愿服务活动后,她对于帮扶、慈善,进行了更全面的思考与实践,她说:“过去的经历让我深深感到,捐物捐款当然是一种直接的帮扶方式,但帮扶对象更需要的是自我造血能力以及精神关怀,而在交流中他们自强不息的精气神以及带给我的感动让我坚定了助人的信念。”

这个外表文文静静的女孩一旦下定决心,便风风火火地组织起她的团队,开展志愿服务活动。“印象最深刻的莫过于‘盲人电影院’项目。”郭秦回忆道。2015年初,她作为主创人带领团队与南京市鼓楼区丁山社区合作,开创全国高校首个“盲人电影院”项目。项目的难点也是项目的主体内容,即通过说稿将电影中无声画面转化为语言描述给盲人,填补盲人的视觉空白。这个项目从创意到落地,从纸上方案落实到正式举办,遇到了各种想象不到的困难。然而在项目推行过程中与盲人朋友的一次次沟通,他们的一句句“我们相信你”,“坚持的勇气就能支撑你前进”让郭秦坚定了战胜困难的信心,从而帮助她破解一个个难题,不断逐浪前行。与社区协调活动方案,落实活动场地,确定盲人出行安全,招募专业志愿者,创作上万字电影解说词,一点一滴、集小成大。她坚忍不拔的毅力、排除万难的勇气使“盲人电影院”项目在一年之内进入社区、进入影院,成为盲人朋友喜爱的文化活动,受到社会媒体的高度赞赏。

从发起公益项目到组织协调,从完善项目环节到回访盲人观众,她事无巨细,始终用耐心、细心、恒心去守护着这份慈善缘,不断挥洒着她的青春正能量。她的坚定不移、坚持不懈同样感染着身边的同学、朋友。年复一年的公益事业,她开始编织起一个巨大的公益爱心网,不断壮大着她的爱心队伍。现在她把公益接力棒交给了自己的学妹——南京师范大学文学院孑罕无障碍电影工作室,团队成员包括在校大学生和社区志愿者,志愿服务队伍发展壮大到近百人。郭秦说:公益慈善不只是属于成功人士,生活中的每个人都有一颗向善的心,都可以尽自己的力量,不管是以什么样的形式去帮助需要帮助的人。她希望自己可以作为“引路人”,带领大家把内心的感动化作行动,一起向善、行善。对于未来的公益慈善之路,她选择继续前行,因为这里有令她感动的故事。对于这份真心换得的慈善情,她选择继续坚持，因为这里有让她精神丰盈的伟大事业，在这里她不断感悟着人生的真谛。

一腔热忱挥洒青春路 一份使命铸就群众情

“作为党员，身上汇聚着人民给予我们的信赖，但更肩负着一份责任和使命，促使我迫不及待地想走到社区去，走到农村去，走到那些需要关爱的人们中间去。”

基层是实践的大平台，也是厚植爱心的肥沃土壤。2013 年起，结合文学专业优势，郭秦带领党员走进街道社区，面向小学生、老人开设国学大讲堂，在南京市栖霞区迈皋桥街道连续开展“国学进社区”活动几十余场，让社区居民在家门口领略传统文化经典的魅力；2014、2016 年寒暑假期间，她带着自己的捐助款和礼物，乘火车、汽车辗转 30 多个小时到达陕西安康大山深处的桥兴小学、玉岚初级中学，开展支教活动，看望她十一年来资助的贫困学生。在她“最熟悉的地方”，她兼任小学班主任走上讲台；踏过泥泞的乡间小路，她走进学生家中，给他们补习功课，陪他们做家务，感受他们的生活、他们的成长。郭秦说：“最高兴的是看到帮扶对象的变化，他们与我更加熟悉与亲昵，更愿意分享生活的点滴。而最令我欣喜的是他们对未来改变生活的信念愈发坚定、对成为正直温暖的人所做出的努力与改变，让我感到无愧于这么多年与他们面对面交流、打电话、写信传递的正能量与鼓励。同样坚定了我帮扶的信念，让他们的生活少一些艰辛，多一些快乐。”

而通过一次次的公益活动，郭秦同样感受到：个人力量毕竟微薄，团体、组织、社会的关注与助力才能激发出更大的帮扶效应。所以她不再将目光仅仅聚焦在帮扶对象上，而是把注意力转移到关注志愿者群体本身。她希望通过自己的号召力与影响力组建专业、成熟的志愿服务团队。2014 年起，她创新开展“志愿在心，你我同行——关爱大学生志愿者”社会实践，通过定期举办志愿者交流沙龙，关心志愿者的状态情绪，对志愿者进行培训疏导；进行志愿者体验服务活动，让志愿者感受帮扶对象心理，避免服务产生矛盾；开展大学生志愿者发展情况调研实践，带领团队通过基地回访负责人、服务对象，对大学生散发志愿服务调查问卷，对社会义工团体走访体验等，主动提高服务质量。她希望将这份对志愿者的关爱不断传递下去，从而让无数的公益爱心得以聚集，让公益事业得以延续。

郭秦的爱心与坚守温暖而令人感动，获得全社会广泛认可。近些年，郭秦获评雷锋式优秀共产党员、全国优秀共青团员、全国助人为乐楷模、江苏省道德模范、全国文明青少年标兵、中国消除贫困奖、中华慈善奖、全国十大女性公益人物、中国教育年度十大新闻人物、江苏省政府最具爱心慈善行为楷模、江苏省精神文明建设十佳新人、江苏好青年、感动南京年度十大人物、南京市优秀义工等荣誉称号，先后受到了刘云山、李长春、李源潮、王兆国、回良玉等13位党和国家领导人的接见和高度肯定，全国300多个中央、省、市主流新闻媒体报道了她的事迹。面对荣誉，郭秦说："并不觉得自己是个多么了不起的人，和别人有什么不一样，只是自豪自己做的事情能带给别人快乐和幸福，而这个过程自己也很快乐。"今天，她依旧以一颗平常心学习、生活，学习上刻苦努力，生活中友善温和。她坚信：一个人只有把荣誉转化为支撑自己不断前行的勇气与动力，才能走得更高、更远。

郭秦，这位22岁的"老慈善家"，十四年如一日坚守着自己"学雷锋，帮助更多需要帮助的人"的朴实信念，脚踏实地、追逐梦想，在服务人民、奉献社会的青春之路上收获成长，用自己的善良质朴和默默奉献，铸就人间大爱，以自己的实际行动不断践行社会主义核心价值观，为中国梦的实现贡献自己的力量。

洒脱能取舍　果敢有原则

——记暨阳高级中学2013届优秀毕业生孙逸涵

"花开盛世，人淡如菊。"这句话是现任达美航空大中华联盟部总经理 Bi Wang 对孙逸涵的评价，她是孙逸涵的忘年交，寥寥八个字就精准概括了孙逸涵的性格、为人处世和成绩。

孙逸涵是暨阳高中2013届史政班的学生，在高考中以文科全市第十、英语单科全市第一、选修双A＋的成绩收到了南京大学发出的电话邀请，同时也收获了香港教育学院心理学的录取通知书。权衡再三，她选择了在内地先好好学习，积累人脉和工作经验，找到自己想走的方向之后再走出国境去深造。"女生当自强"是高中三年她激励自己的话，如今看来，倒也是很好地体现了这一点。

在南京大学读本科时，她有过很多的尝试，担任过共济社会工作协会会长，领导力社团社长，南京大学校学生会文化部副部长，导演过几场在线点击率上万的晚会，赴美国德克萨斯带奖学金实习，协办中美文化交流论坛，创立了南京大学第一运动健身社区Go约运动，也将Go互联的一个产品市场推广活动"Run For Life"僵尸跑搬上了数十家媒体的报道，凭借优异的成绩(GPA：90/100)去复旦大学心理系交换，跟随在儿童心理学领域颇有建树的教授学习，在国内首家顶尖青少年儿童教育与发展研究机构 Tier One China 担任研究助理，协助开发了如今已被上海顶尖高中使用的POLAR(青少年发展测评系统)和PI(家庭环境评估系统)，并且为上海海皮家园儿童机构担任教育咨询师，协助海皮开发了一套系统的儿童行为评估体系。回到南京大学，她又联合创办了女性社群 Lean in NJU，并且兼任"她专访"栏目的主持人和编辑，勇敢有大爱的她又去到非洲贫民窟，和团队一起为内罗毕第二大贫民窟马萨瑞的孩子们带去实质性、持续性的帮助……她有趣的故事和丰富的经历显示出她有无穷的活力去对待生活。

在她大四那年，坚定了走儿童早期教育方向的她同时收获了伦敦大学学院早期教育专业（综排：7，专排：1）、伦敦政治经济大学管理学专业、多伦多大学早期教育专业、悉尼大学市场管理专业、墨尔本大学早期教育专业的录取通知书。

萌芽　在暨阳的沃土

当年中考成绩远高于暨阳录取分数线的她，在得知当年的文科状元出于暨阳高中季伟老师班的时候，毅然决然地放弃了梁丰、苏外和沙中，选择来到暨阳，且一早就决定了读文科，跟随季伟老师。

高一的时候九门功课同步学，她庆幸遇到了谨慎细致的童先锋老师、高中英语启蒙亦师亦友的王海婴老师、像妈妈般慈祥且浑身书卷气的黄伟老师，高二分班之后，跟随久仰大名的季伟老师、毫无师长包袱的季筱燕老师，还有幽默诙谐的陶建均老师，值得一提的还有她的文学女神张钟玉老师，政治思维启蒙人杨晓东老师和徐静老师。

她是幸运的，一路上承蒙老师的关照，使她印象最为深刻的莫过于高三那一年，几乎每天都被“找谈话”，到后来更是每天晚自习前要去班主任季伟老师办公室报到，汇报一天的学习情况和态度。自古就有句话叫“因材施教”，她不是传统意义上的乖乖女、好学生，用她自己的话说，她有着一颗知道自己想要什么的不羁的灵魂，总是最后一个走进晚自习的教室，上课总忍不住看向窗外陷入幻想，学校里的任何活动都最积极，至今还沾沾自喜三年导演的节目都拿了一等奖第一名。但她遇到的那些老师们没有一个阻止她的自然生长，在默许的情况下还给予她精神支持，专业技能的扎实和教学方法的适宜让她坚定地相信暨阳高中的师资是名副其实的张家港第一。

论学习氛围和环境，在孙逸涵遇到的班集体里，没有勾心斗角，没有校园暴力，大家团结、友爱、相互竞争，她很幸运能在没有负累的环境下好好学习和生活，这得力于学校的管理和老师们的带动。研究儿童心理学的她在看过太多校园霸凌的案例之后，越发感恩三年高中青春时期暨阳淳朴的校园环境，在一个人的成长道路上筑起了安全的围墙。

是暨阳的老师、环境和同学帮助她考取了C9联盟南京大学，才给了她向上追求梦想的平台，一切都始于这里，她心存感恩。

放弃光环，选择自己的人生

2015 年的暑假，孙逸涵在美国德克萨斯州的一家公司实习，担任副总裁助理，跟进公司的日常会议，深入公司的运作流程。“我觉得自己真的很幸运，遇到了一个非常棒的总裁。她每两天就把我安排到一个不同的部门，和相关的部门经理学习。我甚至去了生产一线，和那些菲律宾人、墨西哥人交流，你能从不同岗位、不同背景、不同学历的人身上学到很多东西。”

和大众印象中一些颐指气使、态度高傲的白领有所不同，孙逸涵坦言 Texas 这家公司的高层是真正在用心对待每一位员工，和员工平等相处——哪怕只是一个小小的实习生。第一天上班的踌躇不安也全然被公司轻松友好的氛围所驱散。“Lesa 女士给我很多启发，她真诚用心地对待每一位员工，但前提是你必须把事情做好。还是那句话，以专业获得尊重，以人格获得信任。”

“我是一个 Schedule 狂魔。”对未来的生活，孙逸涵同样有自己的规划和想法。现在许多人忙着考托福、雅思、GRE，申请美国的 TOP30，然后呢？计划留在华尔街，还是回国做众人歆羡的“别人家的孩子”？或是每天熬夜、赶地铁、攒钱买房、恨嫁？这些都不是她想过的生活。“我理想中的生活有两种：定居国外或者回苏州。”注重生活的质量，不为了生活而生活。不束缚在人山人海的围墙里，让自己的视线和思想跳出平庸，关注日常生活里美好的人、事、物，给忙着赶路的灵魂一点儿自由，何尝不是一种更悠然更智慧的选择呢？

在拿到几乎申请的所有研究生 Offer 之后，亲朋好友们都劝她去英国，去 LSE 学管理或是去全球第一的 UCL 教育学学早教。这是常人眼里“别人家的孩子”该选择的带着光环的道路。而她没有，她仿佛生来就知道自己来到这个世界上的使命是什么，也从不在乎外界的眼光和看法。南京大学四年社会学的教育让她对存在，对人生，对选择，对价值有了自己的一套看法。她说：“我不要更牛的文凭，我要更高质量的生活和更有意义的人生。”“南京大学社会学院可以进化人。它不张扬，它很低调。但不是什么都不说，它低调得让人舒服。”

没有贪恋，放弃成本和未来发展之间，她坚定地选择了后者，她说从小到大，唯一骄傲的，就是始终清晰地知道自己的梦想，也从不浮躁，何妨吟啸且徐行？

“浩瀚宇宙中的一颗小小星辰”

2016 年暑假，孙逸涵加入造梦公益计划，到肯尼亚的第二大贫民窟 Mathare 进行志愿活动。通过举办诸如达人秀、画展、足球赛等形式在内的贫民窟嘉年华，旨在寻找每一个贫民窟青年身上不为人知的内在潜能，帮助他们找准职业定位，进行相应的职业培训，让更多的有志青年走出贫民窟，打破恶性循环。

“第一次进贫民窟时，孩子们都是穿着拖鞋踢球或是光着脚练跑步，地上都是坑坑洼洼，这一幕挺触动我的，你会发现你真的不需要再去抱怨什么。”南京已经步入深秋，可肯尼亚却正值盛夏。回忆起在肯尼亚的经历，孙逸涵就像当时初来乍到，小心翼翼地打量这个有些脆弱甚至一碰即碎的地方。

与那些“昙花一现”、仅仅是简单的捐款慰问的公益活动有所不同，DBSA 目标在于为贫民窟的青年寻找生活的另一种可能——发现他们不一样的特质，对他们进行职业培训，让他们能去往更广阔的舞台，去看更大更远的世界——这既是 DBSA 里每一个造梦者的初衷，也是他们的终极梦想。

“我并不觉得做公益是一件特别 meaningful 的事情。站在所谓的上帝视角，把他们看成是一群需要你帮助的人，这其实是一种道德绑架。”做公益、慈善本质上是一个双向互动的过程。当你在帮助别人的时候，自己也会体悟到很多特别的东西，彼此的精神也会在这个过程中获得共鸣。

当谈及对现代社会很多人被动地、功利地进行所谓慈善公益活动的看法时，孙逸涵表示：“我个人确实很反感去消费公益这件事情。”但即使偶尔会有人刻意去标榜自己，或者一部分人的初始动机也并不纯粹，她还是愿意选择相信越来越多的人投身公益是件好事。“有人去关注这些事情，总比没有人在意的好。”

坚定地选择，理智地放弃

“我是一个将生活和工作分得很开的人。”工作中的她，用一个词形容，就是“吹毛求疵”。“我不会轻易答应别人，但一旦答应，我一定尽自己所能把它做到最好。”每一件事情都代表个人形象，要么干脆放弃，要么就一定做到极致。或许正是因为这样的工作理念，才会有“GO 约运动”微信公众平台的从无到有、从南大到全南京；才会有十几家媒体对“Run For Life”大型生存路跑活动争相报道的盛况。这也促使“Rose Christmas”活动在两天内收益增长 35%，社员“人生第一笔投资”获得回报。

“重要的不是你在哪里，上什么大学，而是你遇到了一群怎样的人，你们一起做了什么样的事。”暑假里她忙着在美国实习，“GO 约运动”的工作也一直没有放下。工作到凌晨三四点，早上五六点便起床开始新一天的实习，这就是孙逸涵暑期生活的常态。

为了和瑞典、英国、美国以及国内的小伙伴们有一个相对统一的时间讨论各自的 idea，她不得不克服一些时差上的问题，经常从半夜开始开视频会议，一直讨论到凌晨三四点。而到了大三上学期，大家都渐渐开始有了自己的定位，有人选择出国，有人选择工作，关于"GO 约运动"的去留也不免产生分歧。如果想要做大做强，资金、财务、市场，这些都没有着落；如果不开拓更广阔的市场，成员们又很不甘心。经过各方面权衡，孙逸涵最终选择放弃这个项目。但是，虽然选择了放弃，"GO 约运动"依旧得到了很好的传承，据了解，如今"GO 约运动"平台对于南京大学学子健身运动的帮助很大，普及率非常高，解决了南大空缺的健身市场的痛点。

"如果你知道这件事情不是一直要做下去，或者你很明白自己想要的是什么，有的东西就没有必要再拖着了。"然而放弃并不意味着之前所有的付出都毫无价值，在这个过程中和投资方、合作方的沟通协商，那些不眠之夜的头脑风暴，那些共同经历的"生死之交"，都是珍贵的收获。

"该放弃就放弃吧，没有必要特别不舍。"经历过就已经足够美好，值得回忆一生了。这种笃定而又坚韧、温柔中带着力量的鲜明个人形象令许多人为之赞叹。

终有一天，环游世界

"在马赛马拉大草原彻夜看流星，你会真正明白什么叫'一闪一闪亮晶晶'。"回忆起在非洲看流星的夜晚，孙逸涵好想再对着流星许个小小的心愿。

"小时候看海明威的《乞力马扎罗的雪》，就想着自己长大一定要亲自去一趟，现在，我的愿望实现了。"花一整周的时间和小伙伴们一起征服位于坦桑尼亚的乞力马扎罗，孙逸涵说，这其中经历过绝望，体验过崩溃，想过放弃，可最后站上非洲最高峰的时候，回头看看自己的生活，发现真的没有什么事情能把你击垮。"Just to experience."

"在一个地方待的时间久了，就会想着要去看看外面的世界。"哪怕考雅思的前十天，孙逸涵也约上同伴去台湾，来了一场说走就走的旅行。"在你想明白自己想要什么样的生活之后，没有什么能束缚你。你可以和同伴早上一起去吃日式早餐，也可以晚上一起去吃路边摊。"学会思考，而不是一个劲儿地埋头往前冲，停下来享受生活，不要因为顾忌别人的看法而习惯一些你并不喜欢的东西。人要学会生活，就好像在韩国参加学术报告的她也花了一整天的时间享受了釜山的阳光和沙滩，痛快地工作学习，痛快地放松享受。这让外号"ok 姐姐"的她还有一个外号——"生活家"。

看过韩国的海、马六甲的海、美国的海，或许世界上的每一片海都未曾改变，只是每一次去看海时，身旁的人，当时的心境，海岛的天气，都决定了日后会有怎样的回忆。“无论去过多少地方，看过多少不同的风景，最终我都会回来，因为最重要的还是把根留住。”

关于人生路上的贵人

好像总有人问她，你是怎么做到现在这样？她总是低头浅笑说，“可能是一路上遇到了很多的贵人吧。”

家人不必说，自然是这条路上最坚实的后盾，一个人的成长经历会决定他的成就，就像著名心理学大师弗洛伊德说的，孩童时期的经历会影响你的一生。孙逸涵说她比同龄人有着更丰富的人生阅历，挫折和磨砺，拥有极强修复力、抗逆力的她却总是能将困境转化为内在养料，这一切都归功于有爱、温馨的大家庭。熟悉她的人都知道她有一个开明的老顽童爸爸，少女心的温柔妈妈，把她当心肝宝贝的爷爷奶奶，和从不把她当姐姐却又亲如手足的两个弟弟。孙逸涵的社交平台常常会晒一家人的家庭日常，聚餐、宵夜、自驾、旅行……稳定和谐又打打闹闹的家庭氛围，开明支持又有原则的家人，是她前进路上的第一个贵人。

“忘年交”是孙逸涵到哪儿都会感恩在心的，从幼儿园到高中，总是有那么几个老师给了她额外的关注、支持和鼓励，她是幸运的，能遇到这些人，也正是因为这些“贵人”，让她想要置身于儿童发展领域，在教育的早期，去影响更多孩子的人生。

“朋友”是一个讲不完的词，她非常在乎的词，她说，是因为高质量的友谊和亲密关系是一个人幸福感和安全感的来源，而高质量的幸福感和安全感才能帮助一个人在生活中和事业上走得更远。但是就好像孙逸涵父亲常常念叨的那句话：“先成人，后成事。”情商、善良和真诚的为人才能开始这个良性循环，因为个体与个体的交互都是双向的。在“做人”的基础上，坚持梦想的人，天时、地利、人和都终将到达，有志者，事竟成。

她说，最重要的是，不受外界评价的影响，你究竟想成为怎样的人，拥有怎样的人生？

逆袭，并不是说说而已

——记暨阳高级中学 2007 届毕业生刘晓薇

青春如梦，岁月如歌，时不消逝，何能复得？青春是人生中一段难以磨灭的插曲，它注定是“不平凡”的。它需要我们用心灵和智慧去诠释，它更需要我们用勇气和自信去充实。

青春，总是让心声装满期待，总是让梦想连着未来。同学们的心海，是一首纯真浪漫的歌谣，是一条绚丽缤纷的彩带，是跳动着的不知疲倦的音符，是播种着充满希望的未来！转眼间，她已是一名“老暨阳”，恰已毕业十年。回想起十年前，回想起暨阳校园的那些林荫小道，回想起那些在暨阳日夜奋战的日子，依旧清晰……

幸遇人生导师，踏上艺术之路

至今还能回忆起初进暨阳高中时的情景，当时的高一年级一共 18 个班，而刘晓薇就是第 18 个班级中的一员。也正是在这时，她遇见了自己的人生导师——张钟玉老师。张老师是她们班的班主任，一般印象中的班主任都是严厉刻板的，然而张老师和颜悦色、平易近人，她甜美优雅的形象和与时俱进的活力总是吸引着大家。当时同学们最喜欢上的就是语文课，这丝毫不夸张。

自从进入高中学习后，刘晓薇的文理科成绩偏差越来越大，有时理科科目考出的成绩自己都会吓一跳，这对在初中时一直是“班长”的她无疑是沉重的打击。记得一次她数学考砸了，张老师找她谈心。刘晓薇心想着，肯定避免不了要接受一场思想教育，然而出乎意料的是，张老师分享了她高中时与刘晓薇相似的经历并告诉她：“每个人都有他的长处，你应该找到你自己的优势所在，并朝之不断努力！”正因这次谈心，刘晓薇心中的梦想即刻被点燃，使她变得更加自信起来。

她从小学习手风琴，师从我国著名手风琴演奏家、江苏教育学院的金伟老师。自高一暑假起，她重新拾起儿时的梦想，在父母的陪伴下，每两周去趟南京，进行一次专业课学习，直至高三。她每天晚自习在暨阳校园通往食堂的一条小道上的一间琴房里练琴、刷乐理题、练习视唱练耳，犹记得琴房前还有“乐圣”贝多芬的雕像。其间，张老师一直不断地支持着她，不停地鼓励着她。最终，凭着自己的专业和文化课成绩，以江苏省第一名的成绩考入上海师范大学音乐学院。正因为这奔波的三年，她也深深体会到了父母的不易，以及他们所给予她的无私的爱。

师大七年青葱，谱写青春乐章

终于来到了心驰神往的大学，有幸师从国际手风琴联盟副主席、中国音协手风琴学会会长、上海音乐家协会副主席李聪教授，以及从小崇拜的中国广播艺术团手风琴演奏家张国平先生。身处这个手风琴在全国属领军地位的校园中，她倍加珍惜，每天在琴房挥汗如雨，不知疲倦。平时积极参与学院组织的各种世界顶级大师的音乐会、大师课，这不仅使她拓宽了眼界，且提高了欣赏水平。功夫不负有心人，之后分别在 2009 年“上海之春”全国手风琴邀请赛中获“传统低音组”三等奖，一年后的 8 月份获全国“鹦鹉杯”手风琴比赛“师范组”金奖。

除了音乐学习之外，她在大学期间担任院分团委副书记、党支部书记，主持学院学生工作各项日常事务。2010年还有幸成为世博志愿者“小白菜”，并担任管理岗一职。日常生活中，她所在的宿舍室友们团结和睦、学习氛围浓。在这样良好的环境中，她连续四年获得了奖学金，其中2008—2009学年获得了“国家奖学金”。临近大学毕业，以专业第一的成绩直升研究生，又得以在高校中修行三年，从而提升了自己的科研能力。

自入大学后，她发现世界原来可以这么大、这么美，有太多值得自己去学习与欣赏的东西，学无止境。她热爱艺术门类中的所有，一旦闲暇便会走出校园，到上海的各大音乐厅、博物馆、会展中心，听音乐会、赏戏剧、看展览……做所有她自己感兴趣的事。

为人师，为人母，续写美丽人生

如今的她在东渡实验学校担任一名音乐教师，自己也已成家并成为一位母亲。在今后的教育之路上，她还有很多事要做，不仅传道授业解惑，更需谦卑地与孩子们一同学习、共同成长。“美丽人生”乃刘晓薇心之愿景。

生命中的点点滴滴，看似毫无关联，但到最后都会汇成一条直线，这条直线的长度就是人生的高度。感谢暨阳，感谢恩师！在刘晓薇“疑无路”时带来了“柳暗花明”。同学们，逆袭的背后注定是汗水与坚持，请努力做好当下的事。当然，心中有梦想，这比什么都重要。

第四章　邂逅最美的自己

第一节　在教育中享受生命

——暨阳高级中学教师队伍建设综述

2017 年 4 月 10 日下午，暨阳高中图书馆三楼会议室，窗外小雨霏霏，乍暖还寒；屋内其乐融融，妙语连珠。暨阳高中全体语文人围坐一起，举行“成长课堂”沙龙暨语文名师工作室第五次活动。几位开课教师从备课、上课、课后反思等方面谈了自己的教学设想。张钟玉老师《美美与共》一课，以培养语文学科核心素养“文化传承与理解”为主要教学目标，从文本的视点——美美与共出发，通过四个核心问题的设计，帮助学生抵达文本的质点，即对“美人之美，美美与共”的理解，进而带领学生走向文本的远点——培养对传统文化的自信。沈周霄老师《鉴赏家》一课，以“成长语文”理念为指导，围绕审美情趣与文化修养两个维度设计教学。语文组的教师踊跃发言，分别对课堂教学做深入点评。语文工作室导师、特级教师、市教研室朱治国主任就课堂教学中教师的作用与大家做了真诚的交流。这样的致力于教师发展的活动在暨阳高中校园里已经是校本教研的常态风景。

一所学校的质量，不会高于这所学校教师的质量。一个学校要能够做到持续发展、良性发展，必须加强教师队伍建设。暨阳高中为全体教师提升观念、调整教学、发展能力提供了一个又一个较高的平台，学校教师队伍结构不断优化。现有教职员工 214 人，其中专任教师 207 人，专任教师本科以上学历比例达 100%；获得中高级职称的教师 187 名，占全校专任教师的 90%；具有研究生学历或学位的教师 58 人，占全校专任教师的 28%；市级以上骨干教师 56 人，占全校专任教师的 27%。

2012 年国家教育部颁发的《中学教师专业标准（试行）》分别从专业理念与师德、专业知识和专业能力三个维度提出了中学教师的专业要求。它是国家对合格教师的基本专业要求，也是引领中学教师专业发展的基本准则。学校将教师队伍建设当成学校发展的一项战略性工作，紧密围绕标准，结合学校的实际情况，切实加强学校教师队伍建设，不断提升学校教师队伍水平。

一、全面提升教师的人文素养

人文素养是指人在言行和精神风貌中表现出的对人的存在、人生价值以及人生意义的关注，是人通过反观、自省和自审而实现的自我超越，体现了个人对待社会、他人以及自我的精神、心理和态度的修养。教师的人文素养主要是指教师所具有的人文精神以及教师在日常活动中表现出来的道德、思想、心理、情感、性格、思维方式等方面的气质和修养。教育是培养人的教育，教师的人文素养直接影响到教育成效，人文精神追求人生美好的境界，以争取人类自身的生存、发展和自由为己任，以真善美的价值理想为核心，是一种自觉的文化品格和精神。加强教师人文素养的培养，学校主要从以下途径进行探索和实践。

1. 不断丰富学校文化建设

学校文化是学校管理中最具向心力和凝聚力的部分，是学校的核心价值观。在长期的办学实践中，暨阳高中以“容”为文化建设起点，以“尊重生命的多样成长”为核心理念，提出“成长教育”的口号，明确“远志　力行　博学　悦纳”的校训和“知行合一，追求卓越”的学校精神，立足于“人文与科学并重的卓越高中”的办学定位，构建学校文化系统，形成相对完善的暨阳高中视觉文化、环境文化和行为文化识别系统。

（1）强化学校文化内涵解读，使学校文化融入每位教师的日常教育教学过程。

校风——有容厚德。“德”是人的灵魂所系。学校重视教师师德与学生品德的教育和养成，坚持把“立德树人”放在第一位，激励师生克制私欲，升华人性，完善人格，树立为社会建功立业的价值观，使“厚德”成为人生的最高境界。“有容”是指“海纳百川，有容乃大”。教师用博爱之心铸师德之魂，学生用博爱之心修德进业。教职员工“立师志，修师德，练师功，树师表”，以博爱之心，播种爱的希望，塑造美好的心灵，关心学生的成长，激励学生早日成才。学生学会关心他人，关心集体，真正体现出博爱无私的气度。

教风——善容求新。“善容”指要善于用科学的方法引导、启发、包容、尊重、关爱学生，是一种以“责任”为核心的道德情操，体现的是一种关爱学生、兼及天下的济世情怀；强调科学的教育观，强调循序渐进，遵循客观规律；强调非刚性教育；强调“养成”而非“教成”。教师注重激发学生的学习兴趣，使其能积极主动地学习；教给学生科学的学习方法，使其提高学习效率；当学生有了心理障碍或思想迷茫时，给以正确的开导，使其认清前进的方向。总之，善容就是要求教师以自己的智慧科学地、宽厚包容地启迪学生的智慧，最大限度地开发学生的潜能，使其养德益智，终身受益。

求新：此乃发展之动力，唯求新才能发展。然而求新不是目的，新，只有为大众所接受、所承认，并经实践检验正确，才能发挥其妙用。若一味求新，令学生无以接受，这样的“新”于事无补。强调要为学生服务，为实践所检验，这应是求新之要诀。新理论也好，新教材也好，要本着为学生服务的宗旨，充分考虑学生实际情况，使之有利于学生健康发展，方是求新之道。

(2) 丰富校园文化生活内容，让校园文化潜移默化地熏陶每位教师。

学校定期举办教研和学术活动，举办人文知识讲座，以拓宽教师的知识视野，开发教师的智力潜能，陶冶教师的道德情操，提高教师的人文素养。学校以人文校园建设为主体，引导教师进行人文历练，从而创造充满人文精神的校园文化。

学校组织教职工参加各类文化竞赛。在张家港市教育工会组织的“家有好书”女职工悦读节活动中，邵嘉仪老师的“命由我作福由自求——《了凡四训》积极改变命运的良方”获张家港市征文评比二等奖。组织教师弘扬“工匠精神”主题教育毛笔书法、绘画比赛。组织班主任开展校园美丽班级文化布置评比。

学校聘任教师担任学生社团指导老师。学校各种社团有序开展活动，暖阳志愿者社团、摄影艺术社团、棋类社团、舞蹈社团、合唱社团、“心晴”心理社团、EC 传媒社团等。其中暖阳志愿者社团在 2016 年获苏州市明星社团。精彩纷呈的各种社团活动丰富着学生的校园生活，让校园充满着文化氛围。

坚持开展教育文化节系列活动，其中包括校园十佳歌手比赛、辩论赛、演讲赛、心理健康周、教学开放日等活动。丰富多彩的校园文化活动，充分激发了教师的文化自觉，提升教师的文化修养。

2. 注重对教师的人文关怀

对教师的人文关怀主要包括两方面：一是关注教师的生存状况，二是关注教师的生存意义。学校以人为本，关注教师的心理状况、生存状况，减少教师的职业倦怠，减轻教师工作压力，提高教师对工作的满意度，提升教师的职业幸福感。

学校注重管理过程的人性化，营造温馨氛围，体验幸福滋味。学校坚持做好“我的暨阳故事”讲述活动，教师用自己在暨阳的温馨故事，分享自己与暨阳的不尽情缘。一个又一个的暨阳故事也在引领着大家在暨阳这片热土上不断前行。张钟玉老师在她的《三尺讲台，演绎万千风采——我的暨阳成长之路》结尾是这样说的：“有人说，做语文老师太苦，‘朝五晚九’的生活，见效甚微的课堂；一座座小山似的作文本，一道道参悟不透的主观题……我说，做语文老师未尝不是一件幸事。这幸福，在于满脸的热情终于把学生的理想之火点燃；这幸福，在于恨铁不成钢的关心终于被顽固的‘差生’接受；这幸福，还在于耐心的讲解终于被期待的心灵理解……文章不是无情物，师生更是有情人。在暨阳高中的校园里，面对这群有情有义的学子，我愿我是一片树阴，一片郁郁葱葱的树阴，为可爱的学生带来人生无限的‘清凉’。”这也是所有暨阳人的心声。

学校以工会为依托，组织教师开展送祝福、送健康等活动，举行小型多样体育竞赛等活动，多次成功举办庆祝“三八”国际妇女节香山赏梅摄影大赛，使教师感受到学校的亲情与关怀。学校对教师的关爱无微不至，自觉为教师服务，自觉为教师排忧解压，对教职员工一直坚持做到婚庆必访、丧事必访、产假必访、患病必访、纠纷必访、特殊困难必访。特殊的节日，学校发一些小礼品慰问教师；恶劣的天气，学校向教职工发去短信提醒注意事项；对特别困难的教师，给予力所能及的救助；关心教师身体健康，每年组织体检，让教师切实感受到学校大家庭的温暖。

学校积极开展“幸福提升工程”，对教师进行幸福教育。学校坚持不懈地做好两周一星演讲活动等传统项目，每年开展美丽教师评选、巾帼十佳评选，创新开展退休仪式，颁发从教 30 年荣誉证书，通过这些活动让教师体验职业的幸福和快乐，使教师更加明确教育是以人的生活为目的，人的生活以幸福为目的，教育最终以人的幸福为目的。学校还通过专家讲座、专题学习等，将幸福传递给每一位教师。例如，学校邀请江苏省著名教育专家、苏州市教科院刘洪老师来校举行“教师的生活如何走向美丽”专题讲座。这场生动感人、趣味盎然的演讲，让全体教师感受到懂得热爱生活、快乐自己、传爱学生的老师特有的魅力，也让老师们思考在自己的教育教学过程中如何做一个美丽教师、快乐教师。教育从根本上来说就是以人为本，关注人的幸福，培养人的幸福能力，使人在工作中能够感受幸福、创造幸福、享受幸福。

3. 完善健全教师工作考核机制

教师工作考核机制是提升教师人文素养的监督环节和评价体制，学校坚持以人为本，通过一套弹性而具体的评价体制来组织开展对教师工作的考核。

学校根据《张家港市教育系统事业单位教职工绩效考核指导意见》(张教〔2015〕51 号)，结合实际，制定教职工绩效考核实施方案，并交由教代会审议通过。它适应了教育教学改革发展的需要，进一步挖掘学校内部潜力，充分调动和发挥教职工的积极性和创造性，强化岗位责任，利用考核机制激发教师提升自我素养，加速教师队伍良性竞争，提高教育教学实效。

班集体是学校的基层组织，班主任是班集体建设的组织者和引导者。班主任队伍建设在学校德育工作中占有举足轻重的地位。《暨阳高级中学班主任工作考核条例》的出台，进一步增强了班主任的工作责任意识，提升了班主任的理论素养和教育实践能力。

学校不断完善不同层面不同职责的考核制度，陆续推出《教职工出勤考核条例》《暨阳高级中学中层干部质量考核办法》等。教师工作考核机制的不断完善和健全，强化了教师的社会责任感和奉献教育的使命感，提高了教师对教育事业精益求精的精神境界。

二、大力加强师德师风建设

教师是人类灵魂的工程师，是青少年学生成长的引路人，师德师风直接关系到国家的前途命运和民族的未来。暨阳高中注重加强师德师风建设，强化教师立德树人的意识，引导教师树立责任意识、忧患意识、协作意识和民主意识，形成正确的价值观、教育观、教学观和质量观。

1. 学习法律法规，提升教师觉悟

每学期开学初，学校组织教师学习《中华人民共和国教师法》《中小学教师职业道德规范》等法律法规，加强教师的师德教育，认真学习国家教育部印发的《严禁中小学校和在职中小学教师有偿补课的规定》《中小学教师违反职业道德行为处理办法》以及省市各级教育部门相关的文件精神。通过组织学习师德建设和教师职业道德政策法规，促进广大教师转变教育观念，做到以人为本，依法从教，提高教师政治思想素质和职业道德水平。加强教师的师德教育，增强了教师教书育人的事业心、责任感和使命感。

2. 树立先进典型，营造师德氛围

学校在提高教师思想觉悟的过程中，组织教师学习身边的优秀教师事迹，在这些老师的带动下，全校教职工呈现出创一流工作业绩、树优良行业新风的良好局面。

树师德典型。学校每学期都对教职工进行师德考核，评选出师德师风考核优秀的教师。利用评选“师德师风十佳标兵”等多种途径宣传我校师德师风优秀教师的先进事迹。

钱昌环老师事迹被《张家港日报》“身边好人”栏目报道。学校组织教师向钱昌环老师学习。钱老师已经从事教学工作 37 年。在此期间，钱昌环曾经历过一次险些致命的车祸。病愈出院后，钱昌环被鉴定为工伤七级，他不顾家人的劝说，仅休息 3 个月就毅然回到学校，重回讲台，还主动承担了两个班级的教学任务。事故给他留下了头痛的后遗症，但钱昌环咬牙坚持，从不因此耽误一点工作。钱昌环老师，一生做好教书这件事，一直激励着暨阳高中的全体教师奋力前行。

学校每学年评选暨阳高级中学“十佳美丽教师”“巾帼十佳”“十佳班主任”等，并进行表彰活动，积极开展教师演讲、专家讲座、形式多样的主题活动，借助学校宣传橱窗、校刊校报等途径大力弘扬、广泛宣传优秀教师的先进事迹。

3. 明确制度要求，保障师德建设

制定规章制度，为师德建设做保证。通过师德师风大讨论，学校制定并出台了《暨阳高级中学师德师风考核条例》，成立了师德师风建设领导小组，并与全体教职工签订《师德师风建设目标责任书》。进一步深入实践中小学教师职业道德规范，不断提高教师师德修养，激发教师争做新时期人民满意的“四有好教师”，使师德师风建设深入人心。

明确《暨阳高级中学教师师德师风考核表》五项内容，即依法执教、爱岗敬业、关爱学生、团结协作、为人师表。全体教师实事求是地对照标准，自评打分，再进行小组评议，在此基础上由校师德师风考核领导小组进行综合评定。借助量化考核，促进教师自我反省，自我提升。

严格按照学校《师德师风考核条例》进行师德师风专项考核，并把师德师风考核结果作为教师绩效考核、岗位竞聘、职务晋升、职称评聘、评先评优的重要依据。对师德师风考核不合格者，在绩效考核、职称晋升、评先评优等方面实行“一票否决制”。

师德师风建设是一项长期的工程，它具有可变性、阶段性和复杂性。学校通过建立长效机制，制定系统规章，抓好学习培训，树立正面典型，及时个别谈心等方式，使学校的师德师风建设卓有成效。

4. 开展师德师风建设专题活动

在竞赛中提升师德修养。学校积极响应市教育局开展“深入实践中小学教师职业道德规范，争做新时期人民满意的优秀教师”师德教育系列活动的要求，扎实开展师德师风建设活动。依据新修订的《中小学教师职业道德规范》，组织全体教师进行了师德师风建设理论知识测试，组织教师参加江苏省教师师德师风及法律知识网络竞赛。通过知识测试、网络竞赛，广大教师对党的教育方针、新形势下教师的职业修养、促进学生全面、主动、健康发展的认识水平得到提高。进一步增强了全体教师遵守法律法规的意识，促进了全体教师认真履行工作职责的责任性和主动性，进一步规范了全体教师的从教行为，不断提高师德师风修养。

在“两学一做”活动中助推师德师风建设。通过加强师德教育培训等活动，提升教师队伍的政治思想素质及师德师风水平，提高暨阳高中教师队伍整体素质。学校召开“红色引领‘333’提升工程”推进会。增强“四种意识”，争做“四有教师”，增强教师的政治意识、大局意识、核心意识、看齐意识，培育一支有理想信念、有道德情操、有扎实知识、有仁爱之心的高素质教师队伍。大力发挥党员先锋模范作用，借助提升工程促进师德师风建设。

另外，学校还通过“班级名片”“教师寄语”等来约束和规范教师的言行，使广大教师形成自我教育、自我加压、自觉自愿的良好氛围，既提高了教师的业务素质，又提高了教师的综合素质，进一步实现师德师风建设的良性循环。

三、全力提高教师专业技能

教师专业技能水平直接决定学生的发展水平，直接影响一个学校的办学质量，只有让教师的专业技能得到充分的提高，学生的多样成长才有实现的可能。因此，学校充分利用各种途径提升教师的专业技能，提高教师的专业水平。

1. 确定发展目标，指明教师发展方向

青年教师成长规划。学校要求35周岁以下的青年教师制定一份专业成长规划，引导青年教师对照自身条件，确定发展目标。将目标具体到申报教坛新秀、教学能手、学科带头人等，参照评审条件积极准备。成长规划有助于促进青年教师的专业成长，加强青年教师队伍建设。

学校教务处定期召开青年教师专业发展大会。借助骨干教师谈自己成长之路上的做法和体会，用直观的成功事例，引导青年教师统筹规划，有效实施，加速青年教师专业技能的提升。

2. 推行“目标教学策略”课堂教学模式，提升教师课堂教学水平

课堂教学是教师专业技能的集中体现，学校于2010年9月提出了“目标教学策略”课堂教学模式，克服传统教学模式的弊端，进一步提高课堂教学效率，扎实推进素质教育。

学校成立了课题研究小组，课题组安排老师每天开设两节同题异构课，小组成员一起听课、评课，共同研讨教学实践中遇到的各种问题，寻找解决办法。在取得经验的基础上，2011年2月，这种课堂教学模式在全校各学科中逐渐推开，全体老师认真学习、积极实践、不断反思，课堂教学改革蔚然成风。全体教师在践行目标教学策略的同时，自己的专业技能不断提升，课堂教学水平显著提高。特色课堂成为学校的亮点，成为教师发展的平台。

3. 开展校本研训，提升教师终身学习能力

校本教研是教学研究机制系统的一个重要组成部分。它的基本特征是以“学

校为本”，强调围绕学校教学中遇到的问题开展教研活动，强调解决教师自己的问题，真实的问题和实际问题。学校是真正开展教育的地方，只有“问题”才是校本教研的关键点和支撑点。开展校本研究是促进教育教学提高的有效形式，教师个人的自我反思、教师集体同伴互助、专业人员引领构成了校本教研的三个核心因素。

学校专门制定了校本课程规划，落实校本课程研究制度，要求每位老师参加一个课题研究小组，确保每位老师都有课题研究。通过加大校本课程研究，提高教师适应高中课程改革计划的能力。

定期组织教师论坛，开展专题研讨；定期评选优秀校本课程，激励教师积极钻研；定期组织专家讲座，提升理论水平；依托校本培训，学习新理念，促进教师的自我反思。通过举办读书活动、课题沙龙活动、论文报告会等，引导广大教师养成良好的学习习惯，探索科学的学习方法，树立终身学习的理念，从而提升教师的文化品位。

4. 培育科研团队，提升教师科研水准

积极开展课题研究，形成浓厚科研氛围。学校积极申报各级各类课题项目，目前正在进行的课题有江苏省“十三五”重点科研课题《生态理论下的高中数学概念课案例研究》、江苏省教育学会“十三五”课题《基于提升语文核心素养的高中主题阅读研究》、苏州市教育科学“十三五”规划课题《新高考背景下基于提升语文核心素养的主题阅读研究》、苏州市教育学会“十三五”重点课题《高中复杂记叙文写作教程的研究》和张家港市“十三五”重大课题《高中生阅读习惯培养的实践研究》。同时积极开展结合校本课程的微课题研究。以教育科研引领教学实践，促进教师个人专业成长，促进学校实现内涵发展。教师个人的发展是与学校的发展密切相关的，个人的专业提升与学校的整体变革分不开。在暨阳高级中学已经形成成熟的科研团队，以课题带动课改，以课改带来教学实效，做到教研结合。通过课题研究，不断提高教师业务能力，提升教学质量，促进教师健康成长。

5. 创设名师工作室，提升教育教学工作艺术水平

教师的快速发展离不开良好的成长环境，暨阳高级中学积极为教师创设发展平台，积极创设名师工作室，聘请相关学科专家担任导师，指导青年教师开展教育教学研讨，在学习中研究，在研究中学习，在工作中反思，在反思中提升。在成功开设了语文、数学、英语几个名师工作室的基础上，积极筹建班主任名师工作室和心理名师工作室。名师工作室不断引领教师专业成长，逐步成为全校优秀教师的孵化器、备课组抱团成长的助推器、学校教育改革与发展的加速器。

名师工作室成员不断开展各种类型的活动，工作室成员开设公开课，研讨课

例，加强教育教学过程思考，提升教学实践能力。工作室聘请名师开设讲座，学习名家先进的教育教学理念，努力提升工作室成员教育教学工作艺术水平。各名师工作室加强同兄弟学校的交流合作，多次组织教师外出听课，拓展视野，提升教育教学境界。

6. 完善检查制度，促进教师群体提高业务水平

学校注重教育教学过程性管理，不断完善相关制度，加强对教师"六认真"管理，全面提高教师教育教学能力。学校以《暨阳高级中学教师教学工作"六认真"基本要求》规范每位教师教学"六认真"行为，督查每位教师教学"六认真"落实情况。每学期期中、期末，对教师的备课情况、作业批改情况、听课情况进行检查，并对检查结果进行分析总结。加强对教师教育教学过程的检查与评价，对教师工作情况进行量化考核。

加强对备课组教研组活动的检查。备课组教研组能否积极发扬团队合作精神，发挥集体研讨成效，直接影响整个教师群体的发展快慢。学校成立教学督导室督查各备课组、教研组骨干教师公开课和滚动听课情况。检查各备课组教研组同题异构的研讨落实情况。加强教师对照新的课堂教学评价标准进行研讨，深入推进一课三备、三课一评机制，注重研讨的实效性，促成教育教学研讨更加有深度。

学校不断加强教师队伍建设，逐步形成一支师德高尚、业务精湛、结构合理、充满活力的高素质专业化教师队伍。近年来不断培养省内外知名教学名师和学科领军人才，引领全体教师普遍具有良好的职业道德素养、先进的教育理念、扎实的专业知识基础和较强的教育教学能力；教师管理制度科学规范，形成富有效率、更加开放的教师工作体制机制。

下一阶段，学校将进一步提高教师队伍的学历层次，使研究生比例占全校专任教师的35%；进一步优化职称结构，使高级教师比例达专业教师的70%；不断壮大骨干教师群体，使市级以上骨干教师比例达35%，力图培养1名江苏省特级教师，培养1—2名苏州市名教师，培养2—3名的苏州市学科(学术)带头人。学校将坚持把教师队伍建设当作学校发展的一项战略性工作，以优化教师队伍建设为核心来推动学校的可持续发展，让每一位教师在教育发展中不断提升，与学生一起成长。

第二节　美丽暨阳人

——讲述“我的暨阳故事”

习近平总书记说，一个人遇到好老师是人生的幸运，一所学校拥有好老师是学校的光荣。多少个春夏秋冬，寒来暑往，暨阳高中教师不改教育初心，潜心教书育人，以实际行动在平凡的岗位上追求着为人师表的成功与快乐，用爱与智慧诠释着教育的美丽！

痴心一片终不悔，只为桃李竞相开

——钱昌环老师事迹介绍

一脸严慈的笑容，一身勃发的活力，一颗淳厚的爱心，一腔奉献的热血……这就是目前张家港市数学学科年龄最大而脑部曾经受过重伤却依然奋战在教学第一线的中学高级教师——钱昌环的真实写照。

钱昌环，男，1959 年 5 月出生，1980 年 12 月参加工作后，先后任职于西张中学、黄桥中学、塘桥中学，1990 年被调入暨阳高中并任教至今，现为中学高级教师，数学学科教学能手，多年年终考核获“优秀”等次，1983 年被评为张家港市(沙洲县)级先进教育工作者，1990 年被评为张家港市先进班主任，2016 年被评为经开区(杨舍镇)教坛名师、校园“十佳”优秀老师，并获“张家港市好人”荣誉。

投身杏坛三十七年来，钱昌环始终以教师职业道德标准严格自律，把教书育人奉为天职，以师表形象进行自我规范。三十七载春华秋实，始终以默默的耕耘和执着的求索，在平凡的岗位上培育了一批批优秀的学生，受到领导和同事们的一致好评，深得学生和家长的信任与爱戴。

与钱昌环一起回首其心路和工作历程，不难发现至少有三大闪光点——

业精，源于勤奋

钱昌环深知，“教学是一门永无止境的艺术”，为了不断地追求这门无止境的艺术，他以教为乐，迈出了坚实的步伐。无论是在农村中学还是在市区高中，钱昌环无不认真自修，自觉充电，广泛地阅读教育教学杂志、教学专著，教学水平不断提高。尤其是调入暨阳高中完成多轮高一至高三的循环教学工作后，他除了注重自我提升，始终保持备好每节课、上好每节课的习惯，作业每次必批，批后每次必评；平时上课，精心设计教学内容，注意流畅的课堂用语，并辅以肢体语言，及时点评学生回答的问题，活跃课堂气氛，提高课堂质量和效果。多年的教学实践使他的教学形成了独特的风格。他特别注意学生的补差工作，经常为学生开设选修讲座，扩大学生的知识面，丰富学生的数学知识。

作为一名老教师，无论发生什么事情，钱昌环始终把工作放在第一位，从没因为个人私事请过一天假，从未耽误学生一节课，年年满勤。在全身心投入工作的同时，他永不满足地追求卓越，经常谦虚地向同科老师学习教学经验，借鉴优秀教学方法，提高自己的教学能力和业务水平。特别注重广泛汲取营养，及时进行反思，转变教育观念，捕捉新的教学信息，不时奔涌出清新的、闪烁着斑斓色彩的溪流。他格外注重领悟超前的教育理念、先进的教学思想，努力掌握灵活的教学方法，形成富有个性特色的教学思路和鲜明的教学风格，成为公认的“教学能手”。1997年，被市教育局评为“教学能手”；1998年，所任班主任的高三(5)班本科达线42人，创暨阳高中历史新高，有2名学生高考超过600分，该班级被评为当年度苏州市先进集体和张家港市新长征突击队，钱昌环本人也受到市政府嘉奖。2006年度，他肩负高三两个班的数学教学重任，取得高考好成绩，当年被评为杨舍镇、张家港市教育局优秀教师，辅导学生参加数学竞赛多次获得江苏省二等奖、三等奖，苏州市一等奖，张家港市一等奖。从教以来，钱昌环始终把满腔的热血献给他所挚爱的学生们，把勤劳和智慧融入三尺讲台。

执着，源于热爱

正当钱昌环在教坛上大显身手之时，却不幸遇到了一场突如其来、险些致命的严重车祸。事后，钱昌环被鉴定为工伤七级，市人事局确定其以后的工作量为最多担任一个班的教育工作。

1998年6月22日，正值高考前夕，作为毕业班班主任，几乎天天忙到凌晨的钱昌环，每晚都只有五六个小时的睡眠时间。当天清晨6时许，钱昌环早早出门，当他骑着自行车经过市区长安路、人民路路口时，被一辆疾驰而过的出租车猛地撞出10多米远。两次头部手术、昏迷58个小时——回忆车祸经过，钱昌环坦言“仿佛死过一样”。在脑部受伤后的最初一段时间，钱昌环及其家人可怕地发现，他一度有所失忆。这对一个数学教师来讲，是何等大的打击啊。

经过医生的及时抢救，苏醒过来的钱昌环虽然有比较明显的失忆现象，但他对马上就要高考的学生们却一点也没有失忆，躺在病床上，他念叨得最多的是自己的学生、自己班级的事情。心系着学生和讲台，钱昌环顽强地与伤痛搏斗，为了恢复体力、恢复记忆，他吃了多少苦、受了多少罪，只有他自己心里最明白。仅仅在家休息了3个月，刚刚初步恢复，他就不顾家人劝说，毅然回到学校。当重新回到心爱的学生中间，重新走上心爱的讲台，钱昌环猛地发现，自己再次找到了多年梦想的起点，心底又一次燃起一团烈火。从此以后，他总是一个人拖着疲惫的身子走向寂寥的宿舍；于夜深人静时在孤灯下批改作业，认真备课。出于对教育的挚爱，脑部受伤康复三年后，钱昌环就主动承担两个班数学课的教学任务，特别是2006年，他承担了高三两个毕业班的数学课教学任务，并且取得了优良的教育教学成绩。

连钱昌环的主治医生也承认，像他这样一个脑部受过重伤，至今前额以上仍安装着一大块人造头骨的人，能够在短时间内彻底恢复乃至超越原有的教育教学水平，重新以一个健康人的状态和激情投入工作，这不仅是一种生命的奇迹，更是一种精神的奇迹。事实上，车祸给他留下了经常头痛的后遗症，但钱昌环每每总是咬牙坚持，从不因此耽误一点工作。如今钱老师年近六十，依然奋斗在教学最前沿。

奉献，源于忠诚

在脑部受伤之前，钱昌环就已经担任班主任工作整整16年。那些年里，他始终严于律己，率先垂范，既是学生学习上的导师，更是学生生活上的引路人。他在抓紧班级管理和班集体建设的同时，在引导学生刻苦学习的基础上，积极开展各种形式的集体活动，让学生参与社会实践，不断提高学生的工作能力和社会经验，更激发了学生们吃苦耐劳的精神，陶冶了学生的情操，铸就了学生的品质。学生遇到了困难，他像父亲般关心、保护他们。课堂上，钱昌环是老师；课外时间，他更像个父亲，给予需要帮助的学生格外的照顾。1998年3月，担任毕业班班主任的钱昌环注意到，班里有个男生整日精神恍惚，无心听课，成绩也直线下降。钱昌环找到他，耐心地询问原因。看到班主任，男生突然红了眼眶，“我母亲生重病了，我想退学，回家照顾她。”听说此事，钱昌环十分心急，“马上就要高考了，你只有考出好成绩，才能回报母亲的养育。”他再三叮嘱学生，还悄悄带上鲜花，来到医院探望了学生的母亲。班主任的鼓励给了男生信心，他学习加倍认真，最终被一所名牌大学录取。有一个学生上课时突发胃病，他的父母在外地无法赶回，钱昌环便骑着自行车将学生送到医院；学生填志愿时难以抉择，钱昌环便结合他平时的成绩，与学生的父母讨论分析，一谈就是几个小时……这样的事情还有很多。在钱昌环看来，与自己朝夕相处的学生就像自己的孩子，他们的前途与未来，都牵动着自己的心。当年他所任班主任的班级有多人被评为省“优秀三好学生”“优秀班干部”以及苏州市“优秀学生干部”，所任的班级多次被评为市级、大市级“先进班集体”。

作为一名班主任，钱昌环深感只有博爱相济，才能走进孩子们的心灵。钱昌环总说，兴趣是最好的老师，想要提高学生的成绩，先要培养学生的学习兴趣。正是基于上述理念，钱昌环用心关爱教育每个学生，视生如子，从不歧视学困生和纪律差生。相反，他常常给予这些“双差生”更多关爱，把“一切为了学生，为了学生一切”这一思想切实运用到工作中。钱昌环教过的班里曾有一名转学生，第一次摸底考试时，这名学生的数学成绩比起倒数第二名还差了一大截。“这样的成绩，别说重点大学，连大学的门槛都踏不进去。”老师们都为这名学生着急。钱昌环不愿放弃任何一个后进生，他抽出时间，给该生“开小灶”，鼓励他“不懂就问”。上课时，看到学生分神，钱昌环立刻旁敲侧击，提醒他集中注意力。最终，这位曾令许多老师头痛的孩子在当年以582分的成绩，考入中国地质大学。看着学生们的进步，钱昌环的内心，唯有无比的欣慰。

37年教学生涯，钱昌环收获了多项荣誉，也培养了一批批优秀学子。作为教师，钱昌环当然深深懂得这一职业选择的本身就意味着奉献与牺牲，但他无怨无悔。凭着执着、凭着对教育事业的热爱和忠诚，他在教育这块土地上，孜孜不倦地耕耘着。回忆往昔，钱昌环坦言，只有一件事令他颇为遗憾，“2009年，母亲病重住院期间，我从未请假，只是利用下班时间前去照顾，直到母亲去世当天，我仍在讲台上上课，没能看到母亲最后一眼。”

2006年，钱昌环加入民主党派组织——中国民主同盟。入盟后，他积极参政议政，平时注重联系群众，倾听民声，了解群众的观点，听取不同的意见。每月参加一次调研活动，通过了解和研究，积极撰写提案，由于工作突出，2012年被评为张家港市优秀盟员。

平凡的教育中，有着伟大的追求；平静的事业中，有着满腔的热情。钱昌环经常自我告诫，“要用心做好教育中的每一件小事，用一辈子的爱做好教学这一件事。”正是这种坚定和忠诚，让他心怀感恩地在教育的大道上一路走来，采撷着无限芬芳。这就是钱昌环，一个37年如一日始终无怨无悔的人，一个用爱心与奉献诠释教师的神圣，用坚守与承诺浇灌满园桃李的人。

教坛伉俪携手用爱呵护学生

——吕兆勇、钱晓棠老师事迹介绍

在张家港市暨阳高级中学，有这么一对教师夫妻，丈夫叫吕兆勇，妻子是钱晓棠，这对教坛伉俪，他们一起用爱呵护学生，用自己的绚烂青春为暨阳的教育事业添砖加瓦。

一、志趣相投因教育走到一起

两位老师都是一走出大学校园就来到了暨阳高中这个大家庭，在教育这条路上，他们始终相信，只有严爱相济赢得学生的信赖，走进学生的心灵，才能在教书的同时育人。在班级管理的繁琐工作中，他们也深深感受到，只有给学生发自内心的爱，学生才能感受到，才会学着去爱别人！生活中，他们是一对双胞胎的父母亲，就是这样的双重身份铸就了他们一颗火一样的心，点燃了学生的希望之光！从教十多年，在时光的打磨中，他们学会了忍耐；韶华的消逝中，他们学会了宽容；光阴的锤炼中，他们学会了等待；岁月的洗礼中，他们学会了大爱。

二、酸甜苦辣用心走完每一段旅程

2017 年，两人高三毕业班刚刚带结束，回望这三年来，有太多的酸甜苦辣值得回味，他们失去了很多，但也收获了很多。

三年前，妻子既当班主任，又承担两个班的语文课教学任务。班主任工作，于她是一片全新的天地，她一边摸索着带班的经验，一边承受着两个班的繁重教学任务。而吕老师，同样也奋斗在数学教学一线，也带着两个班。他从多年的班主任位置上退下来，到妻子班去做副班主任，配合她的班级管理工作，给她的教育工作做出指导。同时，在家里全力给妻子做好后勤保障工作，开启了带娃模式。这让钱老师能全身心地扑在教育、教学工作上。高二时，由于学校工作安排的需要，吕老师和钱老师双双担起了双班教学和一个班的班主任工作。失去了吕老师的搭班支持，钱老师的教育任务变得更重，与此同时，学生正经历小高考的考验，钱老师的压力很大，她把全部的精力都放到了教育教学中，唯望学生们能取得理想的成绩。最终，两位老师班上的学生全部顺利通过了考核！

总结这三年的时光，一路走来，两位老师相互搀扶，让彼此能前行得更远。钱老师既向前辈们学习取经，也通过自己的钻研琢磨，学得了很多有效的带班方法。同时，她也在吕老师的身上看到了很多值得她学习的地方。吕老师认真钻研教学工作，如今已是张家港市数学学科带头人。钱老师在教学上、班级管理上实施的方式方法，就是她这位身边人以他十多年的老班主任的经验给她的指点。这让钱老师所带班级多次被评为星级班级。在很多校级活动中也屡屡获奖。钱老师本人更是在苏州市班主任基本功竞赛中获得了张家港唯一一个一等奖的好成绩！在这些成功的背后，是钱老师默默的、踏实的付出和吕老师对她的支持。

三年当中，两位老师也非常不幸地接连遭逢父母的患病及故去。当重病的父母需要照顾，当顽皮的双胞胎孩子需要陪伴，他们总是不会以此来牺牲学生的利益。白天认真做好教学工作，下班辅导好孩子们的课业，晚上陪伴父母至夜深。往往在给父母揉身按摩终于让他们忍住一时的疼痛睡去之时，他们已累得直不起身来！两年的时间里，他们接连奔波于家、校和医院之间，却把三头的事都照顾得稳妥恰当。这期间，他们这对小夫妻的肩膀承受了多少别人不得而知，但妻子短短两三年时光里半白了的发丝、丈夫日渐稀疏的头发似乎在诉说着什么！

今年高三了，两位老师即将迎来一轮教学工作的收尾，任务艰巨，事务繁杂。尤其是钱老师，这是她任班主任后的第一个毕业季，42 个孩子的高考梦想将在她的带领下实现。她深知肩头责任的重大，更倾心尽力为学生做好一切。每一个清晨，她总是守候在教室门口，给孩子们一声轻声的问候；每天中午，嘤嘤叮嘱孩子们及时午休；傍晚，总要看过学生、保证他们静堂之后再离开；学生有任何问题，她总是尽力帮助解决；有任何疑惑，她总是及时疏导、鼓励，无怨无悔地付出、斗志高昂地面对，最终她所带班级取得了普通班最高分 360 分、全班 42 位同学本科达线率 100%的好成绩。而吕老师所带的重点班 46 位学生在全员达本科线的基础上，一本达线率达到了 78.26%，其中朱重熙同学以语数英总分 400 分，物理等级 A+，生物等级 A 的优异成绩名列全省理科考生前 400 名。

三、因材施教用心教导每一个学生

师者，传道授业解惑也。吕兆勇和钱晓棠老师秉承着这样的理念，在教育战线上奉献着自己的青春。除了学生们最终成绩的取得，我想，最令两位老师感到欣慰的是他们对学生心灵的抚慰、对学生心灵健康成长的引导、促进作用。

1. 钱老师用爱心融化坚冰

先来说说钱老师班上的王同学吧，父母离异，作为女儿的她跟着母亲过。更不幸的是，母亲身患重症，经济来源的一部分是靠各种经济补助。学校专门提供给家庭经济困难的学生的国家专项补助资金，王同学在补助者之列。但恰恰是这件事给她带来了深深的苦恼：女孩子有着天生的敏感神经，她一再确信班内的同学因为她家的特殊情况在拿异样的眼神看她！她的情绪爆发于再一次到了填表领救助金的时候。那天钱老师有事不在学校，一位同事代她去班级把王同学喊了出来，让她填表。尽管那位老师也已经比较注意保护隐私，是把她喊出来，到了拐角处才说了领补助的事情，但过度敏感的她还是被这件事深深地刺激到，说同学们肯定都知道是什么事了。下午放学到家，就跟她妈妈大吵了一场。忧心女儿的妈妈怎样也劝不住女儿，抚平不了她的情绪，只得打电话向班主任求助。这位母亲平时就很注意保护女儿的自尊心，曾电话叮嘱过钱老师，碰上领救助金这样的事，一定要悄悄地通知她的女儿。钱老师也明白这其中的利害，明白自尊心对一个特殊家庭的女孩子意味着什么。所以，平时钱老师在处理的时候特别当心。但那天不巧，她人正好不在，于是出现了上文的情况。

现在面对母亲的电话，钱老师也非常担心，怕孩子做出什么过激的行为。母亲要求她的女儿来和班主任通话，但很遗憾，情绪激动的女孩拒绝了，并且从电话那头传来了门被狠狠甩上的声音。钱老师的心也随之沉到了谷底：该怎么办呢？

钱老师跟女孩的母亲商量着：此时，孩子正在气头上，我们说什么她都不会听的，不如让她先好好冷静一下，你注意观察一下她的反应。等她明天返校，我再来好好和她谈一谈？母亲同意了班主任的建议。放下电话，接下来钱老师一直在忧虑中度过，该怎么和这个孩子谈呢？深思了一晚，她终于有了些思路。第二天，钱老师早早地来到学校等王同学。王同学到了之后，钱老师把她请进了会议室，只有她们两个人，终于可以好好地跟学生谈一谈了。但前面的谈话进行得很艰难，基本都是钱老师在说，王同学低头不语。钱老师焦急万分，后来，钱老师开始跟她说她母亲的不易：一个女人，承受了丈夫对她的抛弃，独自坚韧地抚育着孩子，让女儿和一个正常家庭的孩子一样享受着上学的权利，这些对一个身患重症、无固定收入的女人来讲有多么的不易！作为孩子，我们不能活得太自私，只考虑到自己的颜面问题，而没想到能领到救助金就是在帮妈妈减轻负担啊！更别说，妈妈已身患重症，我们做子女的就一定要格外地善待自己的母亲，千万不要留有“子欲养而亲不待”的遗憾啊！跟妈妈的生命相比，我们的尊严显得微不足道，更何况是你的敏感放大了这一份被鄙视的感觉。其实，同学们都很友善，没有人会怀有恶意地去嘲笑你！因为你的家庭情况不是你能选择的，也不是你妈妈想要这样的！经济的窘迫有多种原因，其中有一种是因为懒惰，不愿干事，而有的却是生活给她出了个大难题。你妈妈懒惰吗？孩子摇摇头。钱老师知道，她为了女儿，还在拖着病体四处打工。这样的妈妈，置自己的病情于不顾，却反复叮嘱老师们要保护孩子的自尊！“而你为妈妈做了什么呢？本来渐渐长大的你可以去呵护、关爱你的妈妈了，可以不让她独自承受生活的苦难了，你妈妈恰恰是一个需要被呵护被关爱的女人！孩子，你真的该多为你的母亲着想啊！千万不要等到将来后悔！就像我，在母亲的生前没能好好地更多地陪伴她，而只是考虑自己的生活，现在，这成了我这辈子永远的痛！我的白发是我的忏悔！孩子，我不希望你遭受跟我同样的经历啊！因为我们是一家人！”始终沉默不语的王同学抬起头，钱老师看到她眼眶里闪着泪花，王同学对钱老师提了一个要求：“老师，我可以拥抱你一下吗？”钱老师喜悦地点点头，由着她给了自己一个大大的拥抱！那一刻，钱老师知道，她的话语终于化解了这个孩子心头的坚冰，她昨天对母亲的咆哮、负气地甩门、对班主任的不理睬，在今天，在这一刻都烟消云散了！

孩子后来跟钱老师保证说，现在她也没有什么能为母亲做的，但以后她一定会站在母亲的角度来考虑问题，多为母亲着想，同时，唯有好好学习，以优异的成绩来回报母亲！今年，王同学以总分 342 分选修双 B 的成绩被录取到南京林业大学。这对于她以前的学习状态而言，可是有了非常大的进步啊。相信这于她母亲而言，是一个苦难女人生命中最荣耀的时刻之一。

2. 吕老师用行动转变学生

说了妻子班的，再来谈谈吕老师班上的学生吧。吕老师由于当班主任的年限长，碰到的特殊情况更多。有一年，一个孩子因为跟家人闹矛盾，最后一个电话打过来，激动地跟他嚷着说："我要去跳楼！"吕老师手忙脚乱爬起来套上衣服就赶过去了，当时已是一个寒冬的深夜。他一直安抚、劝导那个女孩子，终于平复了那个女生的情绪，直到凌晨才拖着疲惫的身体赶回家。

高二时，班上的一个男生小朱也是因为叛逆期等各种原因，情绪总是会有点小失控，从而影响了学习。但吕老师总能很好地安抚他、引导他。这个男孩高一时是普通班的学生，文科知识特别差，不爱背书。但是从高二开始进了吕老师所带的班级以后，多次的师生交流和考试检测，让他认识到了偏科带来的问题的严重性。他听取了吕老师的建议，买来了习题册，利用可以利用的闲暇时间，练习文科基础题，最终弥补了先前的不足，高考中，语文取得了 124 分的好成绩。该同学的理科思维让他对数学、物理充满兴趣，乐于钻研难题并与同学讨论，但也不免遇到难题。作为班主任，也作为数学老师的吕老师总是很乐意帮助他解决难题，为此，常常耽误吕老师的午饭时间和晚上的下班时间，而这也在很大程度上激励了小朱在数学上追求更大的进步。高二第二学期，吕老师带领他参加学科竞赛，最终取得了苏州市数学竞赛一等奖的好成绩。吕老师也告诉他，要热爱生活、热爱艺术。他学过竖笛，学过吉他，会操作一些基本声学处理软件。高二下学期，他还参与了学校组织的红五月活动，出演了班主任吕老师一角，大获成功。可见他对吕老师的感情非同一般。最后，这位小朱同学用高考 400 分的优异成绩回报了班主任吕老师对他的一片关爱之情！

这样的一些特殊学生，两位老师的班里还有很多，他们用耐心、爱心去抚慰学生、改变学生，都取得了可喜的变化。如果说成绩能改变孩子的命运，那么孩子们对人、对事态度的改变更可以为他们赢得更好的未来。而这，才是吕老师和钱老师更愿意看到的！

四、言传身教培养孩子良好习惯

夫妻俩的两个孩子，是一对双胞胎，从小就在父母的熏陶下，热爱学习。两位老师对孩子们的教育也是严格而不苛刻，关爱而不溺爱，注重培养他们良好的学习和生活习惯。由于夫妻俩都是主课，忙于教学，回到家还要伏案备课改作业，基本没有时间照顾家庭。但两个孩子，虽然是男孩，却能在父母忙碌的时候帮着家里干家务。如今，早餐桌上的“三明治”、晾衣架上的衣服、干净的餐桌都是他们的“杰作”；在学习上，两个孩子年年被评为三好学生，是老师的好帮手，是同学们的好伙伴。大家都夸，孩子们深受夫妻俩的影响，品性非常好。

五、不忘初心呵护学生

高尔基说：只有爱孩子的人，他才可以教育孩子。吕老师和钱老师正是严如父、慈如母地爱着每一个孩子，教育着每一个孩子。他们不忘初心，他们用心、用爱对学生的呵护，一定会为他们带来一路芬芳。

我与暨阳

张钟玉

光阴荏苒，回首已近四十。屈指算来，在暨阳高中这片教育的沃土上苦苦耕耘已有十八个年头了。这十八年，是生命最绚烂的季节；这十八年，是人生最具活力的阶段。十八年中，任春夏秋冬，花开花落；任寒暑易节，云卷云舒。我读书、教书、求索不辍。往事如烟，苦辣酸甜，始终萦绕心头，不敢忘怀的是，在我成长的道路上，给过我关心、支持、帮助和启发的许多人。

长者的指引

1999 年，我从徐州师范大学中文系毕业，分配到暨阳高级中学工作。工作伊始，遵循学校一贯的导师制，学校指派蒋玲老师做了我的师傅。师傅不仅在生活上对我关怀备至，工作中更是让我受益良多。

能有幸成为市语文教学能手的徒弟，初出茅庐的我立刻便被托上了一个比同龄老师更为宽广的学习平台：我随时有机会听课，跟随师傅观摩学习。哪怕是教材中的一个小疑点，一丝不苟的师傅都会带我查阅资料，比较取舍，直至解决。即便是教法上的一个小设计，思维敏捷的她都要引导我从更多的角度、更高的层面思考研究，直到找到最恰当的方案。特别是在平时的课堂教学中，师傅循循诱导，精到点拨，悉心扶持。在师傅的言传身教下，我这株教坛新苗，在暨阳高中这片希望的田野上，慢慢地透出生命的新绿，从市教坛新秀、教学能手，到学科带头人，逐渐成长为在本市高中语文界享有一定声誉的教师。

邵嘉仪老师是又一位对我的语文教学产生重大影响的老师。作为暨阳高中的名师，邵老师多次开设公开课，置身于她的课堂，我每每被她激情言语中透射出的对生活的无限热爱所感染，也常常被她睿智话语中流露出的对文学、对人生的深入思考所震撼。她摒弃那种流行的从时代背景到段落大意的固定讲解模式，也没有刻意追求教学的重点、难点。在她的课上，一切都是那么自然而然，浑然天成。2003 年，我和邵老师恰巧同在一个办公室，有幸更多地聆听她关于语文教学的独到见解：从课内到课外，从理念到操作，从有声到无声。受到邵老师的影响，我也开始追求一种激情而不矫情、真诚却不造作的教学境界，并时刻提醒自己，在关于语文教学形形色色的议论中，要保持清醒的头脑，坚持走自己的路。

成长的阶梯

暨阳高中向来是青年教师的一片沃土，从导师制到青年教师论坛，从青年教师教学基本功竞赛到青年教师论文评比，为了青年教师的茁壮成长，学校搭建起了一层层坚实的阶梯。

有两件事我至今难忘。

第一件事是在我参加工作的第二个年头，恰逢张家港市课堂教学改革经验交流周开幕，我校语文组承担了市先进教研组公开课展示的任务。偌大的语文组，一共只需四位老师开设展示课。若论资排辈，无论如何也轮不到名不见经传的我。然而，当时的语文教研组组长蔡仲华老师、高二备课组组长曹耀忠老师同时推荐了我。在我确定了上课内容《门》之后，曹老师还四处为我搜索备课资料，并真诚地与我交流，提出他对这篇课文的处理意见。在各位前辈的关心下，经过精心准备，那堂以“突出语文课堂有效性”立意的《门》博得了听课老师的一致好评。

第二件事也与公开课有关。2006 年 5 月，接市教研室通知，6 月 1 日省教育厅的专家将到我市对张家港市课堂教学改革工作进行验收，教研室委派我和梁丰高中的一位老师开设课改汇报课。从接到任务到正式开课只有不到两个星期的准备时间。为了协助我上好这堂课，学校上上下下的领导、同事给予我极大的关心：备课组黄伟老师为我搜集解读文章，备课组组长孙蔷华老师为我出谋划策，教研组许明秋组长给我提出有益建议；当时教师发展处主任瞿高海叮嘱我开课细节，副校长夏军良腾出自己的班级让我试上。正是因为有了“暨阳人”的无私帮助，我出色地完成了这项艰巨的任务。

有人说，做语文老师太苦，“朝五晚九”的生活，见效甚微的课堂；一座座小山似的作文本，一道道参悟不透的主观题……我说，做语文老师未尝不是一件幸事。这幸福，在于满脸的热情终于把学生的理想之火点燃；这幸福，在于恨铁不成钢的关心终于被顽固的“差生”接受；这幸福，还在于耐心的讲解终于被期待的心灵理解……

在暨阳高中这块希望的土地上，我辛苦地耕耘着，幸福地收获着……感谢暨阳，你赐予我的一段段充满激情与梦想的岁月，以及由此沉淀而成的那份挥之不去、历久弥香的记忆，是我一生最宝贵的珍藏！

我的暨阳故事

许明秋

我是个从事语文教学的农夫，躬耕在教育这片土地上，春播夏育，秋收冬藏，日复一日，年复一年，用平凡诠释着一名高中教师的生命意义。

时间如水，岁月如沙，我已经在三尺讲台边工作了 29 个年头。1988 年师范毕业后在塘桥中学工作了 14 年，2002 年调入暨阳高中，在这里工作至今 15 年，其间，4 年班主任，5 年语文教研组长，13 年备课组长。回首往事，仿佛就在昨日，情景历历在目。

醉酒方知酒味浓，为师才知为师难。作为语文教师，工作艰辛繁杂，曾经的双班早读课就让人精疲力竭，那时候的清早，脚步仓促，行色匆匆，有时匆忙中穿着两只不一样的袜子就走进了教室。同时语文教师工作量也是很大的。上一节语文课，往往要花费三四节课的时间准备，研读文本，基于学生的思维训练和能力培养，制定科学全面恰当的教学目标，寻找切入口，理清重难点，创设教学情境，设置课堂问题，最后要考虑如何旁征博引，拓宽延伸。我深知，作为一个高中语文老师，不能止于文本的解读和结论性的传授，不能只甘于做“二道贩子”。备课一要有效备文，立足文本，超越文本，高屋建瓴，构建体系。二要做到认真备人，依据学情，考虑学生的发展需要，把课堂还给学生，做到人与文的结合，真正实现课堂的有效。所以完成一个详尽的语文教案要花费大量的时间，写下大量的文字。另外，作文的批改更是繁重的工作，边批边记载学生作文中的种种优点和存在问题，批完还要找学生交流面谈，优秀习作要打印成文，做成教学案用来讲评。其次，提优补差也是平时工作的常态，凡是默写不合格、作业错得多的学生每天必须要到办公室报到，对他们不歧视，多鼓励，宽严相济。除了在语文专业上个别辅导外，还要从心理上疏导和感化他们，和他们耐心沟通交流，排除他们对学习的抵触情绪，让他们从内心深处接受老师，接受语文学习。对于语文底子厚的优秀生，我想方设法地使他们再提升，有的加大课外阅读量，有的加大基础题的训练量，他们的完成情况也是每周必查。这些事情，很琐碎很繁杂，但我依旧每天乐此不疲地做着，因为看到学生的日渐成长，我会感到由衷的欣慰。

细数往昔岁月的点点滴滴，我还是要感叹：繁杂琐碎的工作，同时也带给我很多的感动和幸福。每天上课铃声响起，走进教室，从讲台上凝视那一张张纯真的笑脸，向他们问好，然后倾听他们真诚的回应。课堂上每每看到学生们一双双如饥似渴的眼睛，不论多么劳累，多么疲倦，只要一站上讲台，我又思维敏捷，精神抖擞了。每次，给课堂开小差，作业不完成的学生讲完时间的宝贵、知识的重要，听到学生的一声“老师，我知道错了”；每次，口干舌燥地辅导完，学生微笑着和你说“老师，这个知识点我懂了”；每次，看到学生成绩单上的数字在一次次往上跃进；每次，学生隽秀的字迹、精美的文笔映入我的眼帘；每次，学生获奖作文的证书出现在我的办公桌上，我感到的是无比的释然和喜悦，觉得所付出的努力和辛苦都是有价值的，努力工作后学生们的点滴进步就是回报我的最好的礼物。

在暨阳高中工作 15 年，担任了 13 年语文备课组组长，其间和备课组的同仁一起研究考纲，探索教法，鼓励年轻教师立足本职，奋发前行。总之，深知职责所在，始终不敢有丝毫懈怠，当然和大家一起在专业上共同切磋，日臻进步，我自己的心态也变得年轻了。

三尺讲台，一方热土，29 年的时间，变化的是我日益苍老的容颜，不变的是我对教书育人的难以割舍的爱。真诚做人，认真做事是我为人处事的永远的准则。

一腔热诚勤耕耘　满怀真挚永奉献

季　伟

自从 1994 年参加工作以来，凭着对教育事业的执着和热爱，我投身于党的教育事业，为上级学校输送了一批又一批的优秀学生。

我认真学习贯彻党的教育方针，保持共产党员的先进性，富于奉献精神和合作精神，工作兢兢业业，勤勤恳恳，勇挑重担；一贯遵纪守法，团结同事，以身作则，积极上进，政治思想素质较高。曾被评为镇优秀共产党员、张家港市优秀班主任、苏州市优秀班主任。

作为一名语文老师，我深知兴趣是最好的老师，只有培养学生学习语文的兴趣，才能使学生在获得语文知识的同时，产生语文学习的内驱力。为此，我注重指导学生联系生活实际，设置课堂教学环节，指导学生课外阅读，循循善诱，引导学生步入文学殿堂，形成了良好的语文教学氛围。

为使自己在教学上不断成熟，我刻苦钻研业务，苦练基本功，利用业余时间，仔细钻研教学大纲、考试说明等指导性文件，在此基础上，为了充实知识，开阔视野，我订阅了语文教学方面的多种参考资料，广泛吸纳先进的教学方法，并在实际教学中加以运用。我认识到教学是师生的共同活动，细心研究学生学习情况，全面了解学习难点和存在的问题，实施因材施教、分层次教学，努力使自己的教学做到有的放矢。我善于营造学习氛围，教学语言感染力强，重视学生语文素质的培养和学习方法的指导，上课生动活泼，注意设置情境，活跃了课堂气氛，引导拓宽学生的思路，重视知识的形成和巩固运用，培养学生勤于观察、积累、思考的习惯，坚持创设民主和谐的课堂环境，尽最大的努力唤醒和激活学生的主体意识，积极调动学生自主学习的积极性。

我还不断地向同组教师请教，努力提高自身教学水平。在实际工作中，我教学工作认真踏实，有钻研精神，从事高中语文循环教育工作，所教班级成绩突出，在历届高考中，所任教的班级，语文成绩均居于全市前列。

我一直默默地关心着每一位同学，2004 届有一位女学生，家境比较困难，我就在开学初，为这位同学买好文具，赠送给这位学生。在平时，还不时帮助这位同学购买学习资料，经常和她谈心，询问学习和生活情况。我无微不至的关怀坚定了这名同学生活的信心，激起她学习的热情，在高考中考出了高分，就读于警官学校，现已在派出所工作。

自 1994 年以来，我一直担任班主任，坚持教书育人德育为先。每天早出晚归，事事以身作则，要求学生做到的，自己必须首先做到，讲求实效，反对形式主义，用自己的行动来感染学生。我始终坚信一个教师的人格魅力对学生的潜移默化的作用。我教育每一位学生孝敬父母、诚实守信、懂得感恩，不断改造学生的思想，提升学生的生活品位，教导学生认识社会、了解人生，帮助每一位学生树立正确的世界观、人生观、价值观。培养学生的抗挫折能力，帮助他们战胜心理挫折，勇敢面对困难，学会自我成长。

在班主任工作中，我善于捕捉教育的极好时机，对学生进行启发式教育。班里有一位张姓学生，长期不交作业，上课经常睡觉，但积极为班出力，在学校组织的活动中为班级争光，我便抓住这个“闪光点”，及时找那位同学做思想工作，肯定他的成绩，表扬他爱惜班级荣誉，老师同学都为此感到高兴，相信他一定能够改正自己的缺点，走向成功。经过这次谈话以后，张同学果然改掉了坏毛病，学习态度进一步端正，通过努力，考上了黑龙江大学。

注重培养学生的集体荣誉感，开展学习竞赛，并针对班级的学生实际，引导学生进行自我管理、自我反省、自我促进。实行班长值周制，让全体同学轮流管理班级，使每个学生都有机会得到锻炼，这样的班级管理模式，增强了学生的信心，调动了全体同学参与班级管理的积极性，促进了学生身心的发展，班级形成了良好的班风、学风。

我把学校教育和家庭教育有机结合在一起，通过电话、家校路路通等方式，经常和家长保持联系，和家长一起鼓励每一位学生，在学生遇到挫折时，帮助他们总结失败的教训，使学生不断提高和进步。班主任工作中，紧密结合学生实际，经常性的交流使每一位家长都能及时了解自己的孩子在校学习和生活情况，也使任课老师都能及时掌握每一位学生的实际情况，得到家长和社会的认可，家长也更加积极主动地配合学校和班级的工作，使学校和家庭教育形成了合力，对学生的成长起到了很好的引导作用。

注重和学生的谈心，不仅谈学习，而且谈做人，我善于抓住一切契机，针对每个学生的个人特点，有的放矢，使谈话产生良好的效果，让学生乐意和班主任谈话，愿意向班主任倾诉。所任班主任的班级年年被评为优秀班集体，也被评为张家港市先进团组织、张家港市先进学生集体。

在自己业务素质不断提高的同时，我始终没有忘记政治素质的磨炼，努力恪守党员准则，积极实践自己的诺言，虚心接受组织的培养，工作生活上严格要求自己，让自己的工作日益符合组织的要求。我将用对学生的爱心，对事业的恒心，继续书写自己的教育人生。

奉献爱心　情暖学生

陈　燕

32年前的9月1日，我第一次走上了讲台，面对着和自己差不多大的高中学生，我没想过自己一定要像蜡烛、像春蚕，当时只有一种朴素的想法，就是让他们学得比自己更好，考上比自己更好的大学。一年年过去，我逐渐体会到，教师不仅能给学生传授知识，也是学生人生道路上的领航人，所以是很有价值的。每当教师节来临，学生的贺卡呈现在我的案头的时候，我更觉得教师这个职业提升了我的生活，铸造了我的信念。于是，在学校里，我像许多老师一样，乐于接受任务而毫无怨言，连续多年两个班的数学，一个班班主任，工作任务虽重，但总得有人来做，再说，也只有经历磨炼才能使人进步。

大家知道，做老师最辛苦的就是班主任。在担任班主任的日子里，无论上班下班，无论何时何地，无论身体如何，始终多了一份挥之不去的牵挂。班主任的工作千头万绪，从课堂到课下，从学习知识到人格培养，从日常生活到思想修养，从校内的学习到校外的交往，等等。但所有这些，我都尽心尽力地去做好。虽然休息的时间减少了，虽然自己的家庭照顾得少了，但当一届又一届学生成功地走进高等学府之后，总能体会到另一种甘甜幸福。在校领导和各位同事的关心和帮助下，我所带的班级常被评为优秀班集体，自己获得张家港市教学能手的称号，也曾被评为苏州市优秀班主任、苏州市优秀教育工作者、张家港市教育系统先进个人等。

2009 年 8 月 26 日，时任副校长张彩琴找到我，让我担任高三(9)、(11)两个班的数学老师，并且担任高三(11)班的班主任。这两个班都是文科班，要知道从工作至今我只在 2005 届带了一年文科班，而且我从没有做过文科班的班主任，这是对我工作的挑战，我的心里直打鼓。要上好这两个班的数学课要动一番脑筋，首先要在课堂教学上彻底转型，而且班主任工作也和以往有了很大的区别，文科班的学生，男生十几个，女生三十多个，而且文科班大多数学生特别怕学数学，他们学习数学很被动，上课只听你讲，不喜欢动脑筋。要提高他们的数学成绩必须把他们不喜欢动脑筋的习惯扭转过来，我在备课和课后辅导上多下功夫，鼓励他们多提问题。通过努力，两个班级学生学习数学的兴趣很浓，课间十分钟还有许多学生提问。通过努力，在 2010 年高考中，高三(9)班的数学成绩以 106.8 的均分名列全市第 8 名(入学第 16 名)，当然这些成绩不是我的功劳，是学校领导以及全体同学努力的结果。

担任高三(11)班班主任，我的心里是惶恐不安的，因为这是我第一次做文科班的班主任，没有经验，平时我就经常向张建华老师、许明秋老师讨教做文科班班主任的经验。在与学生的相处中，我渐渐体会到了一种“无痕”的爱，“无痕”意味着关爱学生不需要轰轰烈烈，不需要人尽皆知。而且对学生善意的关注，默默爱护，无须把关爱挂在嘴上，刻在脸上，这就是一种智慧之爱。用真诚的爱心走进学生的心灵世界，他们会主动向你敞开心扉，喜欢你，信任你。苏霍姆林斯基说过，“教育的意图应隐蔽在美好的，毫不拘束的氛围中。”我坚信，“有爱的地方，就是天堂。”有了充满智慧的爱，我们的教育活动就会成为春风化雨般的沐浴，让优秀者更优秀，孤独者不再孤独，贫弱者不再贫弱，“问题”学生也不再有问题。通过一年的努力，我和高三(11)班的所有学生都结下了深厚的师生情，这种情谊就像朋友，我们高三

(11)班在高考中也考出了令人满意的成绩,超指标4人。考上西安工业大学的钱子文同学到了大学后写了一封感恩母校的信,中间一段这样说:自己离开母校半年多了,每当回忆起母校,总会想起一个人,一个值得我用一生去感激的人,这个人和蔼,治学严谨,工作忘我,而且无私奉献,她,就是陈燕老师——高三(11)班班主任。陈老师教数学,治学相当严谨,总是一丝不苟。她常常放弃休息时间,全身心地辅导着班里的学生……这些,高三(11)班的同学看在眼里,感激在心中,所以我们彼此信任,共同奋斗。陈老师常常告诫我们:“成功没有捷径可走,只有脚踏实地。”耳濡目染的,高三(11)班形成了浓厚的学习氛围,通过高考,我们播下的种子终于开花结果,成功的花朵是用汗水浇灌出来的。现在回想起来,那是一段多么难忘的岁月,吸收了知识,充实了人生。

后来,我又接任2014届高三(7)班的班主任工作,那是一个物生实验班。开始时,我感觉学生很排斥我,很疏远我,甚至路上碰到我也不打招呼,但我还是一如既往地关爱他们。从一些小事做起,经常深入宿舍和寄宿生谈心,关心他们的学习、生活。通过三个月的努力,我觉得班级的同学和我渐渐亲近起来,一次我咽喉发炎,嗓子特别难受,一位同学往讲台上递上一盒金嗓子含片,一个小小的举动,作为一个老师,还有什么比这更幸福呢?

陶行知先生有句名言:“捧着一颗心来,不带半根草去。”我知道,也许我永远达不到这种境界,但我也想起了另一句诗句:“风来了,雨来了,老师捧着一颗心来了。”我想,如果我是捧着一颗心来学校的,如果我是捧着一颗心进教室的,那还有什么事做不好呢?还有什么风雨不能和学生一起去经历呢?

我会继续做着一些平凡的事情,因为默默奉献本是我的追求。但愿我能像那随风潜入夜的细雨,润物无声,用自己的爱心,滋润和激励学生,用自己的执着,带领学生走向进步和成功,为暨阳高中的明天贡献自己的绵薄之力。

我的暨阳故事

黄　芳

本人是2001年来到暨阳高中的,今年是我在暨阳工作的第十七个年头。在暨阳高中的这些年是我职业生涯的黄金时期。其间,我从未停止对教育教学新境界的追求。2001年至2007年一直担任班主任工作。2008年至今担任英语教研组组长。

还记得刚到暨阳高中时我带的是一个普通班,学生大多数是来自杨舍镇上的,学习习惯差，成绩差，可是个性十分鲜明，嘴巴很厉害，如果老师有什么做得不到位的，他们肯定不服帖。为了能带好这样一个班级，我翻阅了各种班主任经验书籍，向有经验的年轻的老班主任季伟老师讨教经验。我全身心地扑在了教育教学工作上。当时我女儿刚上幼儿园，现在回想起来我一次都没有接送过她，那时所有的心思都在学生身上。学生有个头痛感冒的，我立刻就嘘寒问暖，学生中有什么苗头性的问题，我马上就能觉察到，任课教师有什么困难，我总是尽心尽力协调解决好。那三年发生了太多的事情。有一个学生夜自修不回家，偷偷去游戏厅，家长打电话给我，我陪着家长找到半夜才找到。经过和该生的多次谈话，和家长的通力合作，后来这个学生从班级倒数几名上升到十几名，如愿考上了一所本科院校。他结婚前还带着未婚妻到学校给我送请柬，说当初没有我的教诲就不可能有他的进步。虽然说普通班的学生比较调皮，甚至有时候有点痞，可是我不抛弃不放弃，因为每一个学生都是一个家庭百分之一百的希望。功夫不负苦心人，2004 年高考我班作为普通班超指标人数 10 人，为暨阳高中的辉煌添上了浓墨重彩的一笔。2004 年之后继续担任班主任，虽然班主任经验丰富了，可是我依然不敢懈怠，每天早上、中午、晚上都提前到班级查看，班级管理更顺了。2007 年高考我所带的班级超指标 8 人。

在做好班主任工作的同时，我对教学工作也丝毫没有放松。记得刚来暨阳高中时我带两个班，一个是重点班，一个是普通班。重点班是和杨学萍老师合作，她的热情帮助减轻了我的负担，至今仍然非常感谢她。当年为了更快地融入暨阳，适应暨阳，我在课堂教学方面也努力向同备课组的同事学习、取经。备课组的睿智的老王，热情的刘颖姐等人毫无保留地给我传授经验，让我迅速地融入暨阳的大家庭中。我在做好班主任工作的同时，所任两个班的教学成绩同样出类拔萃。为此，我先后获得了张家港市优秀班主任、张家港市教育局先进个人等荣誉称号。

2010 年之后我连续带了六届高三班。这让我有了一些经验，可是躺在过去的功劳簿上只会让人退步。每一届的学生都是不同的，所以充分了解学情，因材施教是必须的。2015 年高考，我所带的一班英语成绩名列全校第一。其中有个叫施翀的学生，我真的花了很多的心血，她和其他孩子不同，她的英语默写从来不能及格。开始几次我每次都让她重默，可是每次重默还是不及格。我想长此以往，她会越来越讨厌英语。后来我根据她喜欢阅读的特点，不再让她重默，而是要求她每天要读一篇合适的英语文章。最后高考她得了 95 分，获悉分数之后特地给我发来短信，说真的非常感谢我，要不是英语考得这么高，她的高考就砸了。作为老师能听到毕业之后的学生说感谢你，再也没有比这更高兴的事儿了。

作为教研组长，我以身作则，经常学习先进的教育教学理论，并且在两周一次的教研活动上组织全体英语老师学习并讨论。为了响应学校提出的“目标教学策略”课堂教学模式，我组织老师们进行了多次研讨，反复研究各种课型的模式，提高全组老师的业务水平，为英语组教学质量的提高尽自己最大的努力。为了让青年教师迅速成长，在教导处的支持下我还主持举办青年教师说课比赛。对青年教师，我毫无保留地进行指导。久而久之，我们组里形成了互帮互助的氛围，老教师对年轻老师经常进行全方位的指导。英语组先后获得了张家港市“园丁先锋号”、苏州市“巾帼文明示范岗”等称号。

最后我想说的是，作为一个暨阳人，我感到无比自豪，我仍将在这片土地上为了暨阳的明天而努力奋斗！

做一位麦田的守望者

陆兰芬

各位领导、同仁大家好！我现在站在这里，心怦怦直跳，作为老教师代表发言，一个“老”字，不免让人感觉有些伤感。

我 1987 年毕业于苏州师范专科学校，当时被分配到晨阳中学工作，2002 年调入暨阳高中。刚进入暨阳，我如履薄冰，深知和暨阳的老师一定存在差距，于是我虚心向暨阳的老师请教，学习他们在教育教学上的好做法。

工作 30 年来，我始终坚守着一个信念，那就是对工作要脚踏实地、真抓实干；对学生要真情实感，富有爱心；对学校要真诚奉献，维护学校荣誉。正是拥有了这个信念，我从未放弃对工作的热爱，认真地做着本职工作。

一、热爱教育，一心扑在教育事业上

多年的教育教学工作使我知道：教育工作责任重大。因此，我从来没有把教师简单地当作谋生的职业，而是作为事业全身心地投入。不管什么时候，我都会一如既往、义无反顾地热爱学生，热爱我的工作岗位。当听到别人埋怨教师这份职业时，我心想：既然选择了教师，就要热爱这份职业！学生是有思想感情的，和活生生的人在一起，远比站在商场里机械无聊的生活有趣，我喜欢和学生打交道。

我把“备好、上好每一堂课，批好每一份作业，教育好每一个学生”作为自己每天工作的信条。平时我不错过每一次听课学习的机会，用心听，用心琢磨，“取其精华，弃其糟粕”。及时批改作业，耐心辅导学生，对于基础差、缺乏学习主动性的学生，我会在其作业或试卷上写个“面”字，或主动去找他。对学生严而有度，与学生真诚相处。2005届我担任2个班的英语教学工作，一个是文科班，一个是理科班，理科的学生英语差生多，我便从基础抓起，抓单词、词组的默写。当时理科班的小陈，英语程度很差，几乎每次默写都要重默，同学们戏谑地称他"again王子"，我没有歧视这位"王子"，耐心地给他讲解补差，他高考时英语提高了30分，顺利地考入了南京中医药大学。而文科班的徐海娟更是考出了139分的好成绩，获得了加星。

二、关爱每一位学生，培养有用之人

我从2005年开始一直担任班主任。做教师首先是做人，做真诚的人，做正直的人。我在平时的工作和生活中，在学生面前，都很注重自身的形象，用自己的人格魅力去打动人、感染人。我把对学生的爱，对事业的执着，化为自觉的行动。思想上关心学生，感情上亲近学生，生活上关怀学生。学生写作业头低了，我提醒要保护眼睛；学生坐着时背弓着了，我随即提醒：我不希望你们以后成为弯背老头老太；学生给家长打电话直呼"喂"时，教育他们喊声"爸爸"或"妈妈"，让爸妈感受到孩子是有教养的。当听到家长评价我"老师你很负责任，我的孩子就交给你管了，我孩子听老师的话"时，我感动了。2005届的小石和小蔡无心读书，晚上偷偷溜出去帮助网店赚小钱，家长急坏了，小蔡的家长差点把小蔡的腿打断。我对学生的教育是精诚所至金石为开，他俩怎么还不开呢！在多次苦口婆心无果的情况下，我气愤地打了他们，过后我后悔了，万一他做出过火的举动咋办？把我告到教育局，学校因此受连累，每人少了文明奖我该当何罪。令我吃惊的是，他们开始认真学习了，一个考上本三，一个考上了大专，后来专升本继续深造。小蔡工作后碰到我的第一句话是："老师，我读书时经常惹你生气，我也不知道自己怎么会那样。"我说："那次我也不该打你。"他说："老师，我要感谢您，只有自己的爸妈才敢打呀，您把我们当成自己的孩子，我对不起您。"我和同学们关系融洽，平时也爱和学生聊聊天，开玩笑，2012届学生背后叫我"芬姐"，虽然我已达到芬姨的级别了。

三、做事积极，一身正气

我是一个做事积极的人，我希望我的学生拥有"积极"的品质。我常对学生说，做什么事，像什么样，要么不做，要做就要做好。作为班集体的一份子，就要为班集体发挥自己积极的一面，为班级的荣誉着想，你代表着所在班级，我们的班级代表着学校。我期待我的学生能在一种积极的状态下接受暨阳高中的熏陶，接受我的教育，能够养成积极的品质去面对他们的人生，热爱自己，热爱他人，热爱这个世界，能够在成长中体会更多的快乐幸福。

2014届有三个女孩小赵、小罗、小张，可以称为班上的“三驾马车”，由于家庭教育的原因，她们有不同程度的心理问题，她们以消极、阴暗、怀疑的眼光看待周围的一切，在暨阳贴吧里黑老师、同学，唯恐天下不乱，无心学习，经常在背后议论某某老师长短，某某同学长短，搞班级小团体。我联系她们家长，和她们沟通、交流，找积极向上的成功人士的书籍给学生看，引导她们用积极的心态去迎接一切，这三个女孩终于意识到自己的错误，接受教育，并改正了错误。小赵、小张考上了本二，小罗也考入了海外直通车大学，去实现她的东京大学梦了。

教师的言行对学生的思想、行为和品质具有潜移默化的影响，教师的一言一行，学生均喜欢模仿，这将给学生的成长带来一生的影响。因此，我时时刻刻为学生做出好的榜样，凡要求学生做到的，自己首先做到，坚持严于律己。我们知道教育是一朵云吹动另一朵云，一棵树摇动另一棵树，一个心灵感动另一个心灵。我们要学会喜欢学生，欣赏学生，喜欢和他们在一起，这样才可以发现他们的优点。

四、助人为乐，甘为人梯

每逢青年教师遇到烦心事儿，不管是工作上的还是生活上的，我都耐心开导，竭尽全力帮助他们，从而得到大家的尊敬和信任。在办公室我也经常打扫卫生，为大家提供整洁的工作环境。在我的带动下，很多年轻老师都积极主动地搞好办公室卫生。看到青年教师的进步，我非常开心。

我将以积极的工作态度一如既往地为暨阳高中的教育事业做贡献。

带着赏识的眼光走进学生的心灵

张友孟

光阴似箭。转眼间我走上讲台已有22年光景。时光飞逝，回顾这二十多年，本人兢兢业业，勤勤恳恳，坚持教书育人，意志依然坚定。

我所在的备课组是一个优秀的备课组，很多老师在教学上是我学习的榜样，我们都是非常优秀的教师，爱岗、敬业，敢于创新，有力地促进了大家教学水平的共同提高。感谢身边的很多同事，是他们给了我很多很多无私的帮助，无论是工作上还是生活上。团结、奋进是我们备课组鲜明的作风。

随着社会的发展，大家都有这样的感受：社会对教育的要求越来越高，教师的工作压力越来越大，面临的挑战越来越多。但这些并不妨碍我们去追求自身的发展和体会教育过程的幸福。我们在照亮学生的同时，也成就了自己。

瞬息万变的社会、个性多样的学生决定了我们对教育的理解与变通只能深入地进行下去，以求达到最佳的教育教学效果。

我担任 2010 届一个班的班主任，班上有位严同学，在老师眼里，他学习差，习惯差，品性差，可以说是一无是处，典型的差生，甚至班级里有的同学在我面前也说“严某某简直就是 3 班的败类，社会的人渣”。但是作为班主任的我却并不这样认为，在诸多方面严同学确实不如别人，比如说学习成绩、行为习惯、遵守纪律等等方面。但是对于这样的学生，我们不能用和别人一样的标准来要求他，我们要努力从不同的角度寻找他的闪光点。比如说他从不迟到，作业能够天天交，篮球打得好，动作反应快，机智灵活，电脑熟练，等等。在他身上我采取了灵活变通的方式对他进行约束，也收到了很好的效果。我们做老师的都知道，即便是这样的学生，以后走上社会，事业的发展不一定比成绩好的同学逊色。就拿高三毕业后的暑假来说，他在一家公司打了一个月的零工，他的薪水是根据业绩拿提成，得到老板的倍加赏识，原因是他精通电脑，能说会道，为公司创造了财富。

教师其实是平凡的、普通的，就如一颗小小的铺路石，我也只是社会中的沧海一粟。教师不是伟人，不能像伟人一样成为偶像，受人敬仰；教师不是英雄，不能像英雄一样树碑立传，流芳千古；教师不是明星，不能像明星一样光芒四射，妇孺皆知……相比之下，我们教师所做的一切，是那么普通，那么平凡，那么琐碎！大多数的老师，都只是默默地在自己的岗位上，耗尽了自身全部的光和热，再悄悄地退下，没有惊人的事迹，没有辉煌的成就。然而，无论是在过去还是现在或是将来，无论是在物质贫乏的时代还是物欲横流的岁月，始终都有数不清的教师们在无怨无悔地坚守着这个岗位，用自己的青春和热血来捍卫着这个职业的神圣！

在暨阳高中这块沃土上，我们所有的暨阳教职工都是暨阳的主人，也许我们暨阳的历任领导只是暨阳的匆匆过客，但我们暨阳人要把这里当作自己的家，因为这里有我们一生的事业。

我带的上届学生，记得在高二的时候发生过一件令人不愉快的事情。蒋同学是我班上成绩比较差的学生，由于学习感到比较吃力，因此有些厌倦，听同学说他早有打算放弃的念头。一次在宿舍玩 MP3，被我没收并给予一定的处分，他倍感受挫，一气之下离家出走。这下麻烦来了，不但他的父母担心，作为班主任的我心里也倍感不安，唯恐出点啥事。在接下来的两天时间里，总是神情恍惚，精神不佳，我的学生们也是看在眼里，课间我收到一封信，我的学生写给我的信，内容是这样的：

亲爱的张老师：

您辛苦了，我们感到很幸运，有能像您这么负责、尽心的班主任，我们一直不知道您对我们竟有着如此深厚的信任，是我们太任性、无法理解，辜负了您的一番信任。

不断发生的令人难过的事，是我们自己也难以预料的，或许在外人看来，我们似乎岌岌可危，但我们自己不相信，正如您所说，“只要努力，一切都会好起来”，我们更有一份不灭的希望。

老师，我们是一个整体，在我们身处逆境时，您总会及时给我们帮助，我们不是孤立的，老师您也不是，无论将要面临什么，我们会始终和您在一起，我们是一个整体，高二(3)班，我们将以此为荣。老师，您所承受的压力与责任，我们是无法体会的，请您相信，过去的我们让您心力憔悴了，但您的付出，总会有收获的，我们会体谅，我们能理解。

所以，希望您不要过度忧伤、烦恼，也不需要太过自责，因为这个世界总会有些料想不到的事，它印证了我们走过的路，它让我们的记忆更加深刻，也让我们的奋斗更有价值。

在这里我们全班同学向您保证：

1. 我们会团结一致，众志成城，始终以班级荣誉为出发点。

2. 刻苦学习，永不言败。

3. 遵守班级班规，约束自己。

4. 不再发生类似情况，减少您的烦恼。

我们保证，一定严格遵守上述约定。为了高二(3)班，也为了我们自己，不懈努力。正如我们的口号那样——“团结拼搏，负重奋进，勇往直前，挑战自我”。请您相信我们，监督我们。您也要多注意自己的身体，因为您的健康和快乐也同样是我们大家的心愿。相信我们，我们一定能做好，我们班的明天一定更美好！

高二(3)班全体同学
2009 年 5 月 7 日

落款是全班 48 位同学的签名。

我想，任何一位老师在收到这样一封信时，心中不免有些感动，忽然间心中对同学们平时的种种不满瞬间冰释，也觉得平时的努力都没有白费。好在我们付出了真爱，换来了学生真诚的回报；疲惫的身心，得到同学们的肯定和关爱，那种感受是幸福的。

我们将以更加饱满的热情，努力地工作和学习，在各自的岗位上，齐心协力，奋发进取，为暨阳更美好的明天而共同努力！

我的暨阳故事

丁育新

今天有幸在这里和大家聊聊我的暨阳故事。由于父母都是教师，我从出生到现在没离开过校园。我喜欢校园环境，简单、清新，富有朝气。我从小就想做老师，用糖果求我妹妹做学生，用门板当黑板给她上课。长大后我有幸成了一名老师！

我 1988 年进暨阳高中工作至今。记得拿到分配通知单后，我第一件事就是去暨阳中学，趴在窗户上，张望一下黑板有多高，生怕自己够不着。在开学教师会议时，都站在门口不敢进去，还是王平老师把我带了进去，别的老师还以为我是哪位老师家的孩子。不知办公室在哪，站在走廊里等待，扫地师傅问我是不是来补考的。去上第一节课，有学生看到我时说："我们班新来了一位同学啊！"进校门时，顾建忠老师把我拦住，问我怎么不带校徽。那时候的男生常欺负我，袁杰老师教我批评学生时一定要用土话。男生还给我起了绰号，在我进校门时，楼上的高中男生齐声喊我绰号，我气得哭着去找陈曹相校长，结果他竟然说很好听啊?！那时同事喊我"小丁"我都不让，请他们喊我名字，我真恨不得脸上赶紧长上皱纹，这样学生就怕我了。工作第二年，我做了初一班主任，有个叫刘剑的学生放学不做值日就溜了，他家在学校旁边，我追了过去，他爸开的门，见到我找刘剑，没给我好脸，就说："刘剑，有同学找你。"在周日，组织班上学生分成几组，从家里扛来煤球炉等工具，到学校包馄饨吃。还带他们骑自行车去爬香山，留下了一张张难忘的照片，那时候的学生就像是我的弟弟妹妹们。后来又做了高中班主任，运动会结束后，请学生家长的面包车送我们去一个学生的乡下家里，那是一座平时没有人住的空房子，学生到邻居家借桌子、凳子和碗筷，洗菜、烧火、做菜，那个开心啊！傍晚回来的路上，学生们都很不舍，求司机将车开得慢点。班上有个男生很有个性，在我教育他时不服气，我有一点很不好，一委屈时就要流泪，大声和他争执时，我的眼泪又在眼眶里滚了滚，刘颖老师忙走到我身边，推推我轻声劝道："熬住啊！"她一劝我就更熬不住了，大声喊到"我熬不住了！"趴在桌上放声大哭，吓得那男生赶紧和我道歉。有时课上某个题目讲也讲不清，有个学生就带着疑惑的眼神说："什么啊——"另外就有学生说："是这个题目不好！""对对，题目不好！"而给我台阶下，我真恨不得找个地缝钻下去。还有一次上课时，有个女生示意我到她身边，帮我拉上了裙子侧面的拉链。更有一次上课讲得正激动，只看见自己的唾沫星呈抛物线落在了第一排位置的小男生手背上，我赶紧尴尬地上去帮他擦干净。

在一大堆的趣事和窘事中，我已在暨阳工作了29年，从当初的小丁变成了老丁，我不再紧张上课、害怕学生，学会一视同仁、宽严有度、控制情绪，现在的他们就像是我的孩子。每次上课前，充分备课，上课时，热情洋溢，在历史课堂上与学生一起感受生命的成长。例如，孔子的“己所不欲，勿施于人”、苏格拉底的“人啊，认识你自己”、亚里士多德的“吾爱吾师，吾更爱真理”、伏尔泰的“天赋人权、自由平等”、罗斯福的“我们唯一感到恐惧的就是‘恐惧本身’，我们无可畏惧”、顾炎武的“天下兴亡，匹夫有责”、胡适的“历史不是一个任人打扮的小姑娘”等，给学生收获满满的四十分钟，看到学生们满意的眼神，我就充满了成就感和幸福感。能成为师生，能成为同事，无论如何都是一种缘分，弥足珍贵。我没有许洪力的不怒自威，没有严素丽的严谨钻研，没有张瑾的快速高效，没有沈建新的幽默风趣，但我就是我，不一样的小丁和老丁。

对暨阳高中，我很有感情，在参加市人大多次会议上，我发出了反对我校搬迁的声音，最终听到不搬的消息时非常高兴！不舍得我校的黄金地段，不舍得那一棵棵的香樟树、桂花树，不舍得那一间间曾经的办公室和教室。在暨阳高中，我已经历了六任校长，衷心希望在年轻能干的校领导带领下重塑我们暨阳！也衷心希望在座的各位同仁身体健康，生活幸福，工作顺心，都能享受到应有的尊重，从心底里热爱我们暨阳高中！

与时俱进

杨晓东

郭小川在《把家乡建成天堂》诗里说:“有人烟的地方，就有先进的力量。”自己还没有具备“先进”的条件，“先进”只是奋斗的目标。

从教二十多年来，究竟自己在教学上有多大长进？静下心来想想，过去所做的似乎都是些机械重复的任务性的工作，内心真没有什么成就感，连年累月，涛声依旧。像我这样在1992年就拽着那张旧船票的人还能不能登上今天这条新教育客船呢？政治老师大多有这样的体会，政治课很容易上，也很不容易上。很容易上的原因是只需要画画线背背而已，不容易上的原因是如果没有新意的话，就会出现学生打瞌睡、老师打哈欠的现象。

孔老夫子说“因材施教”，不同时代培育不同的学生，要因不同时代的“材”施以不同的“教”。我觉得政治课要根据教学环境的变化与时俱进，不断地创新内容，创新手段，创新方法，才能上出新意来。在教学上要努力引导学生关注社会、关注生活。只有让学生自己感到身边处处有政治，时时有政治，才会对政治课有兴趣。在上《民主决策》一课时，我选择了港城大道改造方案社会公示的内容来让学生了解民主决策的重要性和可能性。上《哲学》“辩证否定”时，我引用了袁隆平杂交水稻的最新成果和研究之路，上《创新的作用》时，我引用了学生喜爱看的荣获南粤创新奖的作品《喜羊羊与灰太狼》引导学生懂得创新是进步的源泉和动力。讲《事物发展》一文时，引用毛泽东《卜算子·咏梅》和《七律·人民解放军占领南京》等让学生领略伟人的豪情壮志，明确事物发展的状态和途径，树立克服学习困难的信心和勇气。通过课堂讨论、精心制作课件，广泛引用贴近生活、贴近学生、贴近社会的素材，让学生觉得政治课不是可学可不学、学好学坏一个样，而是必须学好也是可以学好的。在上哲学内容时，我经常向学生推荐那英的《雾里看花》。其中有这样几句：“雾里看花，水中望月，你能分辨这变幻莫测的世界。涛走云飞，花开花谢，你能把握这摇曳多姿的季节？借我一双慧眼吧，让我把这纷扰，看得清清楚楚、明明白白、真真切切！”同学们，你想要这双慧眼吗？那就学好政治，尤其是学好哲学吧！

“教好书，育好人”，简单的六个字，是做老师的一辈子的追求。时代在变，学生在变，而“好”字没变。怎样才算做好一个班主任，带好一班人，我一直很困惑。包括我今天在这里发言，我都觉得没有什么资格。因为究竟什么是“好”，在家长、老师、同学、同事、领导、社会眼里，答案是不一样的，因为大家看问题的立场和角度不同。但是矛盾的特殊性也离不开普遍性，一般来说，身心健康、能适应环境、做事有规范、能承担责任的人就算是个好人吧。为此，我的班主任工作主要围绕以下几个“词语”展开。

第一个词：变化。适者生存，善变是生存之道。生活如此，求学也是如此。我一直强调，学生一定要有变的思维，在变中求发展，不能固守原来的习惯、原来的想法、原来的环境。每学期开学初，我都会与学生讨论同一个寓言故事《新龟兔赛跑》，学期中也要围绕“变”字开展几次主题教育活动，让学生不要沉迷于过去的得失和喜忧，要善于改变旧思维、旧习惯、旧方式，善变会变的人才会顺应时代和社会的要求。

第二个词：信心。信心比黄金更重要，唯有信心才能赢得未来。对现在的大多数学生来说，树立信心是有点空洞的，而且我们的信心也是比较柔弱的，很容易被一件小事所打倒。因此要从我看得见摸得着的现实进步中来帮助我树立信心。哪怕是一点点的进步，比如一次小有进步的默写，一个书写端正的作业，一个稍有规范的答题，一次较负责的卫生值日。对老师来说，也许只是三言两语，但对学生来说可能从此信心倍增。

第三个词:激励。人无完人,这是个真理。激励可以发掘潜力,弘扬正气,正气的空间越多,邪气的空间就越小。所以只有多进行正面的积极引导才能抑制负面的消极诱导。经常开展励志教育,对这一代学生而言非常重要,因为我们的激动期往往只能维持三天左右,激动之后的行动也往往只能维持两周左右。经常以身边的同学或学长学姐的成长之路现身说法,或定期观看一些励志教育片,以此激励学生磨砺自我立志成才的信念。

第四个词:沟通。一是与学生的沟通。平等是前提,对话是方式,改变是目的,大是大非是原则,细枝末节可商量,这是我与学生沟通的基本点。沟通的目的是通,不沟不通,沟而不通白费劲,一沟就通是艺术,什么都沟通就侵犯了学生的隐私。沟通之前要了解信息,平时拍拍肩,嘘寒问暖,笑一笑,说两句话,放松学生对你的警惕,他就会和你说真话,听你话。二是与家长的沟通。寻求家长对班级工作的理解、认同和支持。把班里的规定及时告知家长,把学生不良现象及时警示家长,教家长几条教育孩子的方法,节日里发几条祝福短信,可以很好地加强与家长的感情联系,有助于班级工作的开展。家长的最大希望是孩子的成绩,有时会对学校的教育发表看法,有的可能还是比较苛刻的。有几位学生家长在班级 QQ 群里发言,对部分学科的教学提出比较苛刻的要求。遇到此类问题,我觉得是很客观的,应有的态度不是回避矛盾,而是正视矛盾,努力化解矛盾,解决矛盾的过程就是进步的过程。为此我与他们进行了充分的沟通:(1)充分肯定老师的工作积极性,要家长正面引导孩子树立对自己和对老师的信心。(2)提醒家长认识到学生的弱点,就是学习上缺少主动性,很少能主动提问和请教老师。随之提供学生提问的方法,如有时间可以当面提问,没有时间可以写个小纸条夹在作业里交给老师。(3)让家长懂得学习成绩的提高是多方面的因素,老师认真工作只是其中之一,更重要的是靠学生自己的主动性。第二天,家长留言说表示理解了,并说要努力配合学校搞好自己子女的教育。

第五个词:责任。不负责的行为总要付出相应的代价,因此帮助学生树立责任意识相当重要。我们班制定了《规范十条》,每个同学认同后签字,违规了就按章处理。比如看闲书、不请假早退等就分别写给自己、班主任、任课老师三份共 1500 字的反思报告并做公开检查。目的是让学生明白“现在付出的违规成本,就是为了避免以后付出更多的违法成本”,让学生树立“我做了错事,就要付出相应的代价,承担相应的责任”的思想。我班一个同学因为一次早退写了三次检查,第一次是记述事情经过,没有思想认识;第二次思想认识过头了,自称是做了“千古罪人”;第三次是这样认识的："我觉得这件事对我来说既是坏事，也是好事，它让我懂得了遵守规范的重要性。"因为好多人从来没有认真写过检查，往往出现文过饰非或痛心疾首两种极端。因此帮助我们正确定位自己的过错和责任，也是责任教育的重要方面。

第六个词：克制。我经常向学生唱同一首歌——刀郎《冲动的惩罚》，里面有这样几句话："那晚我喝醉了，拉着你的手胡乱地说话，只顾着自己心中压抑的想法，狂乱地表达，直到你转身离去的那一刻起，逐渐地清醒。这是对冲动最好的惩罚。"我以此告诫这些习惯以自我为中心的孩子们，说话和做事要三思而后行，切不可冲动，否则要受更大的惩罚。教育学生要正确对待和处理与老师之间的摩擦，与同学之间的交往等，尤其是当自己感觉被冤枉的时候更要注意克制情绪，稳定心态。

第七个词：思考。思考是无上的乐事，反思是进步的阶梯。每个人都是有想法的，但不一定每个人都会反思。反思是更高级更深入的思考，是对自己过去思想和行为态度的"扬弃"。因此我要求学生一定要有思想，有自己的思考，更要有对事物认识后的反思。我要求学生写的周记不多，但每一次都要有自己的思考，每月班会课后都要写一篇反思性文章，并把其中有文学性、艺术性、思想性的内容摘录编印，让全体同学再学习。看了同学们写的《龟兔赛跑的启示》《励志、人生、感悟》《跳水启示录》《鹰击长空》等文章，你会发现这些看似单纯好动的孩子其实也是有思想有追求的。

第八个词：和谐。古人说，和为贵。费孝通先生也说，"各美其美，美人之美，美美与共，天下大同"，社会之所以能和谐发展，就在于具有包容性。因此建设一个大和谐的班级是我的目标，同学关系和谐，师生关系和谐，家校之间和谐是我努力的方向。过去如此，今后也是如此。

"昨天所有的工作，已变成遥远的回忆。勤勤苦苦已度过半生，今夜重又走入风雨。我不能随波浮沉，再苦再难也要前行，只为那些期待眼神。"为暨阳高中更美好的明天，我将更加奋发努力，与时俱进。

平凡的坚持成就美丽的梦想

——赵春宇老师事迹介绍

"长大后，我就成了你，才知道那间教室，放飞的是希望，守巢的总是你。长大后我就成了你，才知道那块黑板，写下的是真理，擦去的是功利……"就这样一首歌在孩童时代的赵春宇老师心里生了根，发了芽，让她产生了当一名平凡而伟大的人民教师的梦想。2003 年 8 月，她终于如愿以偿，站上讲台，这一站就是 14 年。14 年的磨砺，14 年的成长，让她懂得，每个孩子都有梦想，每个梦想都需精心呵护；14

年的守护，14 年的付出，让她相信，平凡的坚持才能成就美丽的梦想。

春风化雨，用心解开千千结

赵春宇老师经常说：当班主任就像跟学生谈三年恋爱一样，学生一毕业心里就空落落的，像失恋了一样。一群甜蜜的负担，用心呵护才能浇灌出绚烂的花朵。赵春宇老师善于细心观察，深入了解，沟通各方，把握各种教育契机，帮助学生解开心结，让学生能够在阳光下成长。

小豪是一位缺点多多的学生。他连续两周被发现在晚自习看电子书。赵春宇老师请他打电话联系家长来共同解决问题，小豪表现得十分抗拒，再三追问下，小豪说出了原因，他的父亲只要是知道他犯了错误就要棍棒教育。赵春宇老师单独约见家长，通过沟通，家长的目光在失望中逐渐燃起了希望，最后达成共识：为了孩子的未来，今后不再动手，要多观察，多与孩子思想交流，大家共同努力帮助他改正坏习惯。慢慢地，小豪开始诚恳待人，小问题一个个解决，并且能主动与老师交流，眼神中流露出对老师的信任，最后高考中小豪成功达到自己的预期目标，考上本科院校。

心与心的交流让学生成长成才，也让老师感动不舍。在学生的毕业典礼上，赵老师的回忆感动了无数人。她说："你可曾记得每天早中晚，我站在教室门口等候你们的归来；你可曾记得教室外的走廊里，我们倾心交谈，分析问题，解决困境；你可曾记得成绩退步时，我为你们担心焦虑，坐立不安；你可曾知道你们走进高考考场时，我在你们身后遥望祝福，祈祷成功；你可曾知道高考结束曲终人散，我站在空荡荡的教室黯然神伤……"满满的不舍，满满的情感，这样的老师能不让学生铭记于心吗？

合作竞争，朋辈互助共成长

好的方法能够达到事半功倍的效果。在 7 年的班主任工作过程中，赵春宇老师尝试了很多班级管理模式，最终结合学生的具体情况确定了小组合作的班级管理模式。

小组合作模式是以"小组合作，共同进步"为原则的小组长负责制，小组长不仅要负责组内成员的纪律问题，还要负责组内成员的学习问题。该模式让处于弱势的学生得到帮助，让有长处的学生得到锻炼，每一位成员都获益良多，也增进了同学情谊。小 X 自习课写作业开小差，在草稿纸上画画，组长小 Z 发现后及时提醒阻止，课后小 X 专门跑到办公室告诉赵春宇老师，并腼腆地说：老师，你一定要在班会课上表扬我们组长。

赵春宇老师还在小组之间引入竞争机制，每月进行小组间评比，得分最高的小组可以优先在后面黑板上找地盘写宣言，学生总是会找最显眼的位置贴上自己小组的照片，第一名的小组还会特意在照片上面画一个大大的皇冠，强烈的荣誉感促使小组中每一位同学共同进步。

小组合作的班级管理模式，通过充分发挥朋辈之间的积极因素，让学生很快在班级中找到归属感，让小组内的学生相互学习、相互督促、相互竞争，发挥每个学生的长处，提高了学生的自我管理能力和自我约束能力，也提升了整个小组的战斗力，从而形成了整个班集体的良好班风和学风。

超越梦想，高考圆梦成才路

每个学生都有考上理想大学的梦想，在实现梦想的道路上，坚持是无可替代的法宝，坚强的信念是不可或缺的精神支柱。赵春宇老师认为奋斗路上必须有正能量的感召。

她认为自信可以为学生加分，所以她经常通过各种各样的途径帮助学生建立自信。她建议学生把《超越梦想》作为班歌，因为是全校男生比例最高的班级，每次大合唱比赛学生都能将这首歌的精髓演绎得淋漓尽致，气势磅礴，而学生在这样的体验中都能获得满满的自信。赵春宇老师的学生认为，每当听到《超越梦想》就会产生很多力量，特别是情绪低落或者遇到困难的时候，《超越梦想》这首歌都能帮助他走出低迷，迎难而上。甚至毕业以后的学生被问到在高中生活中印象最深的是什么，他们都会不约而同地回答：《超越梦想》给了我力量。在这样一种正能量的感召下，赵春宇老师所带2014届高三(1)班在高考中取得了前所未有的好成绩，本科上线率达到95%以上。

高考或许只是人生中的一个小站，经历过高考洗礼的孩子才能经受住未来的考验，赵春宇老师用正能量带领学生赢得高考的挑战，她也始终相信，未来她的学生们也一定能接受社会的挑战。

有人说，奋斗是人生路上最美的风景。张家港市十佳班主任、张家港市优秀高三班主任、苏州市周氏德育奖励金获得者等荣誉，见证着赵春宇老师的努力。她一直在自己热爱的岗位上奋斗，用平凡的坚持、科学的方法、贴心的关怀，守护着美丽梦想精彩绽放！

时光悄悄地行走

邵嘉仪

我1990年参加工作，1994年从塘桥高中调进当时的暨阳中学。时光飞逝如电，转眼就是在暨阳高中工作整整23年了。当年上课时清脆透亮的声音，如今已经变得有些沙哑无力；当年思维敏捷、语速利落，如今陈词慢调、不再激情澎湃；当年上课时不敢轻易忽视自己的衣着、生怕怠慢了自己的学生，现在变得随性随意才好；当年学校领导、教研组善待我这个年轻人，要我承接一堂一堂的公开课，雕琢我的教学能力，现在看着年轻人独立潮头、各领风骚，恍惚昨日重来、青春重现；在一场又一场去了又来、来了又去的春光和冬寒里，我在时光里行走，暨阳高中是一件相伴了很久、华彩依然的衣裳。

1994年的暨阳中学，初中部和高中部是一个大家庭。高中部有12个班级，我在高一年级组，郭玉芬老师是年级组长，蔡仲华老师带领我上语文课。没有特别的练习册，讲义是用蜡纸在钢板上手写刻印的。还记得当时的冬天，屋子里没有空调，手压着冷冷的钢板写字，很冷，手指上生了很多冻疮。但是，心里是暖暖的。每天下午的第四节课，蔡老师铺开纸写毛笔字，我也就跟着铺开纸写毛笔字，学写颜真卿的楷书，也学写王羲之的行书。这个冬天，蔡老师给我们办公室的每个老师写大大的“福”字。我和办公室里其他的两个小年轻，齐齐整整地裁好红纸，正方形，一点也不含糊，就是给大师准备纸墨的那种庄重恭敬，看蔡老师凝神端庄地写字，然后一张一张晾好。我挑了两张红色的“福”字，一张贴在家里的大门上，一张贴在房间的门上，是标准的“福到”的贴法，一派喜气洋洋。

1994年的暨阳中学办公室，分为文科办公室和理科办公室两间。每人一张木头的办公桌，一张靠背椅；一个脸盆架，一个放讲义的长条桌，白墙，一个蓝色竹叶花纹的旧窗帘，就是办公室的全部陈设。我们文科办公室有六个人，两个语文老师，两个英语老师，两个政治老师，蔡仲华老师和刘颖老师，当时都做班主任，是我们的大哥和大姐。当时流行每个月上谁家吃饭去，忙完了课，大伙热热闹闹一起去洗菜、做饭。那一年冬天去蔡仲华老师家，他爱人买汰烧，准备了满满一桌子的菜，我们嘻嘻哈哈吃饭到很晚才回家；后来去刘老师家吃红烧鸡翅膀，又去我家现包白菜肉馅的馄饨，还去瞿长华老师家吃她炖了一晚上的鸡爪，都是兴味无穷地吃吃闹闹、谈谈笑笑，彼此之间情谊深长。

生孩子以后的时光就变得加速飞转了。一边看护摇篮里熟睡的孩子，一边为学校紧急写演讲稿；在医院里一边陪孩子挂水，一边抓紧时间批改学生讲义；走路、吃饭、睡觉还在思考课堂上的一个教学环节，为自己终于得到的教学灵感兴高采烈，马上热情洋溢、充满信心地走向教室；看到学生出色的作文而眉飞色舞、击节叹赏，让学生一个一个上台朗读自己的作文；让学生自己研究课文、探讨教案，自己上台上课、演课本剧、演讲，大胆调动一切可能让学生兴奋起来的元素，包括奖励他们一颗糖果、一个雪糕、一个粽子、一个笔记本等。

纪伯伦说："所有的知识都无用，除非有了工作；所有的工作都枉然，除非有了爱；只有当你怀着爱心工作，你才能把自己与自己、与他人、与神相连。"教育教学的初心，就是怀着爱去工作，把知识和爱传达出去，在每一堂课"同学们好""老师好"的问候里，好像就忘记了批改得总也改不完的作文本，就忘记了写粉笔字怎么也抬不起的臂膀，就服从了当年八月八号最热的天气里必来学校补课的苦恼。

二十多年的教学经历里，重新回望，桃李并没有满天下，但是二十年前的学生还在关心和问候着我的生活起居，十几年前的学生每年教师节还在给我送来鲜花和问候，这样的温暖是没有别的什么情感可以替代的。

但是，总有一些反省和遗憾留在了时光里，无法纠正和弥补了，这些形成了二十多年教学经历的痛，每每想到，心里真有说不出的滋味，让我明白自己做老师的种种不足。

我反省自己为什么没有在教师岗位上有大的成绩，为什么没有像别的老师那样茁壮健康地成长？越来越觉得，这个是跟我的个性缺陷、为人处世的欠缺分不开的。

做教师的二十多年，我是傲慢的，自以为是的，以自我为中心的。

在我年轻的时候，学校很器重和信任我，让我教最好的重点班。但是我自己拒绝了学校邀请我做班主任的热诚，我觉得自己缺少担当，没有自信和勇气，更准确地说，是自己太自负，觉得做好语文老师就可以了，失去了做班主任可以更好和学生们交流、为学生们服务的机会。我现在去阅读学校里班主任谈班级管理以及教育管理学生的文章，非常感动，觉得暨阳高中的今天离不开年纪大的班主任们辛勤耕耘、乐于奉献的付出，暨阳高中的明天也离不开年轻的班主任们热情智慧、勇于创新的实践。我觉得自己没有这些老师们有耐心、有毅力、有责任、有担当。

在和教研组的老师相处的时候，我看上去有大局观念，组长安排的事情也是去做的，但是自己没有主动意识，觉得争取自己的班级考好就可以了，因此，团队协作和奉献精神很不足。特别是在指导"青年教师成长"方面，学校安排我做新分配的朱玲老师的指导老师，我虽然也指导她怎样上课、怎样准备上课的难点重点的，也听过她上课，可是总觉得没有其他老师用心、真诚，以至于一年后，朱玲老师没有被学校聘用，被转调到其他中学，这对一个年轻人心灵的挫伤是巨大的。我觉得我作为指导老师工作很不到位，也很惭愧。

在和其他学科老师的相处上，我总在为保证自己语文学科的时间斤斤计较，为此和当时的班主任戴建华老师有过争执，还摔坏了一个玻璃杯，全然没有想到，当时我小孩小，早上到校匆忙，每天早上的早读课，戴老师早早到教室，其实是先帮我看着学生自习的。这样暗暗的较劲，还体现在和物理、化学、英语、化学老师的比拼上，争时间，争面子，争成绩，争和学生的感情，成绩稍微高一点，就沾沾自喜，自以为是，眼睛插在天上；成绩低了一点，就找各种各样的理由，缺少了平和、温暖的包容，对班级管理还要指指点点，挑剔一番，看起来是很爱这个班级，实际上可能影响了班主任的权威和他们对学生的有效管理。

对待学生，我觉得也没有完全的平等心、欣赏心、包容心。

我对学习成绩上端和下端的学生倾注了大量的关爱，对成绩中等的学生是忽略或者说是帮助不够的。我也缺乏一个老师应该有的高贵和耐心，有时候课堂里忍不住发火、生气，对学生的顶撞不能用爱去有效化解。我对成绩退步的学生，给予了他承受不了的关注和督促，以爱的名义让他学习得不能自由呼吸；我也对上课打瞌睡或者漫不经心的同学，扔过去一个粉笔头，还有呵斥的事件；我抓住一切机会表扬写字很差、作文不流畅的孩子，可是我往往忽视了那些写字还好、作文流畅却没有鲜明个性的孩子，以至于毕业后，有一个女同学给我写了一封长长的信，告诉我，她在我偏差的喜爱和漠视下，得不到我的重视，心灵受到了极大的创伤。

我刚愎自用，虽然也大胆采用各种教学形式激发学生学习语文的积极性和兴趣，可是，骨子里还是执拗刻板，希望学生按照自己的教学方法去做，少走弯路，快速见效。学生没有按自己意图办，就拿出恨铁不成钢的心态。其实，我完全没有认识到，爱学生是不分成绩高下的，这个世界丰富多彩，谁能说钢一定比铁用途大？所以，我的教学观念是有偏差的，对学生的伤害也是抹不掉的。我想，如果没有一颗真正宽阔平和的心，我的工作不自觉中就对学生产生了诸多不良的影响。

陶行知说过："你的教鞭下有瓦特，你的冷眼里有牛顿，你的讥笑中有爱迪生。你别忙着把他们赶跑。你可不要等到坐火轮、点电灯、学微积分，才认识他们是你当年的学生。"我很遗憾，粗暴、冷眼、讥笑，我对学生一样不少。

"大学之道，在明明德，在亲民，在止于至善。"做教师要有大的学问，要明白做人的道理，真切亲近同事、学生，在真正平等待人的善心里耕耘。我觉得自己做老师的欠缺是显而易见的。"厚德载物"，德不够，所以成长的云梯被自己撤掉了；德不够，所以心里的温暖渐渐被淡忘了；德不够，所以身心不茁壮、跟不上上课的节奏和形势了。

我现在在做学校档案室的工作，档案就是历史，就是时间滴滴答答流淌过去之后的痕迹和见证。不管教育教学改革的风云怎样变化，学校承载的思想、理念、教学实践、学生风采、教师名录，全部会在档案的纸页之中保存。

时光在悄悄地流走，在课堂上享受学生起立喊一声“老师再见”的温暖时光已成为过去，那些在教学过程中留下的遗憾也无法用粉笔刷擦拭过去了，但是暨阳高中还在陪伴和发酵着我的时光，我在一份份文件和一张张纸页的整理排列上，感知着暨阳高中的昨天和今天，我确确实实感知到学校的历史中流动着的那种踏实、稳健、朴实、求新的血液，它永远会是年轻的，充满活力和光明的暨阳高中，我要珍惜和它的相伴！

坚守平凡，收获丰盈！

——郁进虎老师事迹介绍

他是教务员队伍中普通而又优秀的一个，1997 年毕业于苏州大学物理教育专业，从 2000 年 9 月开始在物理教学之余兼任学校教务员。他为人诚恳朴实，工作耐心细致，任劳任怨。十多年来，他不仅秉持着高度的责任心认真处理完成了各项繁琐的任务，也用真诚和热情感染了身边的领导和同事，得到了大家广泛的认可。他，就是张家港市暨阳高级中学的郁进虎老师。

熟悉教务工作的人都知道，教务工作无大事，永远都是繁杂、琐碎的小事，似乎不需要超高的天赋和极强的能力，但细想一下，教务人员是与教师、学生甚至家长接触最紧密的人。他们对待生活的态度、处理工作的方式，直接影响到师生工作和学习的效率，影响到师生对学校的认同，甚至会影响到学生的前途命运和未来人生，要真正做好它并不容易。可是郁老师做到了，而且，做得甘之如饴！

一、凭谦虚勤勉紧跟时代

郁老师从师范毕业踏上工作岗位的第 4 个年头，正逢学校扩班，人员紧张，当时的校长赵洪文找到他，说看中他的耐心细致，责任心强，脾气好，让他在上课的同时兼任学校教务员工作。他积极服从领导的安排，欣然接受了这个任务。刚开始接触教务工作，需要一点一滴从头学起。为了尽快上手，摸熟门道，他曾无数次向有经验的教学工作管理者、教务主任虚心请教，大到如何配合学校教务工作的统筹安排，小到学生信息表格更合理的设置，事无巨细，认真摸索，从不会到会，很快适应了这个新的工作岗位。

社会的发展和科技的进步让教务工作时刻面临着新的要求和挑战,他一直提醒自己工作要做到超前,这样才能保证学校正常的教育教学秩序和各项工作的顺利开展。从最初接触教务工作至今17年,他经历了一系列工作形势和要求的变迁,从一开始的纯手工操作,到后来电脑的普及,再到现在网络信息系统的飞速发展,他通过自身不断的勤奋学习,始终紧跟着时代的步伐。他在电脑操作方面从开始的生疏艰难到如今的得心应手,他从教务战线的一个新兵转变为一位高手,为此,郁老师付出了无数的汗水和心血。他的心里始终装着这样一个信念:自己再苦再累没什么,千万不能由于自己跟不上节奏而影响了教师的工作和学生的前途。

二、用忙碌细致书写人生

教务员的工作是繁琐而平淡的,学校里各个方面的工作似乎都和他沾点边,郁老师始终像一匹不知疲倦的骏马,整天奔波忙碌,穿梭在校园的角角落落。就这样,日复一日,年复一年,做着同样的工作,一干就是将近20年。

担任教务员工作以来,每逢学校进行考试,就是郁老师特别忙碌的时候。从试卷的运送到清点和密封,再到后来交付各年级部,郁老师经常忙得饭也没时间吃。一场考试,按3000多个学生,每人9门,每门试卷2—3张计,郁老师要清点八万多张试卷!串串惊人的数字背后,是他孜孜不倦的敬业精神,更是他尽心尽责的人生态度!这么多年来,郁老师左手大拇指的手指甲从来不需要修剪,也不能修剪,他说,如果剪光了指甲,试卷就点不快了,影响了学生考试可不行!

高考的报名、填报志愿工作更考验着一个人的细致和耐心。高考报名的前期准备就是要学生准备好自己的身份证件,但到最后总会有学生因各种各样的原因而没有身份证,郁老师只好根据其户口本把身份证号逐个输入高考报名系统中。这是对一个教务员真正的考验,不能有一点失误。报名信息录入系统后需打印出来,交给学生签字校对。由于学生的疏忽,会出现五花八门的错误,郁老师就在最后进行网上确认时,进行一个一个核对,发现错误及时纠正。从江苏省实行网上报名以来,他一直这样对几百份报名表进行逐张翻阅审查。报名信息量太大,眼睛累了,就在桌上趴一会儿再继续。有同事说,学生已经签好字了说明应该自己负责,有错也不是你的责任啊,何必这么辛苦?但他只是笑笑,说:“我要帮学生把好这最后一关!”

高考结束后,学生填报志愿更是重中之重的工作任务,并且都是在暑假完成,别的老师都在休息,对于郁老师来说丝毫不比平时轻松。前几年学生的志愿表是答题卡形式，需要学生用铅笔把志愿信息填涂在答题卡上，然后他收齐后拿到市招生办读卡，读好后打印出来给学生签字校对。记得有一次，由于多种原因，学生填涂的志愿卡读入电脑后，打印出来的有不少显示无此院校、无此专业，怎么给学生校对签字呢？时间有限，郁老师二话没说，便把学生的志愿草表带回家，对照着志愿代码，在系统管理端上重新手动输入，终于把问题顺利解决了。几百张志愿草表，熬红了眼睛，消瘦了面庞，郁老师几乎花了整整一个通宵！虽然很辛苦，但他认为值得。

学籍管理也是一场重头戏，关乎着学生入学、毕业、高考、就业等一系列问题。郁老师凭借着自己的耐心、细致，管理着每一届学生在校三年的学籍档案，一丝不苟，兢兢业业，不出一点差错。期初，各班学籍情况的统计要精确到每一个学生。有时为了一个没来报到的学生，郁老师会千方百计地找到该学生的联系电话，询问原因，做好记录备查。学期中，也会有各种状况出现，有的要改名，有的要办理因病休学，有的要退学，非常杂乱。期末的毕业季，学生的毕业信息上报，毕业证书打印、盖章、发放等，郁老师总是保质保量完成，从无懈怠。他不仅做好自己分内的事，而且对学校有时由于人手不够安排的额外工作也从不抱怨，他心里一直有这样的想法：为了学生，为了学校，多做一点事没什么。

三、携真心耐心感动暨阳

作为教务员，平时的工作少不了和人打交道，郁老师以自己的真心、耐心赢得了老师、学生、家长的赞扬，感动了暨阳高中的每一个人！

期初安排有关老师的各种表格是很头疼的任务，即使是最简单的早读表、值班表，都牵动着每个老师的神经。大家有各自不同的想法和需要，事实证明，众口难调，你得站在全校的立场上，有全局观，你得不停地跟老师沟通，获得他们的理解和支持。每次排表前，郁老师会广泛征求老师的意见，记录老师的特殊需要，排表时尽量满足大家的要求，用真诚的沟通获得老师们的认同。碰到老师临时有事调一下值班，他也会在第一时间帮老师们想办法解决。平时老师有一些课务、工作上的问题，他都竭尽所能帮忙，最终获得了老师们的交口称赞。他相信，老师工作上的抱怨少了，会更加投入到自己的教学中，也会更有利于暨阳高中的发展。

一个学校的发展离不开学生和家长的支持，教务员的工作与学生家长也息息相关。有时为了办理一个学生的因病休学手续，仅教育局他就要跑四五次。由于学生家长提供的材料有时不太规范，需要反复向家长进行说明讲解，说得口干舌燥，而面对家长、学生的不理解，郁老师总是耐心、细致地做好解释工作，最终让学生和家长都满意。在填报高考志愿的时候，学生和家长对一些高考招生政策的咨询也是络绎不绝，甚至晚上 11 点多还有学生打电话来询问填志愿的问题，郁老师总是不厌其烦，耐心细致地解释给他们听，努力给他们一个圆满的答复。

现在的学生由于学业负担比较重，容易产生很大的精神压力。2016 届有个高三学生高考前一个月精神负担特别重，老是认为自己填的高考报名表有错误，整晚失眠，眼看要影响正常高考，和班主任、学校心理老师也做了几次交流，成效不大，后来决定从源头上来找原因。尽管平时的工作千头万绪，但郁老师知道这件事后，还是抽空帮她把当初的高考报名表重新打印出来，让她拿着仔细核对，最终发现了一个错误——录取通知书投送地址少了一个张家港市的"市"字(这其实并不影响录取通知书的邮寄)。看到这个啼笑皆非的结果，郁老师没有嘲笑她，而是认真地帮她在报名系统端向市招生办发出修改申请，最终帮她改好后又打印一份给她校对签字，最后还复印了一份让她自己保管，确保万无一失。这位学生紧紧地抱着报名表，眉头慢慢地舒展开了。打开了心结，她正常发挥最后考上了理想的大学，郁老师也松了口气。

就这样，郁老师一直坚守在这个普通的岗位上，数十年如一日，急他人之所急，想他人之所想，于忙碌中得到充实，在平凡中收获幸福，为学校奉献着自己的青春，为他人贡献着自己的热情。正如海尔总裁张瑞敏说："把简单的事情做好，就是不简单；把容易的事情做好，就是不容易。所谓成功，就是在平凡中做出不平凡的坚持。"相信在未来，他将一如既往，在教务战线上无怨无悔地服务着，行走着，一路书写着自己的丰盈人生！

第五章　走向教育的远方

第一节　不因路远而踌躇

——暨阳高级中学信息化校园建设现状及展望

当今世界，互联网作为人类有史以来最伟大的发明正日益紧密地联结着亿万人群的生活。从教育信息化起步，“互联网＋”教育也伴随着时代的脚步，成为我们每一个教育工作者需要回应的主题。

暨阳高级中学作为未来人才培养的一扇小小窗口，也紧紧跟随着世界的脉动，在这股教育信息化的潮流中探索、实践与发展。

20世纪90年代以来，我们从教育资料信息化处理、课堂教学课件的制作和应用以及校园网站建设开始，小步渐进地实现了教育信息化的基础建设和初步应用。

我校在较早时候就建立了学校校园网站，作为对外交流教育信息的窗口，后来屡经改版，目前网站具备有PC版和手机版，使得师生家长能在多种类型终端上实现访问。校园网的主要内容有学校新闻，用于发布学校重大新闻，让所有人通过网站来了解我校新动态；学校简介，用于介绍我们的基本情况，我校的地理位置、师资力量、文化理念等；学校领导班子，用于介绍学校领导班子成员；学校教育科研，用于介绍学校各教研组的教育科研情况，让大家能及时了解学校教育科研方向及成果；学校骨干教师，用于介绍学校各类优秀骨干教师的情况；教研组简介，用于介绍各教研组的组成、建设情况；心灵绿洲，用于分享学校心理健康教育的成果；校园之星，用于介绍表现突出的优秀学生；有自主招生网页，各初级中学的初三学生可以利用互联网直接报名参加我校的自主招生，我校根据报名情况进行材料审核，安排选手参加面试、公布通过人员名单；还有学校联系邮箱、专题网站、招生简章、收费标准等等。让大家可以快速在互联网上了解到暨阳高中的各种情况，也让更多的人认识我们的校园。

同时，出于数据安全的考虑，我们也建立了用于内部管理的学校内网，该网站只在学校内部发布，只用于内部教职工登录查看。学校内网的主要内容有今日工作，主要发布学校每日工作安排，让教职工了然今日学校工作，并合理安排自己的工作；即时消息，主要发布学校和各年级的一些临时消息安排，让教职工能快速地加入学校各项活动；督导通报，主要发布学校每日值班检查情况及建议，让老师们都能及时了解学生一些情况，并根据建议进行改正；每周工作，用于公布学校一周各条线事件，让大家能及时了解每周学校活动动向；文件资料，用于公布学校的一些重要文件，让每一位教职工都能知道学校的各项决议和教育局下发的一些文件资料；安全教育，用于发布安全教育备忘录、安全教育的实施方案等，极大地便利了教职工的工作。

在持续的信息化网络建设中，我们又搭建了公文流转平台和学籍系统。前者用于学校各部门各教职工之间信息及文件的流传，也并入市教育局的OA系统，上级来文可以直接转发给学校任何老师，减少了中间环节，提高了工作效率。后者可以直接在江苏省中小学学籍管理系统网上进行登记，办理各种学籍登记变更和注销等事宜。

就目前的教育应用而言，我们的教育信息化达到了基本应用的阶段，但随着教育形势的发展，在教育信息化运用的深度和广度方面，我们还有更远的路途要走。

当前，“智慧校园”已经提到了我校教育信息化的议事日程上来。关于智慧校园，时下并未形成统一的定义，一般认为智慧校园是高校信息化发展的新阶段，是数字化校园的扩展和提升。它基于移动互联网、大数据、云计算、物联网等新兴技术，以提供一站式、个性化的校园服务为目标，使校园的数字空间和物理空间有机融合，形成高效、共享、灵活、易用的智慧化服务和管理新体系。

由此可见，“智慧”的目标是“持续地改进服务”。智慧校园相对数字校园，在教、学、研和管理等校园生活的方方面面更强调服务的个性化、精细化和动态性。而智慧是建立在一套有效的数据收集和分析机制之上的。因此，智慧校园的标志性模块有：以智能移动终端、无线网、物联网为代表的数据采集系统，校园三大平台和非结构化数据（日志、监控、社交等）相结合的数据交换和分析系统。

我们对后续的“智慧校园”规划主要集中在以下几个方面的构想之上。

1. 完善无线网络架构，提高无线网络的稳定性和安全性

拓展校园WLAN覆盖范围，提高网络的承载能力，加强认证和安全管理，为数据的采集和交换提供安全、稳定的网络基础。

2. 完善三大平台，打通数据孤岛，建成结构化数据的采集和交换中心

应用统一的校园数据标准，加强各业务系统的数据集成；建立完善的数据采集

和维护管理机制；从多业务系统的单点登录过渡到数字身份的高度集成，保障校园数据采集的便捷性、有效性和及时性。

3. 规划数据获取终端，整合现有的系统监控和日志资源，构建有特色的校园社交生态

优化“一卡通”系统，在实现“多卡统一”的基础上，使“一卡通”成为物理人员和数字空间的重要桥梁；规划电控、水控、门禁、环境检测等数据采集终端的接口标准和空间分布；整合现有的网管系统、网络流控系统、安防系统和标准化考场监控系统等数据和日志资源，并结合微信、微博、贴吧等公共社交平台和校园 APP 平台，打造数据中心之外的半结构化和非结构化数据交换中心。

基于上述的校园信息化改造，未来的校园信息化会呈现以下一些特色。

1. 以数据为核心的校园服务碎片化

“智慧校园”以提高“服务”质量为目标，而好的服务体验往往与个性化、便捷、高效相联系。以数据为核心的校园服务碎片化理念，将很好地解决传统校园业务系统在提升服务上的问题。所谓“服务碎片化”，就是对现有的校园业务流程和数据流进行梳理，对原有业务系统进行横向整合，在业务逻辑上呈松耦合，强调一个应用(称之为 APP)只完成一件事务。如职称评审 APP，呈现给教职员工的是完成一次职称评审的完整流程，包含相关表格填写、资料上传以及评审进展查询等，教师只要按照引导逐步完成即可。而其后台可能涉及人事、教务、科研等业务系统的数据更新和审核。碎片化服务对用户屏蔽了业务系统，只有事务的概念，大大提升了信息系统的用户体验和使用效率。这其中还可以包括以下数据服务。

(1) 上网行为分析

通过对网络流控数据和访问数据的分析，追踪不同用户的上网习惯、访问内容、软件使用等。协助发现校园流行趋势、技术动态和热点事件，以及对可能存在的病毒和舆论事件进行控制和预警。也可以和学业成绩、健康数据进行相关度分析，以便学校开展适时的培训和指导，引导学生形成健康的网络使用习惯。

(2) 图书借阅数据分析

通过对图书借阅和电子阅览室使用数据的分析，了解学生的阅读模式和阅读频率，以及对数字资源的内容需求，为调整图书的类型和改进阅读服务提供依据。可以对学生阅读内容、阅读数量、借阅习惯和学业状况、能力表现进行相关性分析，以便更好地引导学生的书籍阅读和书籍推荐。

(3) 校园人流分析

根据 WLAN 接入分布、信息流量分布的空间特征，结合安保系统的监控信息，

对全校范围内的热点区域和热点事件进行实时跟踪和预警。也可以根据信息点接入数量和流量的实时数据，调整局部网络结构和流控策略，以提高用户的网络使用体验，充分利用有限的网络资源。

(4) 一卡通数据分析

通过对一卡通消费数据的分析，分析学生的日常用餐和生活消费模式，为勤工俭学、贫困生资助、奖学金和助学金发放等提供数据依据，确保各项补助尽可能合理地发放。可以对学生的消费模式（消费时间、消费内容）进行分类。与健康数据相结合，为师生提供个性化的健康饮食建议；与教学数据结合，探索生活模式和学业成绩的相关度。

2. 以数据为核心的教与学优化

数据应用是“智慧校园”的有机组成部分，也是“智慧”的重要体现。随着校园数据的积累，通过大数据分析，获取事物规律、改进校园服务的能力也进一步提升。无论在个人、部门以及学校层面，大量信息模式的获取，都可用来指导具体工作和决策。常规的校园数据应用有如下几个方面。

(1) 生源数据分析

根据各初级中学新生的报到率和在校的学习表现，调整生源地分布和招生策略。在分析过程中针对各初级中学生源，可以把生源地分析粒度缩小至班级。并根据分析结果指导招生部门开展考前宣讲、优惠政策制定等，以提高学校的生源质量。

(2) 毕业数据分析

通过对学生入学分布和毕业数据的分析，了解各初中在校学生的结构分布以及毕业生的入学动态，并探索建立合理的信息共享模式，使高校和我校有更流畅的信息交流。也可以建立毕业生的职业数据跟踪，更好地引导在校学生的专业选择分流，发挥优秀毕业生对在校学生的影响辐射作用。

(3) 教学数据分析

在教学数据中，通过教室安排和排课系统，对全校的教室和实验室资源进行统计分析，为今后教务处的排课优化提供参考；通过对教务和学工系统数据的集成，对学生到课率和选课信息进行跟踪统计，建立起缺课预警通知系统，对部分经常旷课、迟到、早退的学生，及时提供信息反馈，引导学生顺利完成学业。也可以对学习表现（到课率、课堂表现等）和学业成绩进行相关度分析，以帮助各专业识别关键课程甚至关键课时，及时改革课程设置，提高教学的有效性。

目前大数据的研究和应用还处于初步阶段，但很多专家学者都对“大数据技术”寄予厚望，甚至认为这将拉开“数据技术”时代的帷幕。“智慧校园”是校园信息化建设的新方向，大数据分析作为“智慧校园”的关键技术，将对提升校园服务、改进校园管理产生深远的影响。

除了应用大数据服务提供教育数据处理的底层服务之外，我们的“智慧校园”的建设目标，更体现在对教与学的双向改进和优化方面。首先是进一步丰富和发展教学资源库。为教师提供丰富的教学资源以及大量的课例、课件。整合“一师一优课、一课一名师”活动，我们将建设校内名师的公开课平台，使之既成为老师们“晒课”的“广播频道”，也是老师们学习优秀课例的一个教研平台。我们设想，通过系列化的课程建设，最终形成“暨阳公开课”品牌，让我们的学生实现线上线下的混合式学习、“翻转课堂”的自主式学习，更能推动跨学校、跨区域的网络教研活动，以信息化手段促进教育公平、提高教育质量的教育教学模式。其次，除了“在线基础性课程”之外，我们还将开发“暨阳高中学生网络成长社区”。在这个平台上，我们主要提供“在线拓展性课程”，适应新高考模式的改革，满足不同学生个性化成长的需求。比如，我们与上海善恩教育合作开发“暨阳高级中学英文原著阅读”课程，让学生直接在网上接受英文原著阅读课程的培训，激发了学生学习英语的兴趣，提高了学生的英语口语能力。

围绕“在线学习”，我们将从每个学生的学习需求、学习要求、学习内容、学习效果等方面进行系统架构：既要架构学生学习的课程资源，又要设计学习的策略；既要架构学习活动的引导，又要设计学习成效的评价，从而建构便于学校管理的学生信息化管理平台和实施方式。在此基础上，我们将进一步优化与上海交通大学合作开发的“暨阳高级中学职业规划系统”，提供专业选课、专家课堂、志愿填报等方面的指导，让学生在线上线下课程的学习中，开展自我测评，正确认识自我的特长和优势所在，寻找适合自我发展的方向，让学生在对未来的成长规划中，多一份理性，多一份成功。

总而言之，在“互联网＋”背景下，学校信息化建设要对接时代对未来人才的标准，对接学生个性化发展的需求，也要对接教师专业成长以及现代学校制度建设的要求，其任重，其道远，但我们怀着对教育的理想，不因路远而踌躇，坚定信心，选准方向，为未来英才的成长做出我们应有的努力。

第二节　拥抱多元世界，加快教育国际化步伐

在经济和信息飞速发展的今天，国际化呈现出全球性趋势，教育国际化自然也不例外。我们的教育必须适应对外开放的要求，不遗余力地培养出更多的国际化

人才。为此，暨阳高中努力做到高瞻远瞩，把教育放在了时代和国际的高度，形成了自己对国际化教育的理解，迈开了教育国际化的第一步。

一、暨阳解读

解读一：国际化人才的培养需要一个循序渐进的过程，因此能否培养出大批的国际化人才，这不仅仅是高等教育的职责和任务，还需要国际化的基础教育为之奠基。问题是，绝大部分地区基础教育的现状不能适应国际化需求，制约着国际化人才的培养。暨阳高中有责任和义务成为改变这一弊端的拓荒者和马前卒。

解读二：如何实现教育国际化，不仅仅着眼于形式上的交互或模仿，更需要实现教育理念的国际化。教育理念必须体现育人的国际意识和视野，体现以人为本、相互尊重、自由平等的国际精神和时代品质。

解读三：教育国际化不是单纯地把我们的教育西化、欧化，而是把我们的教育融合在世界教育的熔炉中，一方面借鉴国际上一切成功的教育经验，体现对新的教育合理性的追求；另一方面凸显本国教育在世界教育中的地位和优势。

解读四：教育国际化归根到底是要实现人的国际化，我们要培养胸怀天下、学贯中西、全面发展的国际化人才，需要在更多的领域有所提升，比如办学理念、课程设置、教学方式、德育内容、学生评价等，要站在培养国际人才的制高点来引领学校教育的发展方向。

二、国际视野

教育国际化首先是一个视野，一个国际的视野，提高教育国际化的水平首先要提高我们教育者的国际视野，站在世界的高度上，面向世界来观察我们的教育发展。为了顺应当代社会发展的需要，暨阳高中以开阔的、全球化的、现代化的教育理念实施教育，开阔教育视野，搭建国际平台。其中，美国威斯康辛州华沙高中就是我们成功牵手的友好学校之一。

威斯康辛州华沙高中是美国当地的一所名校，在教育理念、教育质量、教育影响等方面都首屈一指，在市教育局组织协调下，暨阳高中与之缔结为友好学校。这为提升我校教育开放合作水平，拓展学生的升学渠道，开阔教师的国际视野，提供了更为优质的平台。

威斯康辛州华沙学区曾两度派人来我校进行学术交流，让我们了解到威斯康辛州地区概况和华沙学区概况，包括课程建设、办学特色和学生发展等情况。除此以外，我们还在学生跨国交流、游学等方面进行了深入的分析规划，为在更大程度上实现多元文化交流的共赢奠定了良好的基础。

2015年4月16日下午，美国华沙学区区长凯瑟琳女士一行来到我校访问。在学校领导的陪同下，凯瑟琳女士一行先后参观了我校校史馆、图书阅览中心、心理活动中心、艺术中心、实验中心等场馆。在访问过程中，朱校长向凯瑟琳女士一行介绍了我校教育教学的特色和办学理念，并就开展和协调各种教育活动和专业活动，包括可能在常规学期期间和寒暑假期间举办的学生、教师和行政人员之间的交流、互访，课程的合作，以及专题的研讨会、培训会等方面进行了商谈。本次交流合作，鼓励了双方对话和协作，为学生、教师、行政、管理人员和家长提供国际教学的共享机会和平台，推动了双方关于重大教育问题的探究和思考。并通过双方网站、互联网的讨论、专业开发和为双方教师、学生、家长和社区举办的合作论坛或项目，进行信息和资源共享。

2017年4月17日，美国威斯康辛州华沙学区副区长迈克尔、托马斯和华沙高中教师赛斯一行三人，在市教育局赵晓龙科长、威斯康辛公立教育局首席代表乔杨先生等人的陪同下，前来我校访问交流。校领导热情接待了美国客人。代表团一行先后参观了暨阳高中校园、暨阳高中省级课程基地和计明礼画室。在图书馆三楼会议室，美国客人与我校2017年暑假前往华沙学区游学的学生亲切见面。托马斯副区长向中国师生介绍华沙城市风貌、华沙高中办学特色以及中国学生在美期间的课程、活动、生活等安排。我校学生就在美期间的学习生活问题踊跃提问，美国客人热情予以回答，现场气氛热烈。

三、课程创新

与教育国际化程度较高的国家相比，我们的课程设置还存在一定的提升空间。比如存在国际化理念滞后、课程标准模糊、教材内容单一等问题。为此，暨阳高中为适应人才培养的时代需求，在课程设置与开发上坚持国际化课程遵循的原则，结合校情取“他山之石”，把多元化办学的理念贯穿始终。比如：

我们开设了英文精读视频课程，旨在提高学生英语语言综合能力，该课程从国外相应年级必读书目中精心挑选脍炙人口的名著。暨阳高中党总支书记兼校长谈雅琴女士说，语言知识和技能就是应该通过自然的语言环境加以培养。著名心理学家 Piget 的研究指出，语言能力和其他智力都是在积极探索世界的过程中逐步发展起来的(Foremanand Kushner，1983)。俄国著名心理学家 Vygotsky(1978)的研究发现，语言能力是通过与其他人进行言语交际、思想交流而习得的。而英文名著阅读正是这样一种有营养的、原生态的、有茁壮生命力的言语和思想交流过程；而且这种与文字大师的倾心交流的过程，就为学生创造丰富、自然、轻松的语言环境，为学生提供足够的整体语言示范，学生自然而然就奋力吸收到语言的养分，不断提高自身的语言能力。

高一年级开设了《查理和巧克力工厂》英文名著精读视频课程，高二年级开设了《动物农庄》英文原著精读视频课程。国际化课程的引进让我们不断地在思考，如何把时间还给学生，把思考还给学生，培养有独立见解的学生。我们在这个过程中深深理解了国际化教育对人才培养的要求，那绝不是大多数国人所认为的考试纯分数论，而是分数加综合素质，并侧重于综合素质。暨阳高中将向着这一目标奋然前行。

附 1

《查理和巧克力工厂》教学计划(上学期)

<table>
<tr><th>时间</th><th>周次</th><th>周课时数</th><th>教学内容(章节和标题名称)</th><th>教学形式与手段</th><th>执行记录</th></tr>
<tr><td>月日</td><td>1</td><td>2</td><td>1. Here Comes Charlie</td><td rowspan="18">课堂自学
+
助教管理辅导</td><td></td></tr>
<tr><td>月日</td><td>2</td><td>2</td><td>2. Mr. Willy Wonka's Factory</td><td></td></tr>
<tr><td rowspan="2">月日</td><td rowspan="2">3</td><td rowspan="2">2</td><td>3. Mr. Wonka and the Indian Prince</td><td rowspan="2"></td></tr>
<tr><td>4. The Secret Workers</td></tr>
<tr><td rowspan="2">月日</td><td rowspan="2">4</td><td rowspan="2">2</td><td>4. The Secret Workers</td><td rowspan="2"></td></tr>
<tr><td>5. The Golden Tickets</td></tr>
<tr><td>月日</td><td>5</td><td>2</td><td>6. The First Two Finders</td><td></td></tr>
<tr><td>月日</td><td>6</td><td>2</td><td>7. Charlie's Birthday</td><td></td></tr>
<tr><td>月日</td><td>7</td><td>2</td><td>8. Two More Golden Tickets Found</td><td></td></tr>
<tr><td rowspan="2">月日</td><td rowspan="2">8</td><td rowspan="2">2</td><td>9. Grandpa Joe Takesa Gamble</td><td rowspan="2"></td></tr>
<tr><td>10. The Family Beginsto Starve</td></tr>
<tr><td rowspan="2">月日</td><td rowspan="2">9</td><td rowspan="2">2</td><td>10. The Family Beginsto Starve</td><td rowspan="2"></td></tr>
<tr><td>11. The Miracle</td></tr>
<tr><td rowspan="2">月日</td><td rowspan="2">10</td><td rowspan="2">2</td><td>11. The Miracle</td><td rowspan="2"></td></tr>
<tr><td>12. What It Said on the Golden Ticket</td></tr>
<tr><td>月日</td><td>11</td><td>2</td><td>12. What It Said on the Golden Ticket</td><td></td></tr>
<tr><td rowspan="2">月日</td><td rowspan="2">12</td><td rowspan="2">2</td><td>13. The Big Day Arrives</td><td rowspan="2"></td></tr>
<tr><td>14. Mr. Willy Wonka</td></tr>
</table>

（续表）

时间	周次	周课时数	教学内容(章节和标题名称)	教学形式与手段	执行记录
月日	13	2	14. Mr. Willy Wonka	课堂自学 + 助教管理辅导	
月日	14	2	15. The Chocolate Room		
月日	15	2	16. The Oompa-Loompas		
月日	16	2	考试		上学期结束

附 2

英文名著精读视频课程
《查理和巧克力工厂》教学大纲

一、课程性质

在校学生英语阅读课程和校本(school-based curriculum)课程

二、教学目的

语言技能的提高离不开大量阅读，特别是高质量的阅读。英文名著精读是一门旨在提高学生英语语言综合能力的课程。该课程从国外相应年级必读书目中精心挑选脍炙人口的名著，逐字逐句地从词汇、语法、篇章和文化背景拓展等几方面进行精讲和深入剖析，帮助学生打下扎实的语言基本功、扩大知识面、了解中西方语言文化和逻辑上的差异，培养学生良好的语感和用英语进行思维和表达的能力。具体如下：

(一) 以字、词、句为抓手，由点及线及面，给学生大量细致的语言输入，保证学生充分的语言摄取量；

(二) 在学生充分吃透原著的基础上，推出启发性问题，培养学生独立思考和文学赏析的能力；

(三) 在扎实学习原著的基础上，课后辅以类型多样、内容丰富的练习题和阶段测试题，如词义辨析、翻译、完形填空和作文等，扩大学生的语言知识面，继续打好语言基本功底；

(四) 培养学生自主学习能力和时间管理能力，有利于学生养成终身学习的好习惯。

三、教学时数

建议每学期教学时长约 16 周，平均每周 2 课时(40 分钟/课时)。

四、教学设施及人员配备

电脑(或者 iPad)、互联网、声卡、耳机、纸质版原版书、配套习题册。

每班配备管理教师一名。

五、教学流程

为保证教学效果,方便课堂管理和教学运行,建议教学流程如下:

(一)管理教师布置学生进行课前预习:自学纸质版原著,在笔记本上记录下有关词汇、语法和背景知识等方面的疑难问题;

(二)在指定的校内时间进行课堂学习,由管理教师负责课堂考勤记录、课堂纪律维持和对外联络等;

(三)以班课形式组织学生自学视频课件。在此期间,管理教师监督学生做好笔记,记录生词、短语、惯用法和精彩例句等,并随机检查学生的学习进度,确保每堂课结束时完成学习计划表上的教学进度要求。

1. 管理教师负责在新一章学习开始前,抽测上一章核心词汇并将结果及时反馈给学生;

2. 管理教师在每章学习结束后,安排学生完成相应的课后作业,并进行批改和成绩归档;

3. 管理教师负责在相应时间进行 1/4 学期、期中、3/4 学期和期末等阶段性测试,并将成绩归档。

四、文化体验

如何让孩子们更快地融入国际社会、具备国际视野和知识,以便将来更好地投身于国际事务中去?暨阳高中认为,给孩子们提供更多的多元文化体验机会,才能最大限度地拓宽国际视野,提升国际品质。

为展现暨阳高中学子风采,丰富同学们的人生阅历,提高英语听说会话能力,暨阳高中多次组织出国游学活动。比如暑期赴双威大学(SUNWAY UNIVERSITY COLLEGE)进行英语课程培训和强化训练;参观世界名校澳大利亚 MONASH 大学双威分校,游览双威水上乐园(东南亚最大的主题乐园);参观马来西亚政府所在地 Putra Jaya,前往吉隆坡参观太子宫和双塔等。

为了提升英语水平、感受西方文化、体验国外课程,自 2015 年开始,暨阳高中还每年组织学生赴美游学。到了美国后,中国学生直接住进当地居民家中,与住家朝夕相处近半个月。零距离接触美国生活,了解美国文化,结交异国朋友,提升语言水平。游学活动除了参观世界名校、博物馆、美术馆、州议会大厦、Marshfield 等地，还参加英语写作、物理、化学、生物、地理、艺术、体育等课程学习，并穿插森林体验、参观农场等活动。学生对这些课程表现出浓厚的兴趣，并热情参与其中。

丰富的跨国游学体验，让我们的学子在增加人生阅历的同时零距离地融入西方社会，促使他们的成长距离国际化人才更近一步。

附

暨阳学子游学美国日记辑录

This was the fourth day we stayed here. Today we attended a different class where we studied a lot about soil, knowing how to identify the types of soil .We shook a box with the soil in order to mix it homogeneously. During the process, American friends helped us a lot. They taught us how to do it.

At noon, we went to a pizza restaurant to have a buffet. The food and ice cream there tasted yummy.

In the afternoon, we took a bus to see the ginseng whose boss is our Chinese. He told us how to plant the ginseng and how to choose the soil there.

After that, we went shopping on the base. We chose what we liked and prepared gifts for our friends in China. All the girls looked for skin care products. All of us enjoyed the day well.

In the evening, we went to play bowling. I have never tried it before, so I was excited when I got to the center. We played for about two hours. The host instructed us how to play it. It was quite easy. Then we competed with each other. When we finished playing it, my arm felt sore and swollen. Anyway we had a good time there!

教育国际化，我们永远在路上。我们也清醒地认识到，在很多领域我们还存在着差距，暨阳高中将从发展的角度出发，一如既往地描绘好学校未来教育国际化的宏伟蓝图。